一个医生的对话

郎景和 著

中国协和医科大学出版社
北 京

图书在版编目（CIP）数据

一个医生的对话 / 郎景和著. —北京：中国协和医科大学出版社，2023.9
ISBN 978-7-5679-2239-6

Ⅰ. ①一… Ⅱ. ①郎… Ⅲ. ①随笔－作品集－中国－当代
Ⅳ. ①I267.1

中国国家版本馆CIP数据核字（2023）第152757号

一个医生的对话

著　　者：郎景和
责任编辑：孙雪娇　张　凌
封面设计：邱晓俐
责任校对：张　麓
责任印制：张　岱

出版发行：中国协和医科大学出版社
（北京市东城区东单三条9号　邮编100730　电话010-65260431）
网　　址：www.pumcp.com
经　　销：新华书店总店北京发行所
印　　刷：北京联兴盛业印刷股份有限公司

开　　本：710mm×1000mm　1/16
印　　张：19.25
字　　数：160千字
版　　次：2023年9月第1版
印　　次：2023年9月第1次印刷
定　　价：89.00元

ISBN 978-7-5679-2239-6

自　序

这些年来，每天早上我都会在我的学生圈里，发一个条幅，从未间断——形成了一个习惯、一个责任。我似乎像一个看门的老汉，每天早上按时去开启大门，为人、为车，为进、为出；或者一座灯塔的守望者，每天晚上去揿动开关，为那海、为那船，为月亮、为日出……

虽然，只是一帧条幅，几个字到几十个字，但我是带着庄重的仪式感的，甚至每天早上沐浴熏香、正襟危坐，一律用毛笔行书。内容通常不是现想的，腹稿早已定，信笔写来，即时发出。

如此下来，居然可汇集成册，目前已出版了《一个医生的随笔录》《一个医生的随想录》两本书。此间，我还想出很多题目，作为我书写的内容，如“要记住先生的一句话”“自我批判书”“餐巾纸上书”，以及本书收录的几个题目。

本书分三部分。

其一，和智者、和愚者。智与愚很难界定，所谓“智者千虑必有一失”“大智若愚”。智与愚也是相对的，长幼尊卑、时过境迁，长短不一、良莠不齐。智与愚更是难以评价的，孰优孰劣，吉凶祸福。所以，我这里的智者或愚者，都是应该加引号的，非此非彼，是我是你；或彼或此、难分你我。

其二，和先生、和学生。这可真是先生们或学生们的话语，先生们的形像是那么逼真，学生们的话语是那么亲切，恍如昨日，犹在眼前！此时，我陡然间明白了他们的智慧，感受到了他们的力量！

小时候的思想形成，长大后的品格修养，乃至专业本领、思维方法、工作态度等，似乎是浇铸的材料和元素，完全融入了自己的躯体和心灵，会时时驱使和灵动！

我做博士研究生导师30年，毕业的博士150余位。除了专业的打拼，我的这个“族群”也是一个独特的“园地”和“沙龙”——在这里我们说了很多事情，讲了很多故事。没有板起面孔的说教，都是自由舒畅的讨论，甚至书法、绘画、诗歌、笑语。人们常说“学生们靠你而出名”，而我则说“我靠学生们而出名”。

其三，和朋友、和自己，和相识的或不相识的人。有接触过的、交际过的、面谈过的人士；也有不曾相识的，偶尔见过，甚至“道听途说”，或者说者无心、我听之有意的；有亲朋好友，也有各界人士等，甚至清洁工人，这些都是不可轻漫藐视的人，他们也口含珠玑、语出惊人。三人行，必有我师！

我以“条幅”形式推出，有印刷正体注释。书法或难承恭维（或者妄称书法，只是手书而已）。酒好，还在乎杯子吗（如果酒真好）！

不管怎样，当我把它整理出来的时候，内心的感受依然是沉沉的，思想的烙印依然是深深的。

略赘自序（闲言），权作对这本“怪书”的注释（碎语）吧。

郎景和

庚子仲秋

目录

第一部分

和智者、和愚者

古人之智愚于顺逆、虑愁、务学，亦似有偏颇。

从医而论，真正大愚者甚少，真正大智者也少。他们乃是非凡之人，而我们都是这中间的凡人。

凡人做凡人之想、做凡人之事。

不必妄想自己要多么聪明，更不必自觉或自诩多么聪明……

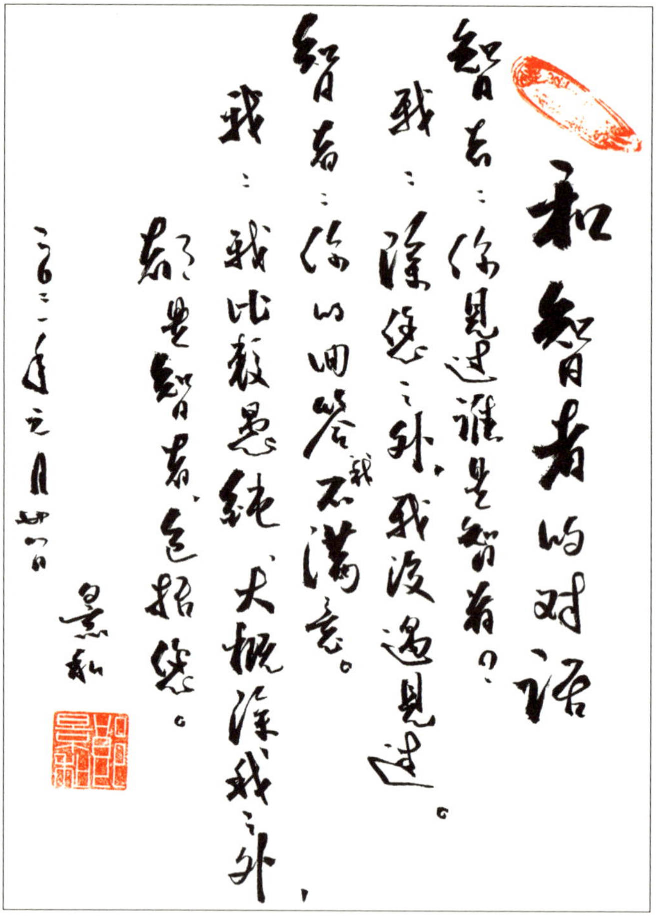
和智者的对话
智者：你见过谁是智者？
我：除您之外，我没遇见过。
智者：你的回答我不满意。
我：我比较愚钝，大概除我之外，都是智者，包括您。

【和智者的对话】

智者：你见过谁是智者？

我：除您之外，我没遇见过。

智者：你的回答我不满意。

我：我比较愚钝，大概除我之外，都是智者，包括您。

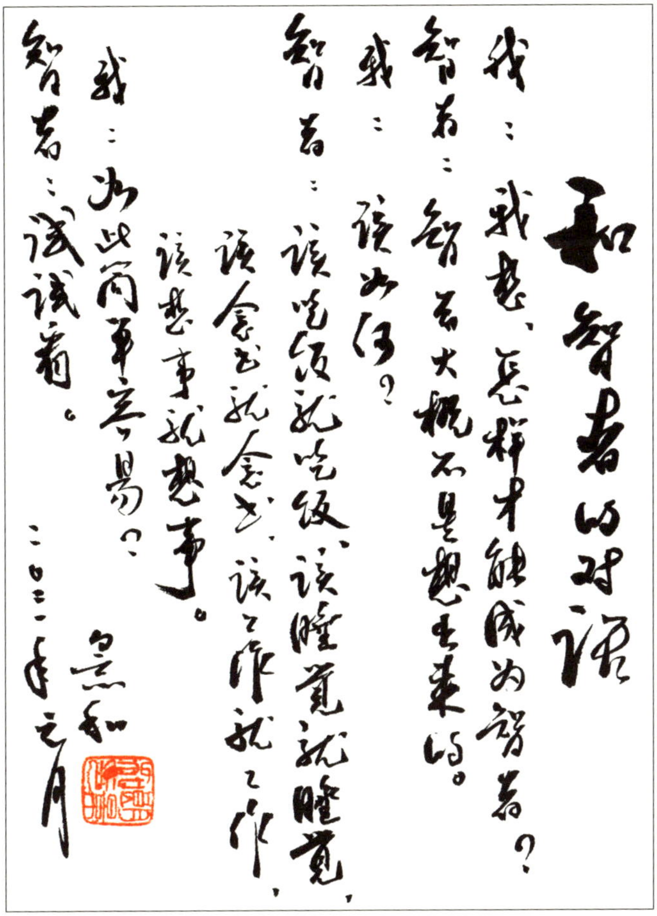
和智者的对话
我：我想，怎样才能成为智者？
智者：智者大概不是想出来的。
我：该如何？
智者：该吃饭就吃饭、该睡觉就睡觉、该念书就念书、该工作就工作、该想事就想事。
我：如此简单容易？
智者：试试看。
愚和
二〇二一年元月

【和智者的对话】

我：我想，怎样才能成为智者？

智者：智者大概不是想出来的。

我：该如何？

智者：该吃饭就吃饭，该睡觉就睡觉，该念书就念书，该工作就工作，该想事就想事。

我：如此简单容易？

智者：试试看。

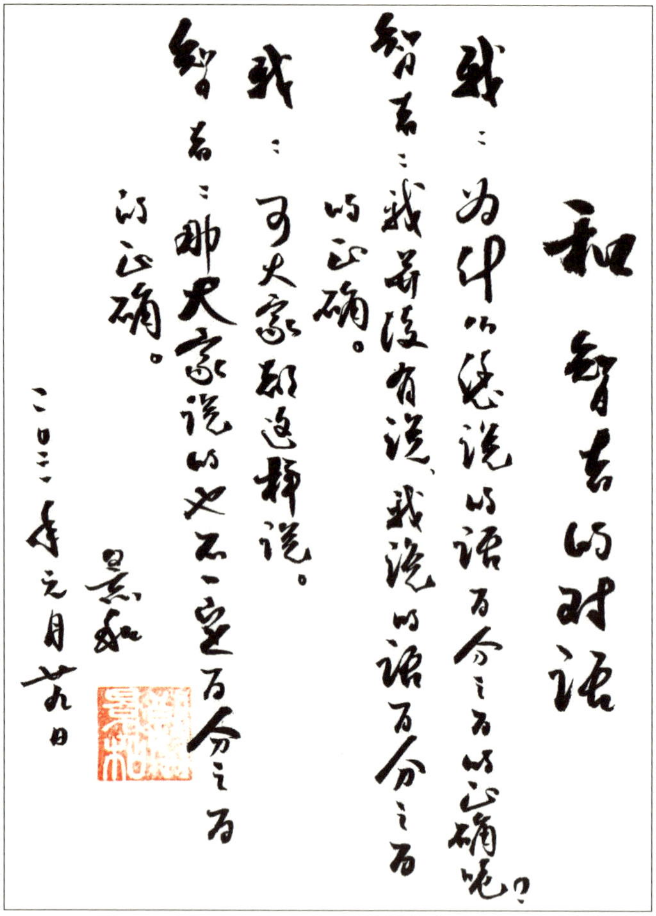
和智者的对话
我：为什么您说的话百分之百的正确呢？
智者：我并没有说我说的话百分之百的正确。
我：可大家都这样说。
智者：那大家说的也不一定百分之百的正确。
景和
二〇二二年元月廿九日

【和智者的对话】

我：为什么您说的话百分之百的正确呢？

智者：我并没有说我说的话百分之百的正确。

我：可大家都这样说。

智者：那大家说的也不一定百分之百的正确。

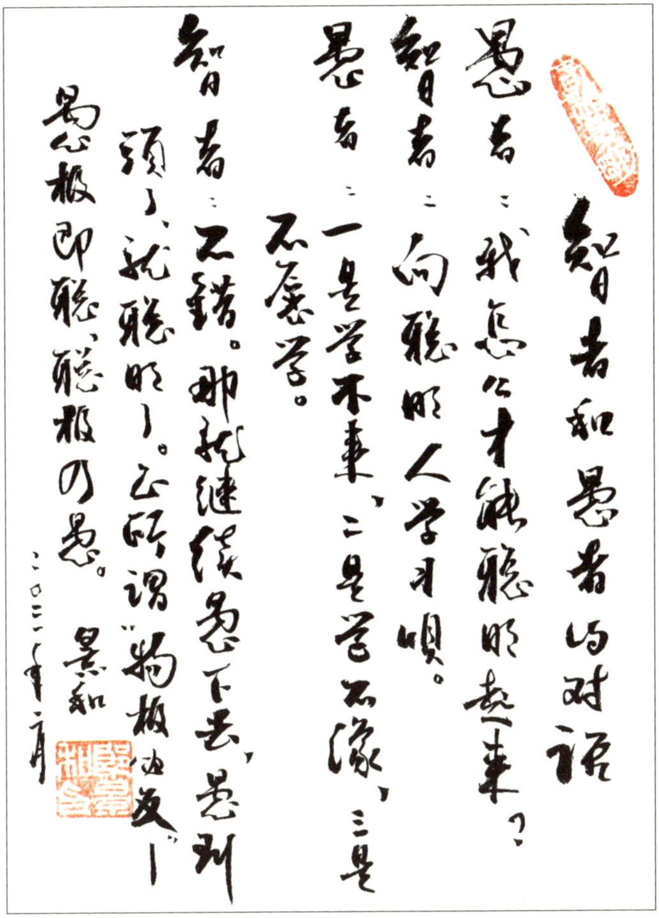
智者和愚者的对话
愚者：我怎么才能聪明起来？
智者：向聪明人学习呗。
愚者：一是学不来，二是学不像，三是不愿学。
智者：不错。那就继续愚下去，愚到头了就聪明了。正所谓"物极必反"。
愚极即聪，聪极乃愚。
景和

【智者和愚者的对话】

愚者：我怎么才能聪明起来?

智者：向聪明人学习呗。

愚者：一是学不来，二是学不像，三是不愿学。

智者：不错。那就继续愚下去，愚到头了就聪明了。正所谓“物及必反”——愚极即聪，聪极乃愚。

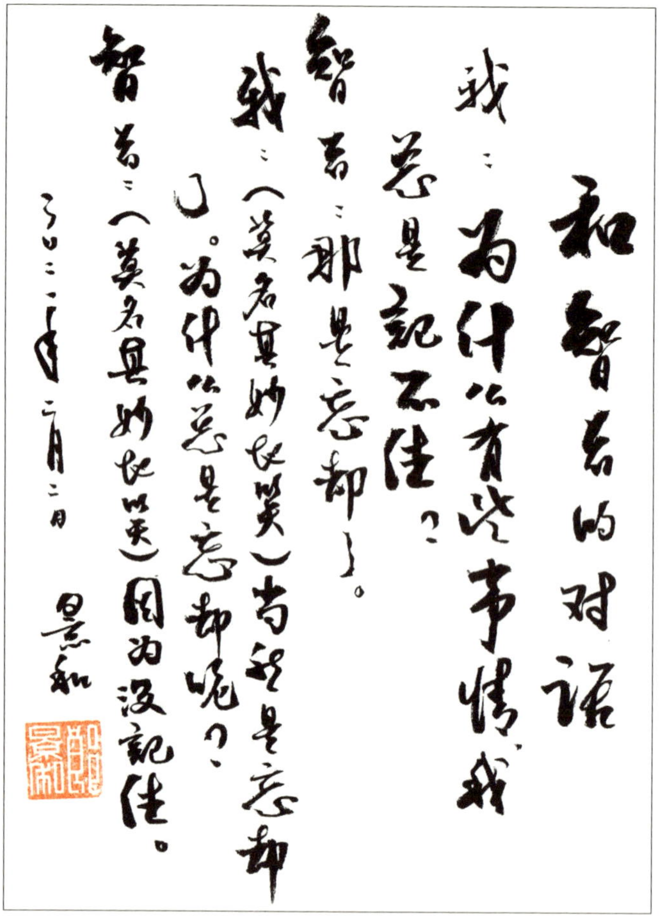
和智者的对話
我：为什么有些事情，我总是記不住？
智者：那是忘却了。
我：（莫名其妙地笑）当然是忘却了。为什么总是忘却呢？
智者：（莫名其妙地笑）因为没記住。
景和

【和智者的对话】

我：为什么有些事情，我总是记不住？

智者：那是忘却了。

我：（莫名其妙地笑）当然是忘却了。为什么总是忘却呢？

智者：（莫名其妙地笑）因为没记住。

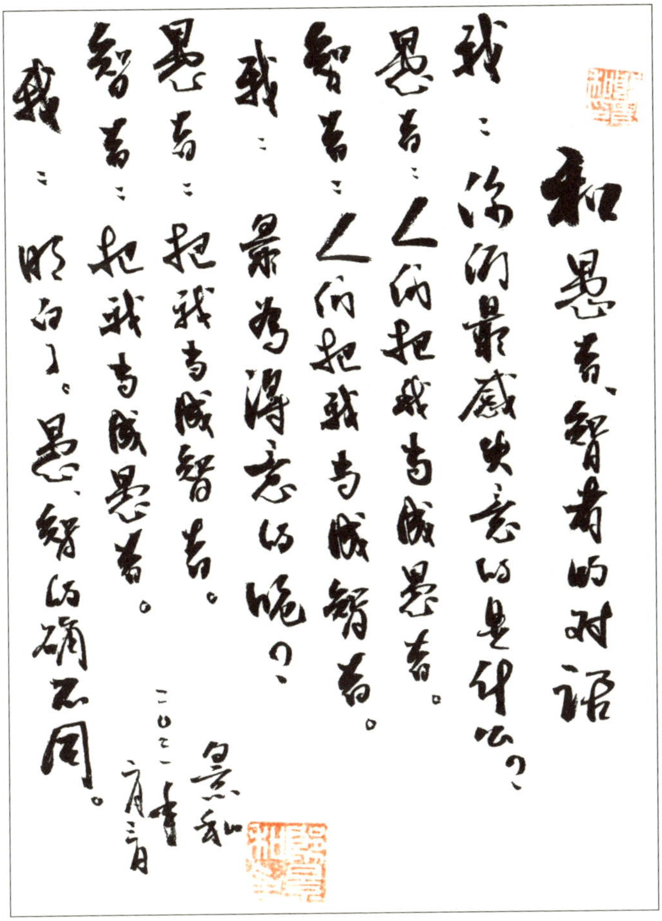
和愚者、智者的对话
我：你们最感失意的是什么？
愚者：人们把我当成愚者。
智者：人们把我当成智者。
我：最为得意的呢？
愚者：把我当成智者。
智者：把我当成愚者。
我：明白了。愚、智的确不同。

【和愚者、智者的对话】

我：你们最感失意的是什么？

愚者：人们把我当成愚者。

智者：人们把我当成智者。

我：最为得意的呢？

愚者：把我当成智者。

智者：把我当成愚者。

我：明白了。愚、智的确不同。

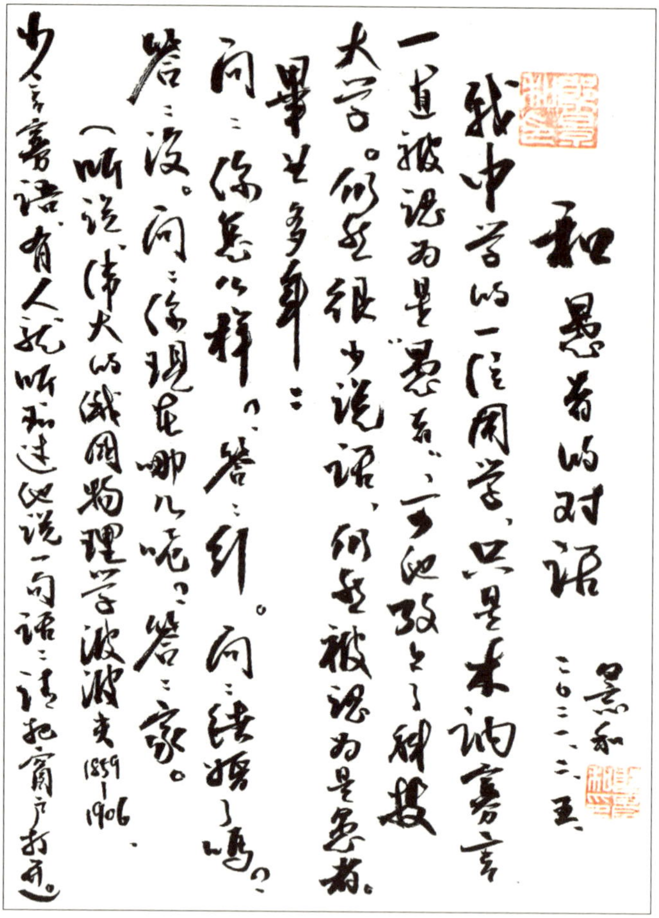

【和愚者的对话】

我中学的一位同学，只是木讷寡言，一直被认为是“愚者”，可他考上了科技大学。仍然很少说话，仍然被认为是愚者。

毕业多年

问：你怎么样？答：行。问：结婚了吗？答：没。问：你现在哪儿呢？答：家。

[听说，伟大的俄国物理学家波波夫（1859—1906），少言寡语，有人就听到过他说一句话：请把窗户打开。]

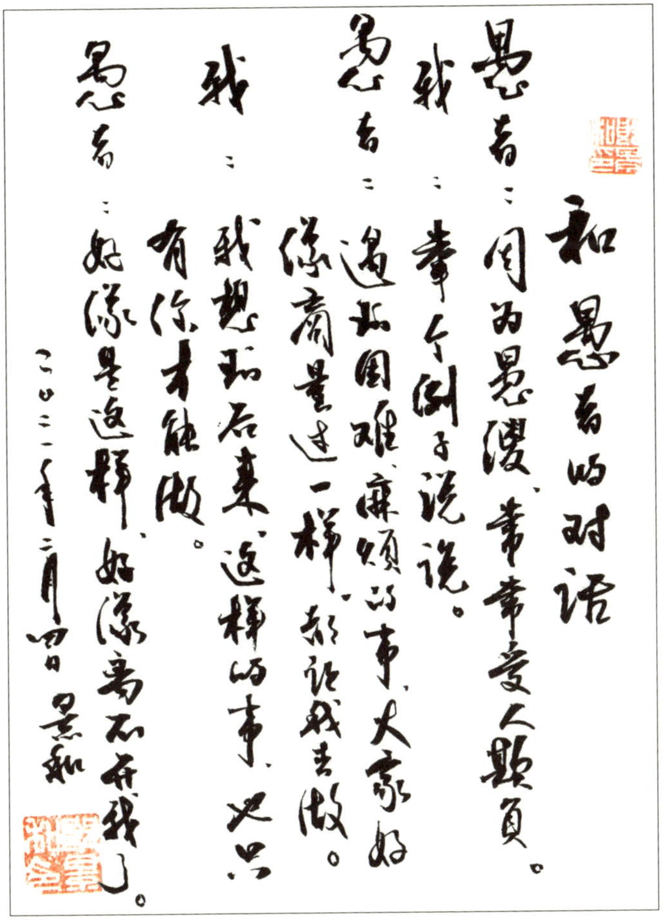

【和愚者的对话】

愚者：因为愚傻，常常受人欺负。

我：举个例子说说。

愚者：遇到困难、麻烦的事，大家好像商量过一样，都让我去做。

我：我想到后来，这样的事，也只有你才能做。

愚者：好像是这样，好像离不开我了。

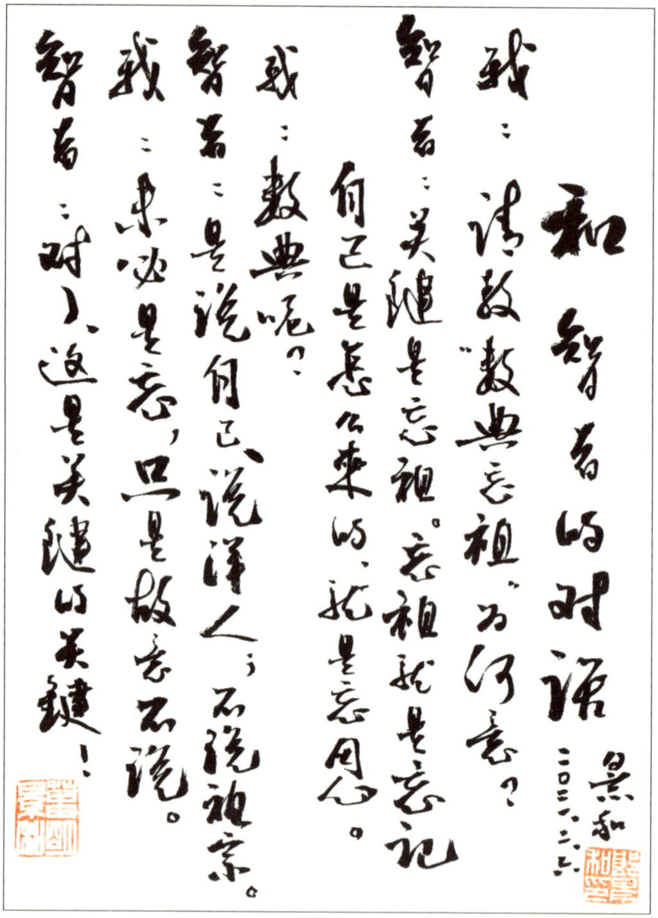
和智者的对话
我：请教"数典忘祖"为何意？
智者：关键是忘祖。忘祖就是忘记自己是怎么来的，就是忘恩。
我：数典呢？
智者：是说自己、说洋人；不说祖宗。
我：未必是忘，只是故意不说。
智者：对了，这是关键的关键！
景和

【和智者的对话】

我：请教“数典忘祖”为何意？

智者：关键是忘祖。忘祖就是忘记自己是怎么来的，就是忘恩。

我：数典呢？

智者：是说自己、说洋人；不说祖宗。

我：未必是忘，只是故意不说。

智者：对了，这是关键的关键！

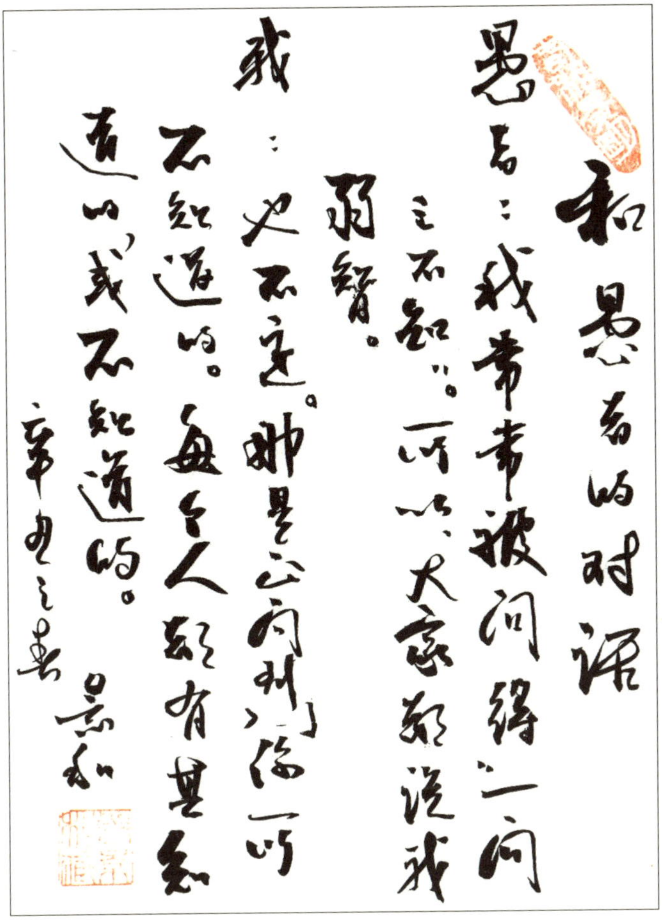

【和愚者的对话】

愚者：我常常被问得“一问三不知”。所以，大家都说我弱智。

我：也不定。那是正问到了你所不知道的。每个人都有其知道的，或不知道的。

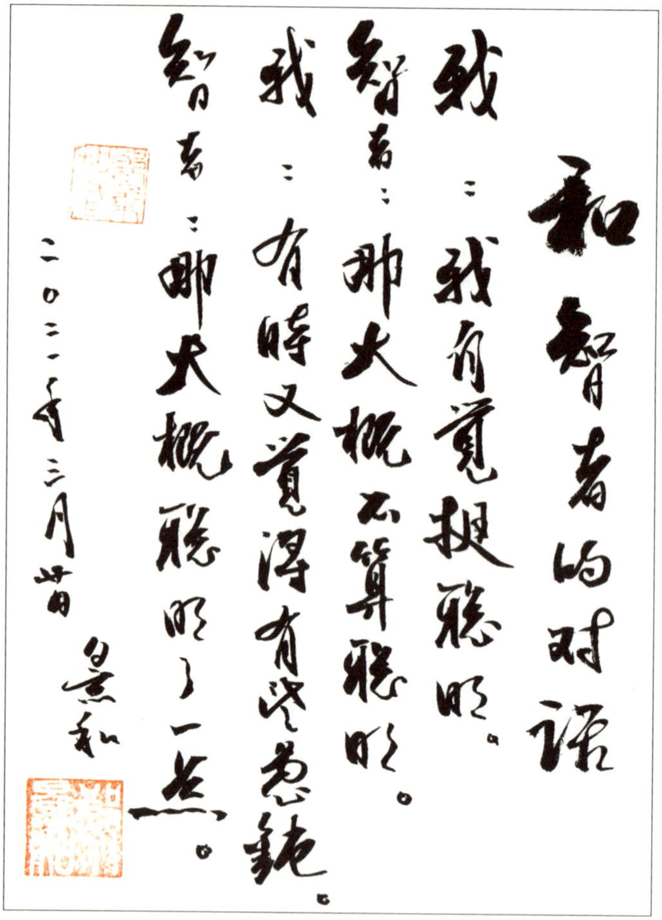
和智者的對話
我：我自覺挺聰明。
智者：那大概不算聰明。
我：有時又覺得有些愚鈍。
智者：那大概聰明了一點。

【和智者的对话】

我：我自觉挺聪明。

智者：那大概不算聪明。

我：有时又觉得有些愚钝。

智者：那大概聪明了一点。

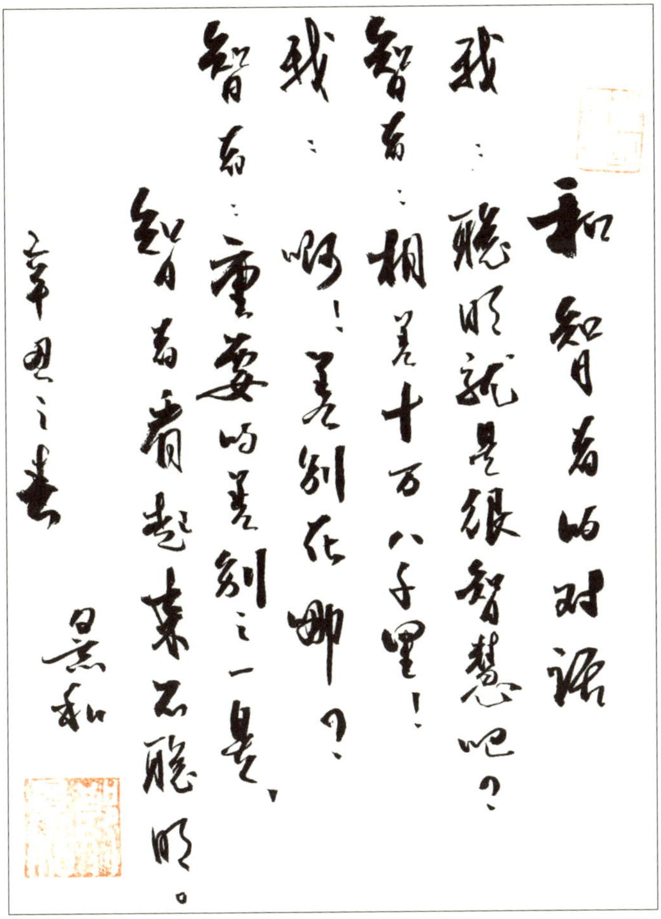
和智者的对话
我：聪明就是很智慧吧？
智者：相差十万八千里！
我：啊！差别在哪？
智者：重要的差别之一是，智者看起来不聪明。

【和智者的对话】

我：聪明就是很智慧吧?

智者：相差十万八千里!

我：啊！差别在哪?

智者：重要的差别之一是，智者看起来不聪明。

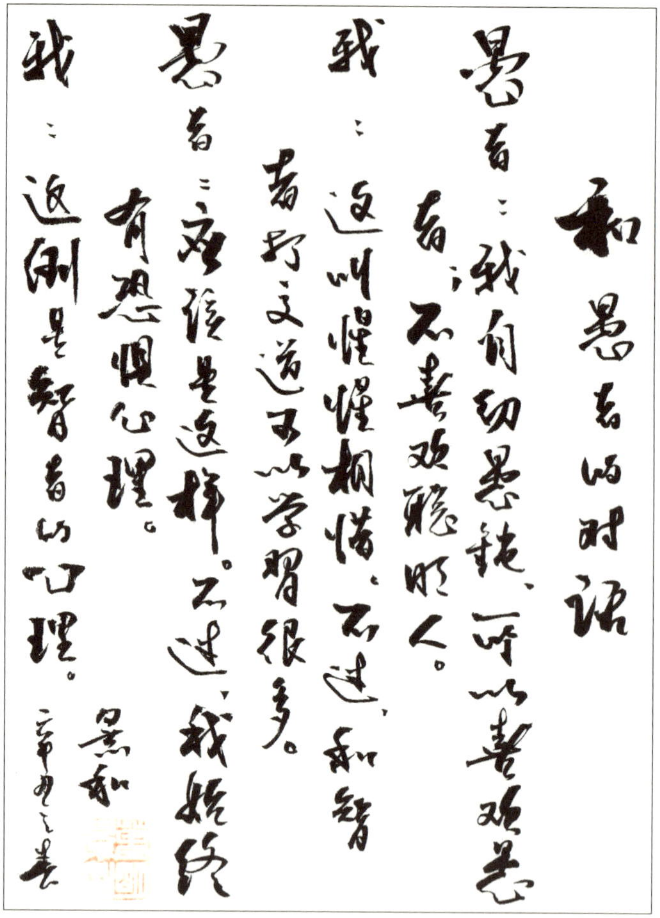
和愚者的对话
愚者：我自幼愚钝、所以喜欢愚者；不喜欢聪明人。
我：这叫惺惺相惜，不过，和智者打交道可以学习很多。
愚者：应该是这样。不过，我始终有恐惧心理。
我：这倒是智者的心理。
愚和

【和愚者的对话】

愚者：我自幼愚钝，所以喜欢愚者；不喜欢聪明人。

我：这叫惺惺相惜，不过，和智者打交道，可以学习很多。

愚者：应该是这样。不过，我始终有恐惧心理。

我：这倒是智者的心理。

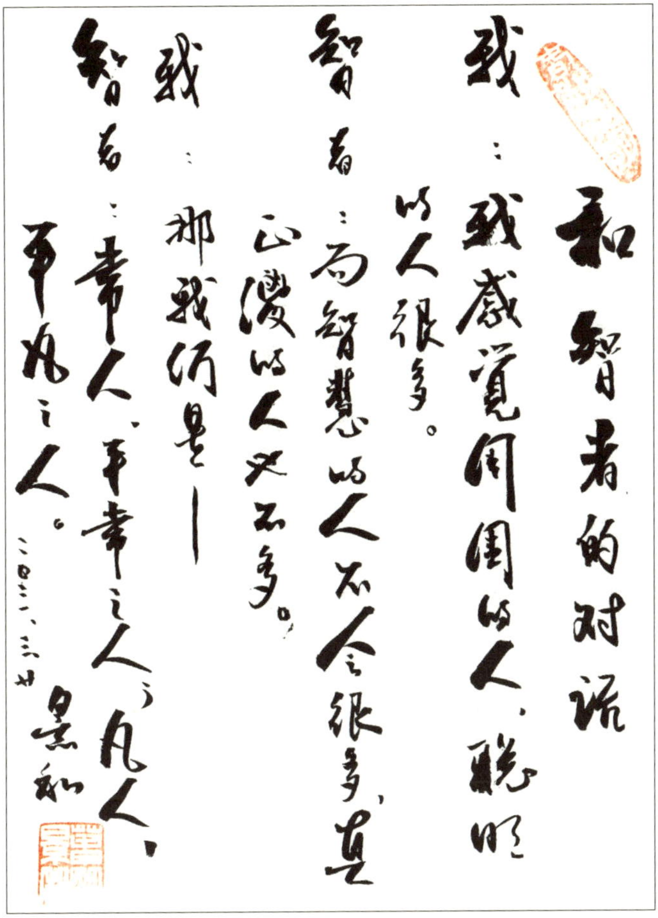
和智者的对话
我：我感覺周围的人，聪明的人很多。
智者：而智慧的人不会很多，真正傻的人又不多。
我：那我们是——
智者：常人、平常之人；凡人、平凡之人。
二〇二一、三、廿
愚和

【和智者的对话】

我：我感觉周围的人，聪明的人很多。

智者：而智慧的人不会很多，真正傻的人也不多。

我：那我们是——

智者：常人，平常之人；凡人，平凡之人。

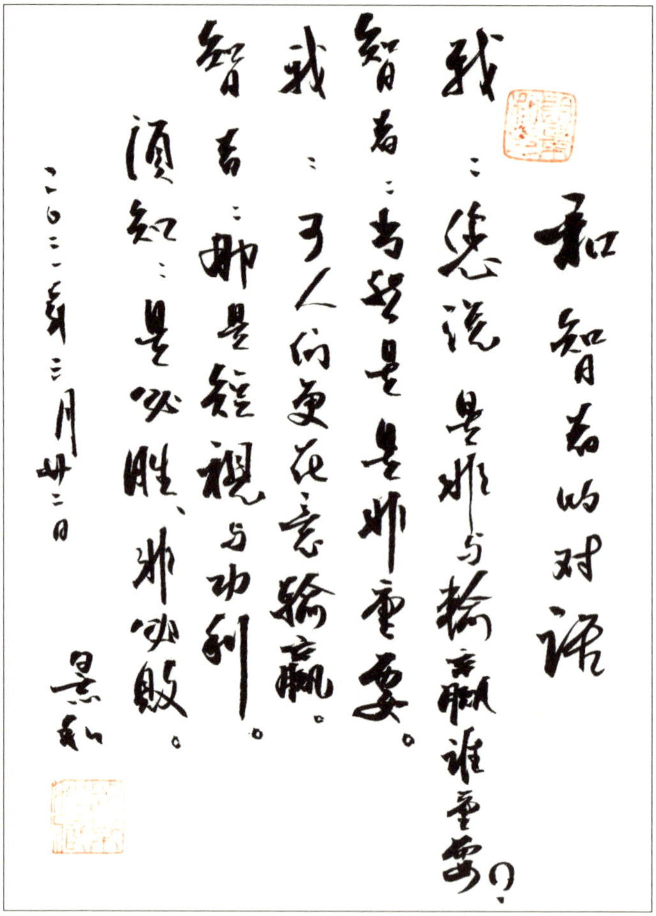
和智者的对话
我：您说是非与输赢谁重要？
智者：当然是是非重要。
我：可人们更在意输赢。
智者：那是短视与功利。
须知：是必胜、非必败。

【和智者的对话】

我：您说，是非与输赢谁重要？

智者：当然是是非重要。

我：可人们更在意输赢。

智者：那是短视与功利。须知：是必胜，非必败。

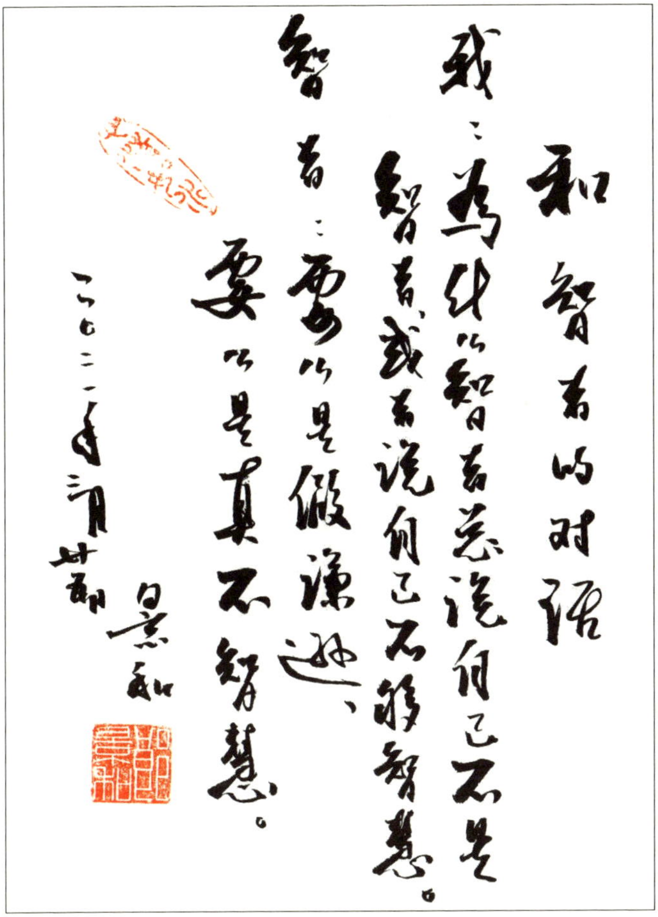
和智者的对话
我：为什么智者总说自己不是智者、或者说自己不够智慧。
智者：要么是假谦逊、要么是真不智慧。

【和智者的对话】

我：为什么智者总说自己不是智者，或者说自己不够智慧。

智者：要么是假谦逊，要么是真不智慧。

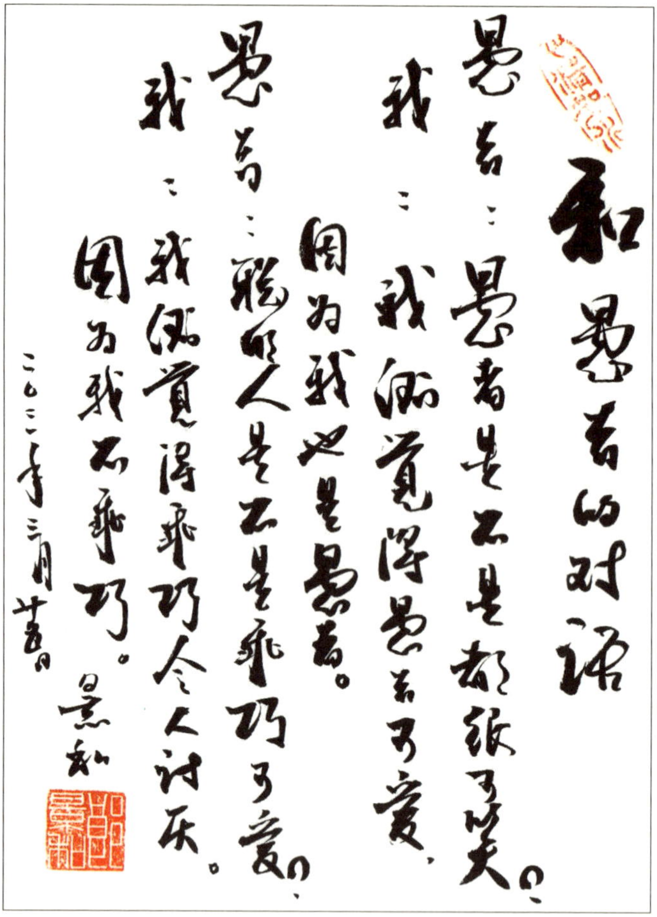
和愚者的对话
愚者：愚者是不是都很可笑？
我：我倒觉得愚者可爱，因为我也是愚者。
愚者：聪明人是不是乖巧可爱？
我：我倒觉得乖巧令人讨厌。因为我不乖巧。

【和愚者的对话】

愚者：愚者是不是都很可笑？

我：我倒觉得愚者可爱，因为我也是愚者。

愚者：聪明人是不是乖巧可爱？

我：我倒觉得乖巧令人讨厌。因为我不乖巧。

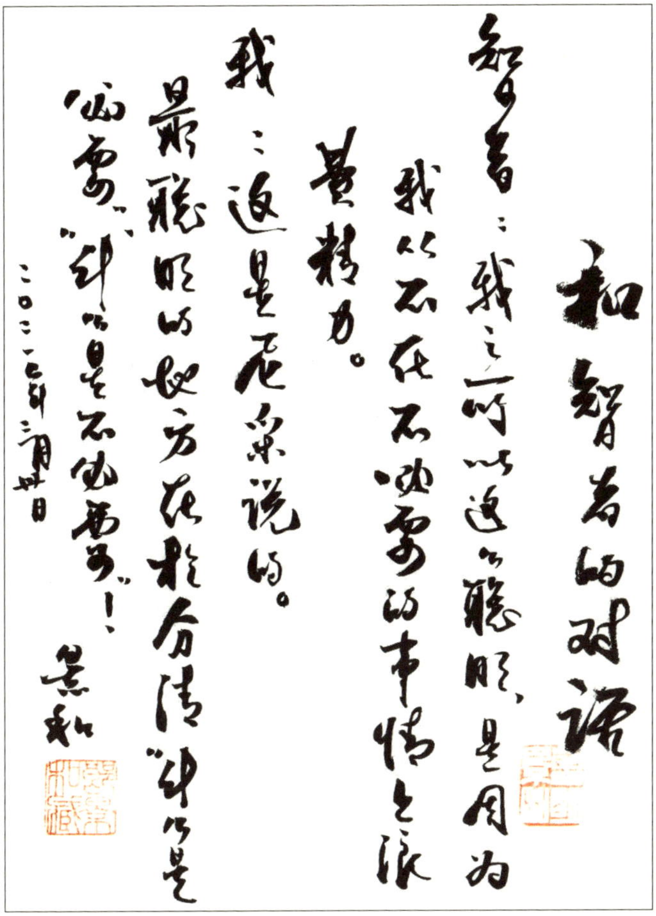

【和智者的对话】

智者：我之所以这么聪明，是因为我从不在不必要的事情上浪费精力。

我：这是尼采说的。最聪明的地方在于分清“什么是必要，什么是不必要”！

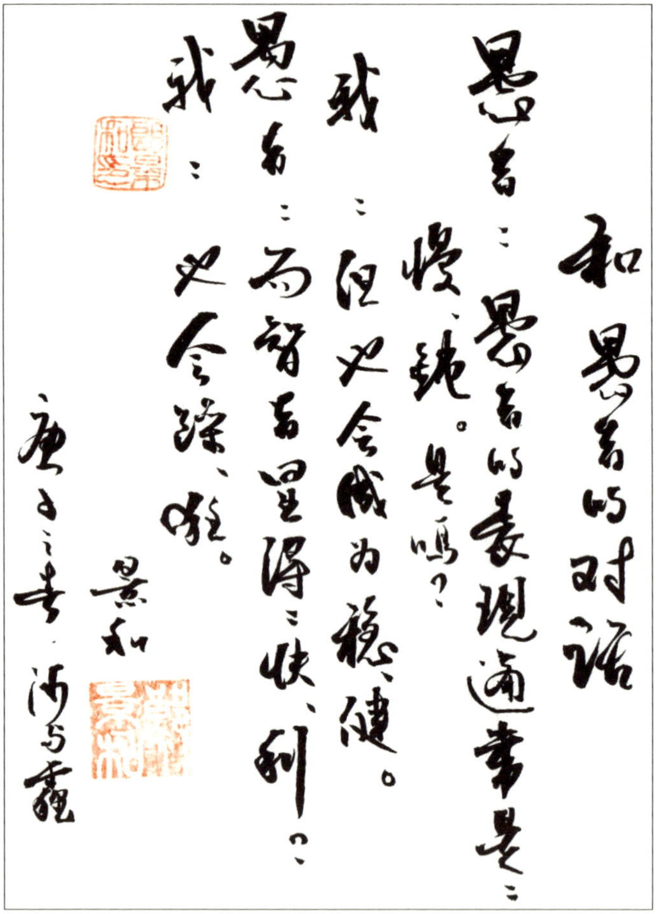

【和愚者的对话】

愚者：愚者的表现通常是：慢、钝。是吗?

我：但也会成为稳、健。

愚者：而智者显得：快、利?

我：也会躁、狂。

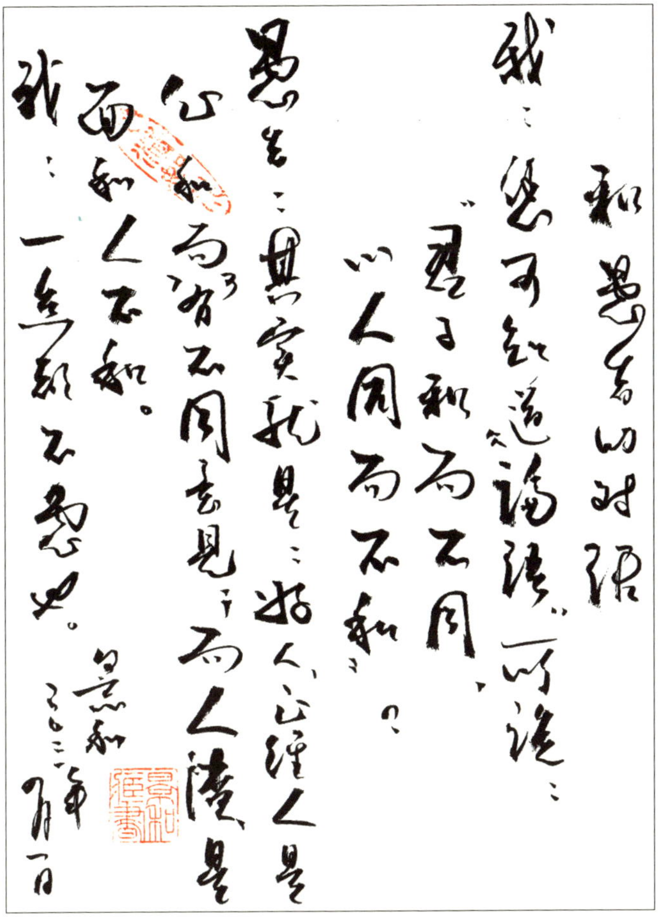

【和愚者的对话】

我：你可知道《论语》所说："君子和而不同，小人同而不和"？

愚者：其实就是：好人、正经人是心和而可有不同意见；而人渣是面和人不和。

我：一点都不愚也。

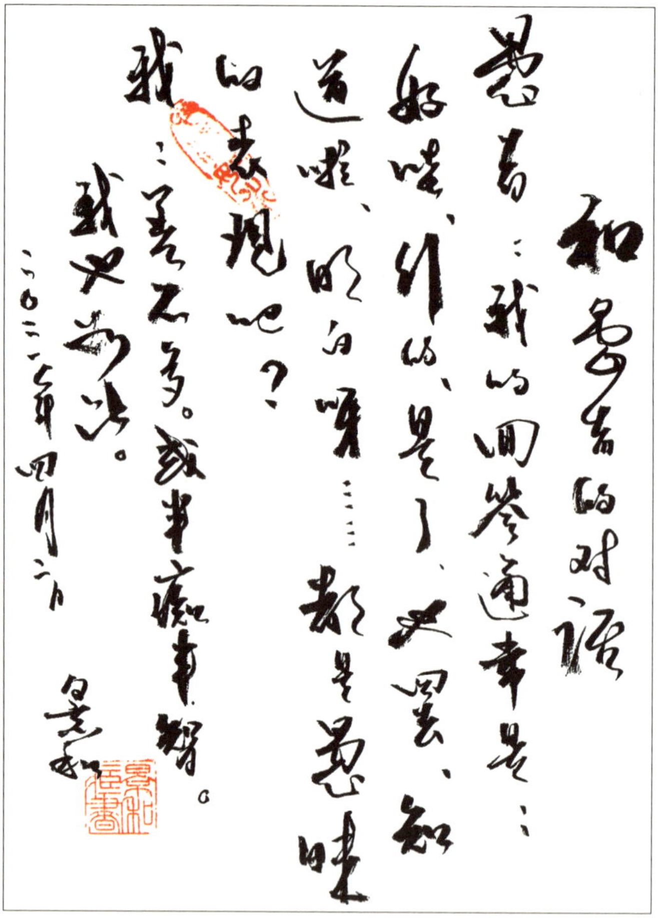
和愚者的对话
愚者：我的回答通常是：好哇、行的、是了、也罢、知道啦、明白呀……都是愚昧的表现吧？
我：差不多。或半痴半智。
我也如此。

【和愚者的对话】

愚者：我的回答通常是：好哇、行的、是了、也罢、知道啦、明白呀……都是愚昧的表现吧？

我：差不多。或半痴半智。我也如此。

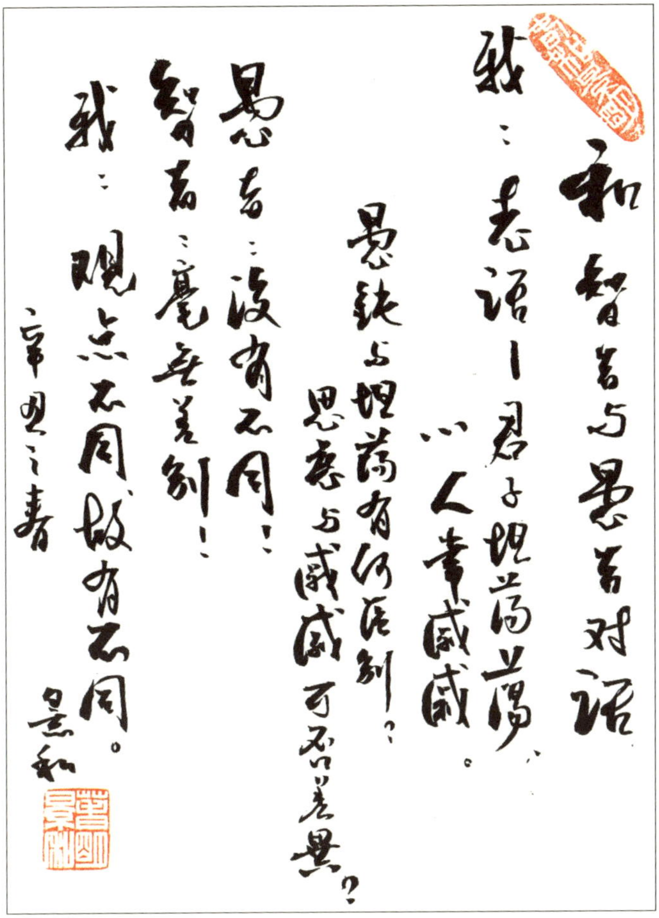

【和智者、愚者对话】

我：老话——君子坦荡荡，小人常戚戚。愚钝与坦荡有何区别？思虑与戚戚可否差异？

愚者：没有不同！

智者：毫无差别！

我：观点不同，故有不同。

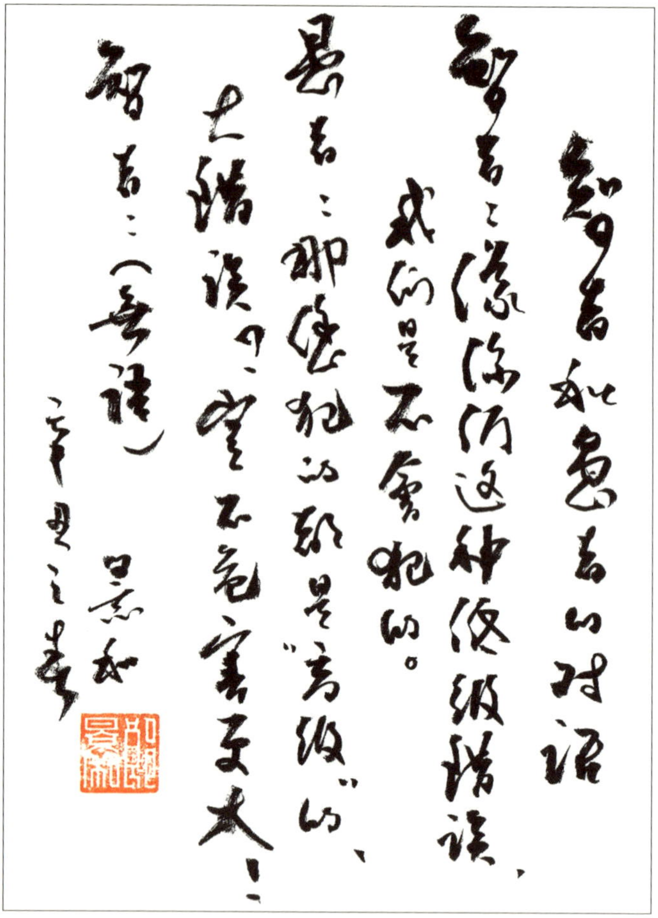
智者和愚者的对话
智者：像你们这种低级错误，
我们是不会犯的。
愚者：那您犯的都是"高级"的
大错误？岂不危害更大！
智者：（无语）

【智者和愚者的对话】

智者：像你们这种低级错误，我们是不会犯的。

愚者：那您犯的都是“高级”的大错误？岂不危害更大！

智者：（无语）

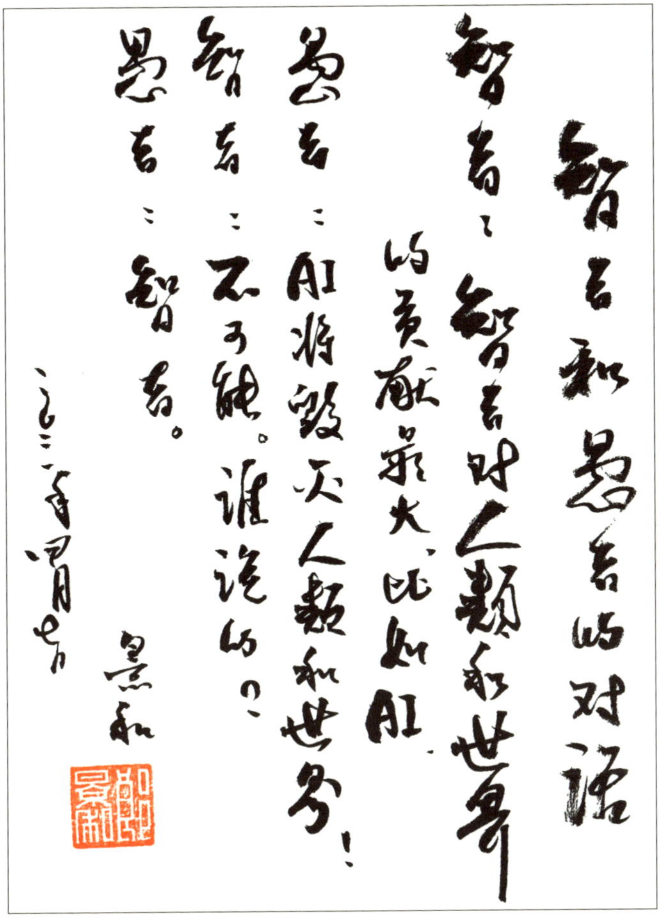
智者和愚者的对话
智者：智者对人类和世界的贡献最大，比如AI。
愚者：AI将毁灭人类和世界！
智者：不可能。谁说的？
愚者：智者。
愚和

【智者和愚者的对话】

智者：智者对人类和世界的贡献最大，比如AI。

愚者：AI将毁灭人类和世界！

智者：不可能。谁说的？

愚者：智者。

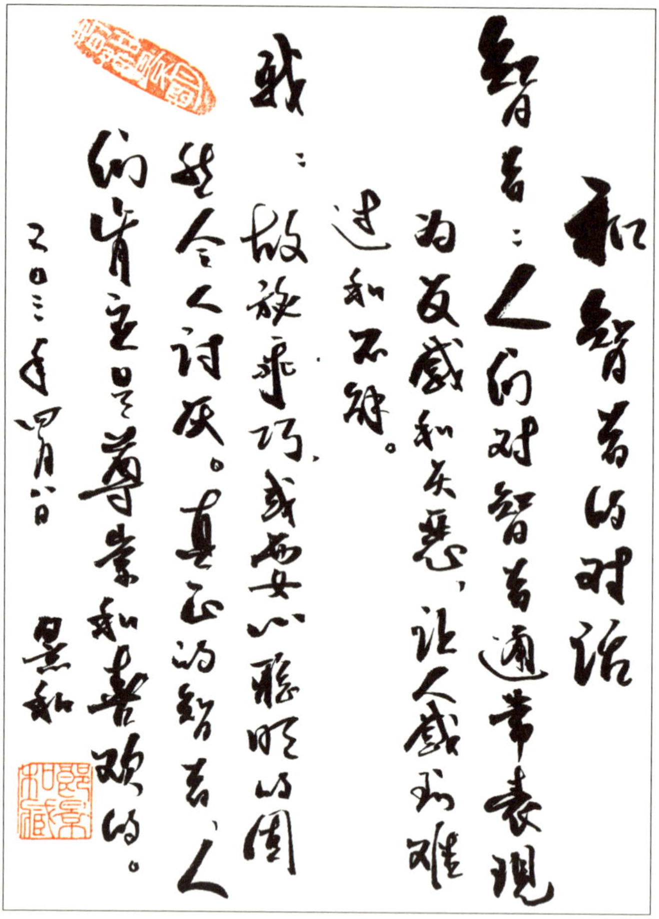
和智者的对话
智者：人们对智者通常表现为反感和厌恶，让人感到难过和不解。
我：故施乖巧，或耍小聪明的固然令人讨厌。真正的智者，人们肯定是尊重和喜欢的。

【和智者的对话】

智者：人们对智者通常表现为反感和厌恶，让人感到难过和不解。

我：故施乖巧，或耍小聪明的固然令人讨厌。真正的智者，人们肯定是尊重和喜欢的。

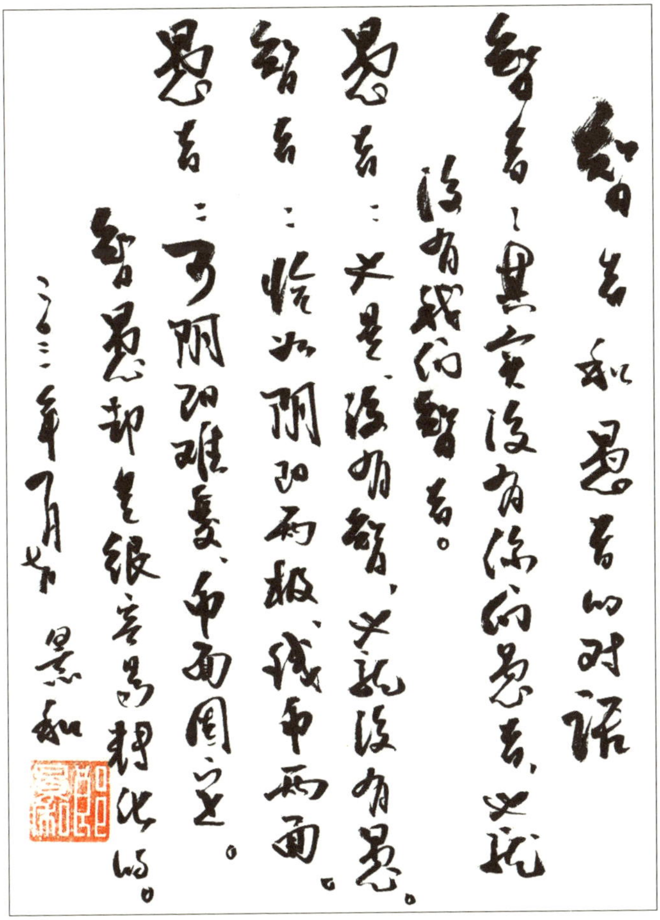

【智者和愚者的对话】

智者：其实没有你们愚者，也就没有我们智者。

愚者：也是，没有智，也就没有愚。

智者：恰如阴阳两极、钱币两面。

愚者：可阴阳难变、币面固定。智愚却是很容易转化的。

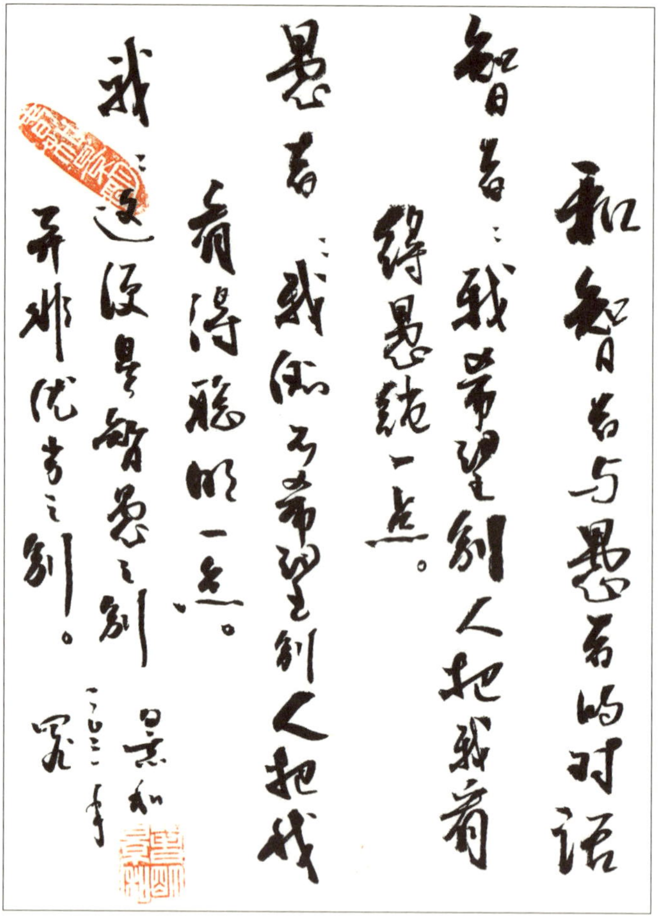
和智者与愚者的对话
智者：我希望别人把我看得愚钝一点。
愚者：我倒不希望别人把我看得聪明一点。
我：这便是智愚之别，并非优劣之别。

【和智者与愚者的对话】

智者：我希望别人把我看得愚钝一点。

愚者：我倒不希望别人把我看得聪明一点。

我：这便是智愚之别，并非优劣之别。

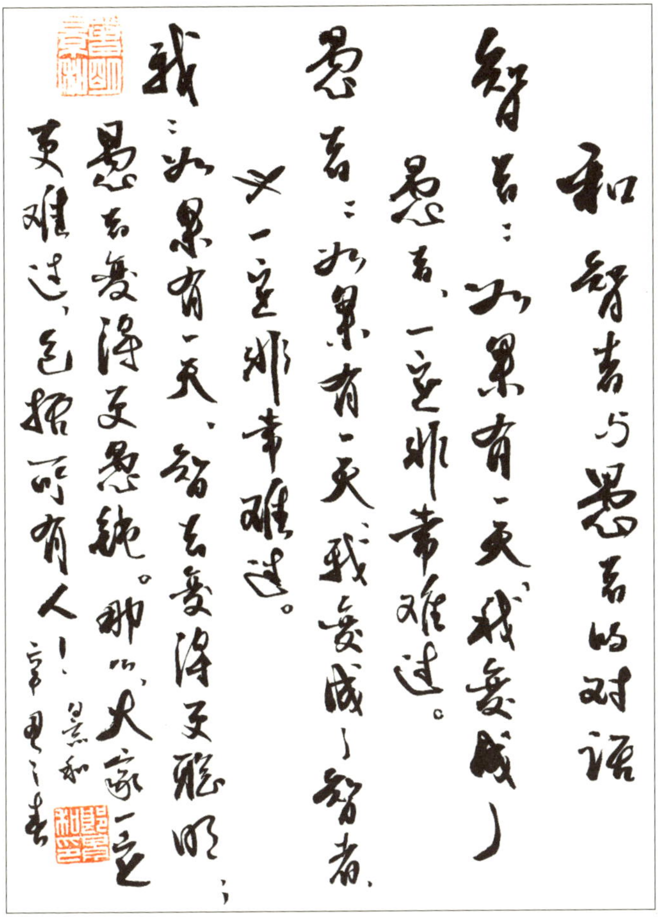

【和智者与愚者的对话】

智者：如果有一天，我变成了愚者，一定非常难过。

愚者：如果有一天，我变成了智者，也一定非常难过。

我：如果有一天，智者变得更聪明；愚者变得更愚钝。那么，大家一定更难过，包括所有人！

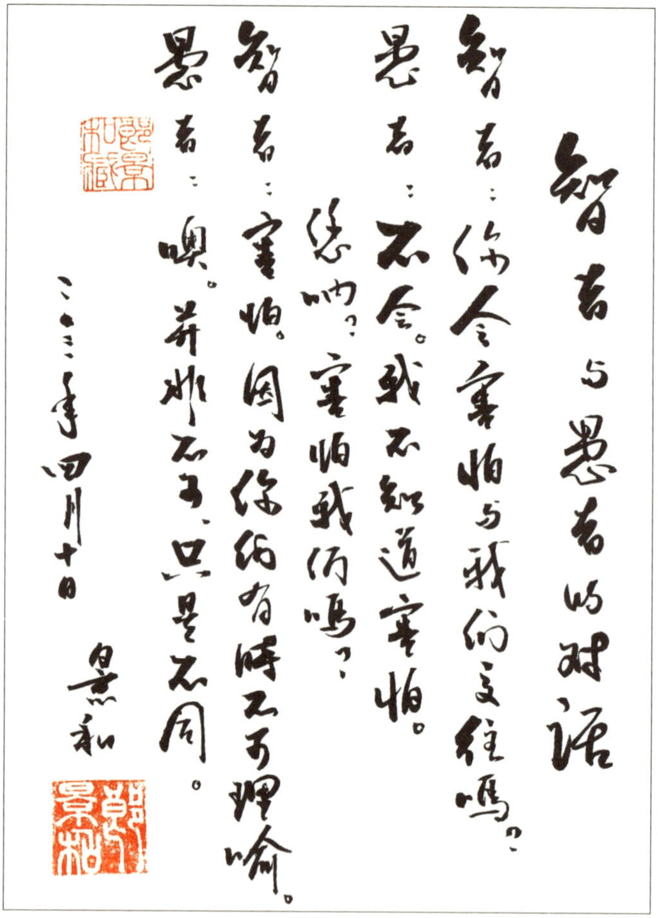
智者与愚者的对话
智者：你会害怕与我们交往吗？
愚者：不会。我不知道害怕。您呐？害怕我们吗？
智者：害怕。因为你们有时不可理喻。
愚者：噢。并非不可，只是不同。
景和

【智者与愚者的对话】

智者：你会害怕与我们交往吗?

愚者：不会。我不知道害怕。您呐？害怕我们吗?

智者：害怕。因为你们有时不可理喻。

愚者：噢。并非不可，只是不同。

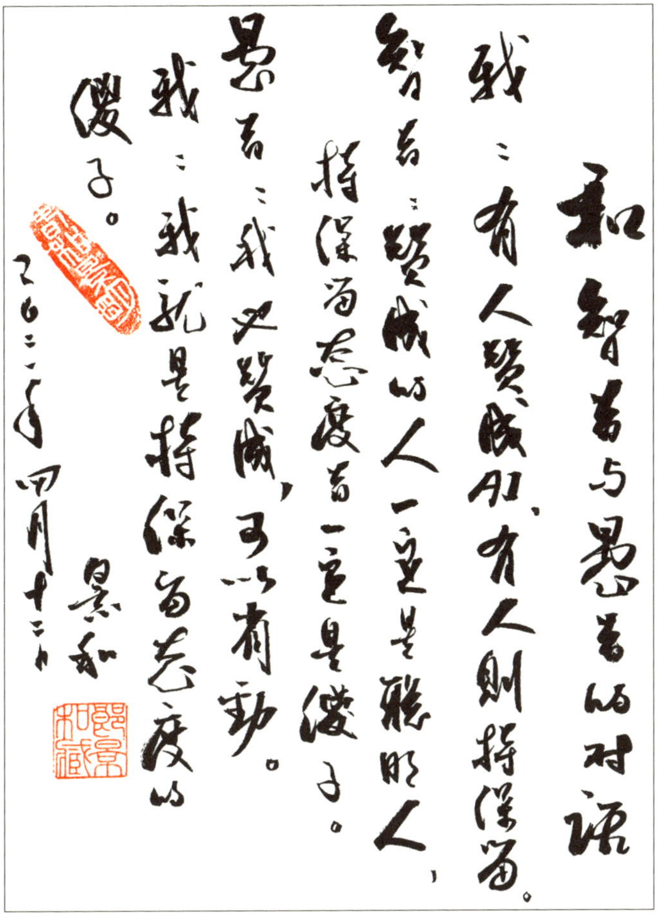
和智者与愚者的对话
我：有人赞成AI，有人则持保留。
智者：赞成的人一定是聪明人，持保留态度者一定是傻子。
愚者：我也赞成，可以省劲。
我：我就是持保留态度的傻子。

【和智者与愚者的对话】

我：有人赞成AI，有人则持保留（态度）。

智者：赞成的人一定是聪明人，持保留态度者一定是傻子。

愚者：我也赞成，可以省劲。

我：我就是持保留态度的傻子。

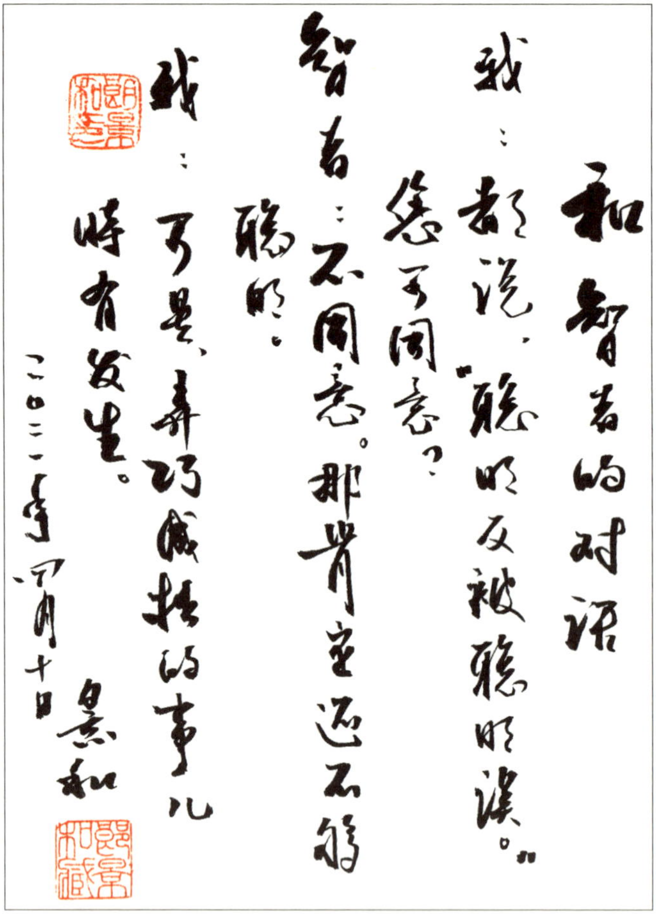
和智者的对话
我：都说："聪明反被聪明误。"您可同意？
智者：不同意。那肯定还不够聪明。
我：可是，弄巧成拙的事儿时有发生。
二〇二二年四月十日
景和

【和智者的对话】

我：都说："聪明反被聪明误。"您可同意？

智者：不同意。那肯定还不够聪明。

我：可是，弄巧成拙的事儿时有发生。

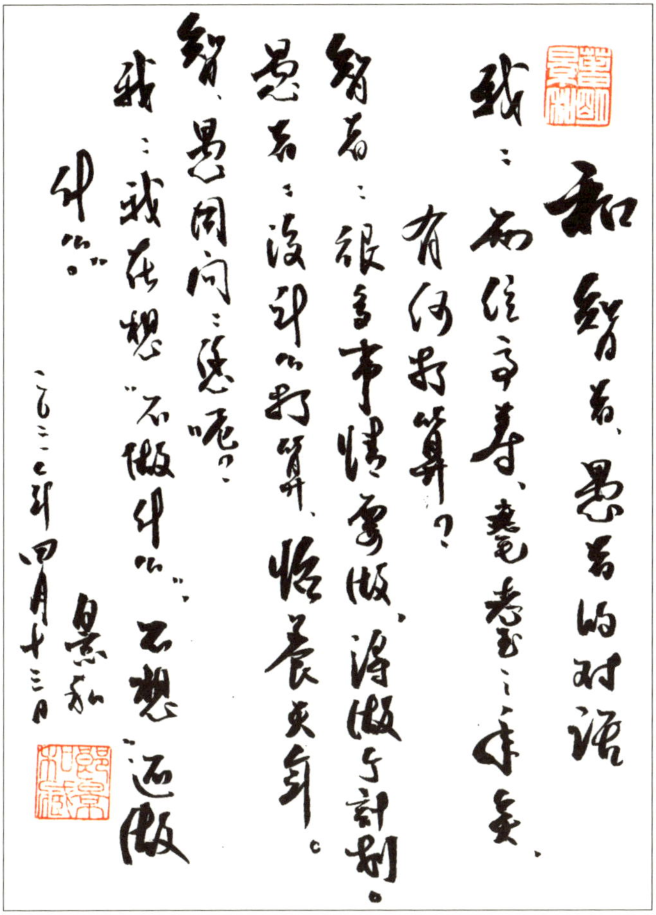
和智者、愚者的对话
我：两位高寿、耄耋之年矣、有何打算？
智者：很多事情要做、得做个计划。
愚者：没什么打算、怡养天年。
智、愚同问：您呢？
我：我在想“不做什么”，不想“还做什么”。

【和智者、愚者的对话】

我：两位高寿、耄耋之年矣，有何打算？

智者：很多事情要做，得做个计划。

愚者：没什么打算，怡养天年。

智、愚同问：您呢？

我：我在想“不做什么”，不想“还做什么”。

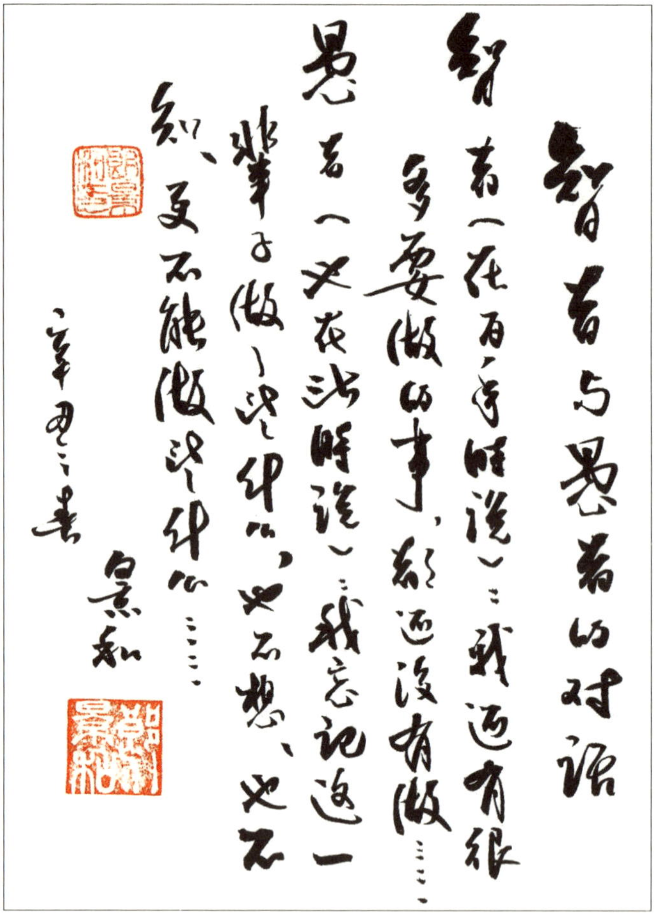
智者与愚者的对话
智者（在百年时说）：我还有很多要做的事，都还没有做……
愚者（也在此时说）：我忘记这一辈子做了些什么，也不想、也不知、更不能做些什么……
景和

【智者与愚者的对话】

智者（在百年时说）：我还有很多要做的事，都还没有做……

愚者（也在此时说）：我忘记这一辈子做了些什么，也不想、也不知、更不能做些什么……

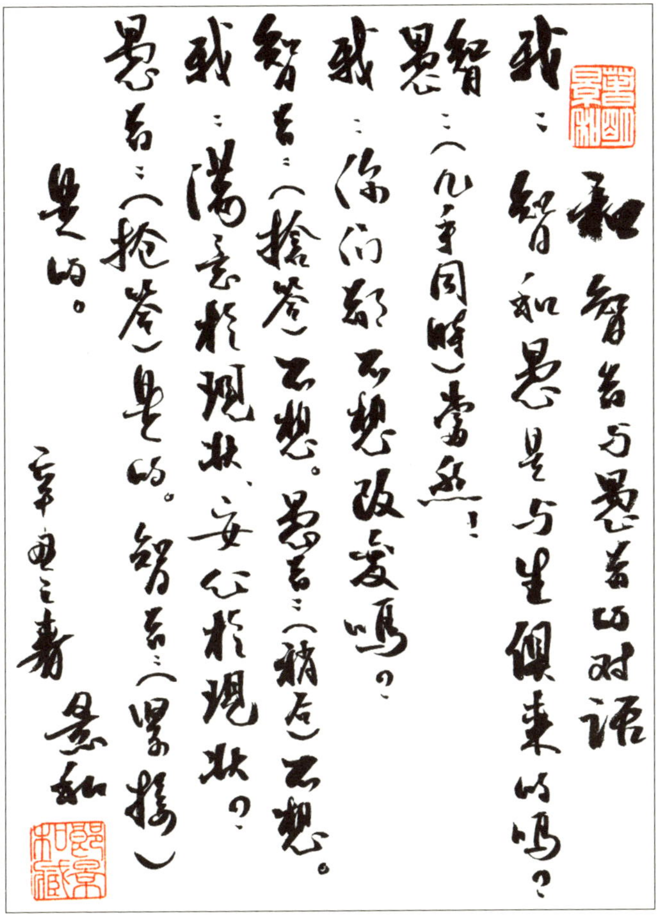
和智者与愚者的对话
我：智和愚是与生俱来的吗？
智愚：（几乎同时）当然！
我：你们都不想改变吗？
智者：（抢答）不想。愚者：（稍后）不想。
我：满意于现状、安心于现状？
愚者：（抢答）是的。智者：（紧接）是的。

【和智者与愚者的对话】

我：智和愚是与生俱来的吗？

智愚：（几乎同时）当然！

我：你们都不想改变吗？

智者：（抢答）不想。

愚者：（稍后）不想。

我：满意于现状、安心于现状？

愚者：（抢答）是的。

智者：（紧接）是的。

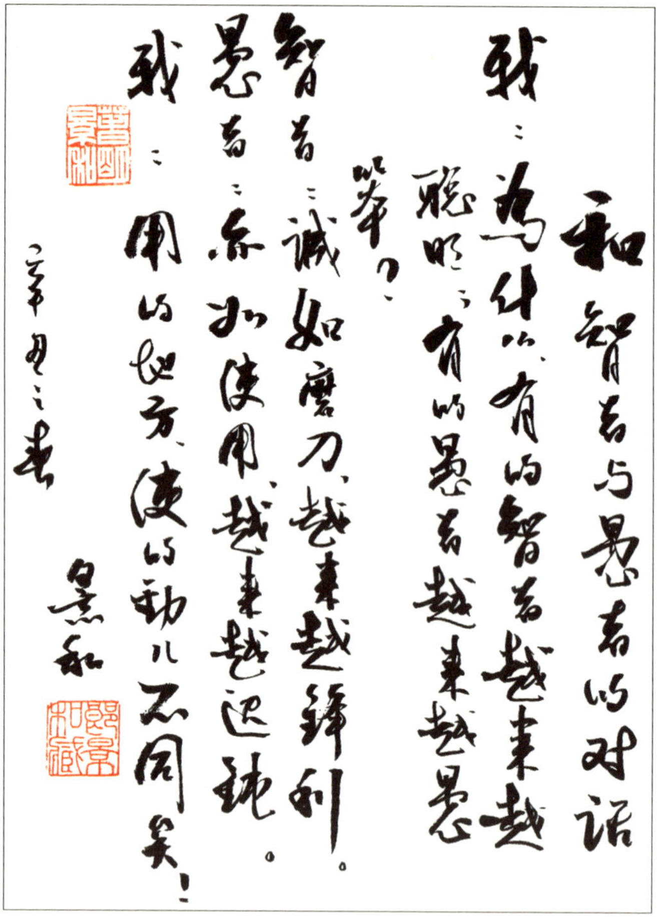
和智者与愚者的对话
我：为什么，有的智者越来越聪明；有的愚者越来越愚笨？
智者：诚如磨刀，越来越锋利。
愚者：亦如使用，越来越迟钝。
我：用的地方、使的劲儿不同矣！
景和

【和智者与愚者的对话】

我：为什么，有的智者越来越聪明；有的愚者越来越愚笨？

智者：诚如磨刀，越来越锋利。

愚者：亦如使用，越来越迟钝。

我：用的地方、使的劲儿不同矣！

第二部分

和先生、和学生

古今中外，先哲大师；咿呀学语、大学讲堂；他们在前方，他们在身旁。

几千年，没有那么历久；几万里，没有那么遥远。只要我们念记不忘，只要我们传承不怠。

今天的学生，也是明天的先生，是链、是站，是根、是叶，是船、是桥……

一切在于道路和方向，智慧和力量。

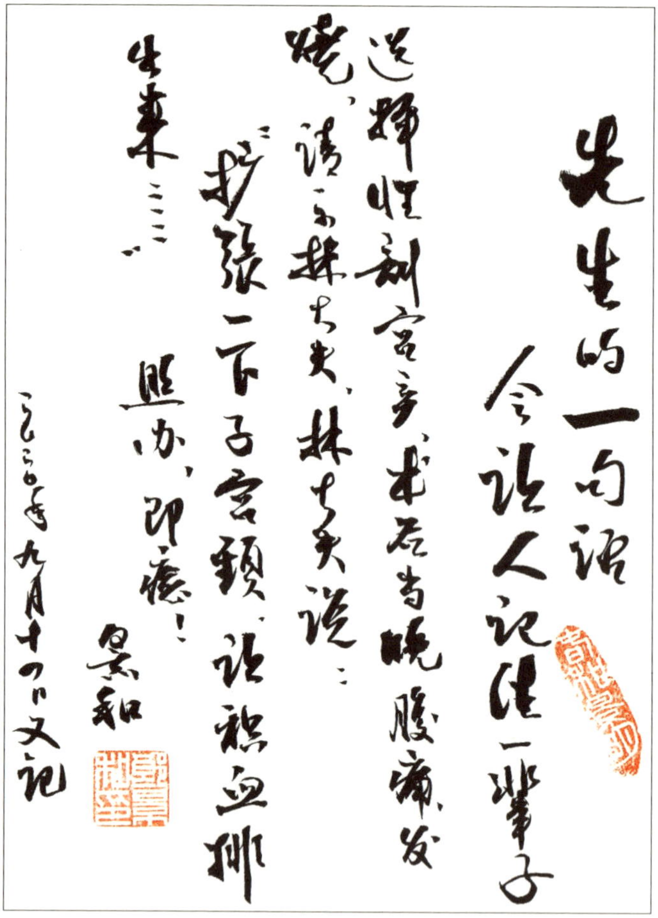
先生的一句话会让人记住一辈子
选择性剖宫产，术后当晚腹痛、发烧，请示林大夫，林大夫说：“扩张一下子宫颈，让积血排出来……”
照办，即愈！
景和
二〇一〇年九月十四日又记

【先生的一句话会让人记住一辈子】

选择性剖宫产，术后当晚腹痛、发烧，请示林大夫，林大夫说：“扩张一下子宫颈，让积血排出来……”照办，即愈！

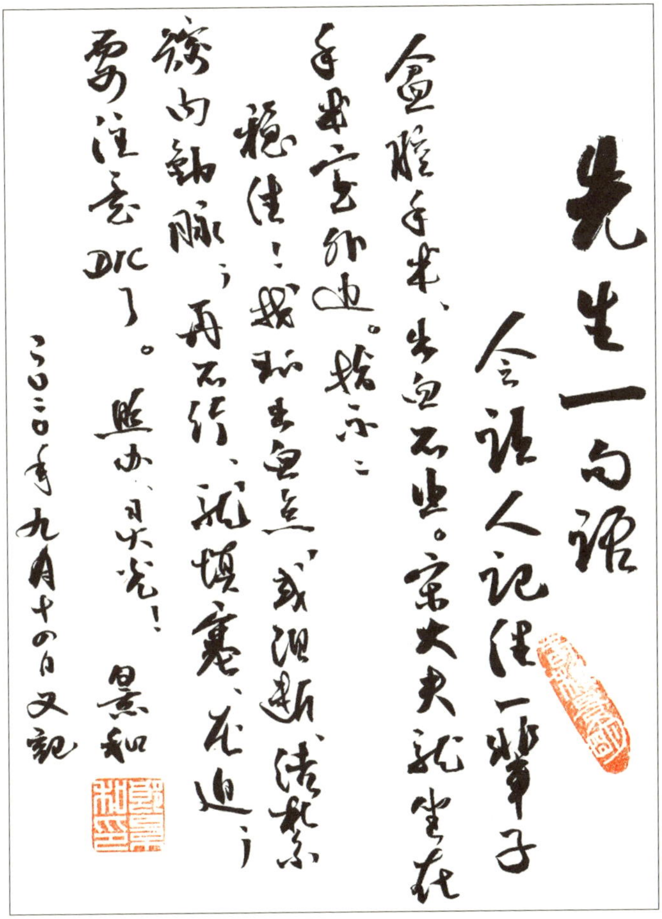
先生一句语
会让人记住一辈子
盆腔手术、出血不止。宋大夫就坐在
手术室外边。指示：
稳住！找到出血点，或阻断、结扎紧
髂内动脉；再不行，就填塞、压迫；
要注意DIC了。照办，灵光！
景和
二〇二〇年九月十四日又记

【先生一句话会让人记住一辈子】

盆腔手术，出血不止。宋大夫就坐在手术室外边，指示：稳住！找到出血点，或阻断、结扎紧髂内动脉；再不行，就填塞、压迫；要注意DIC了。照办，灵光！

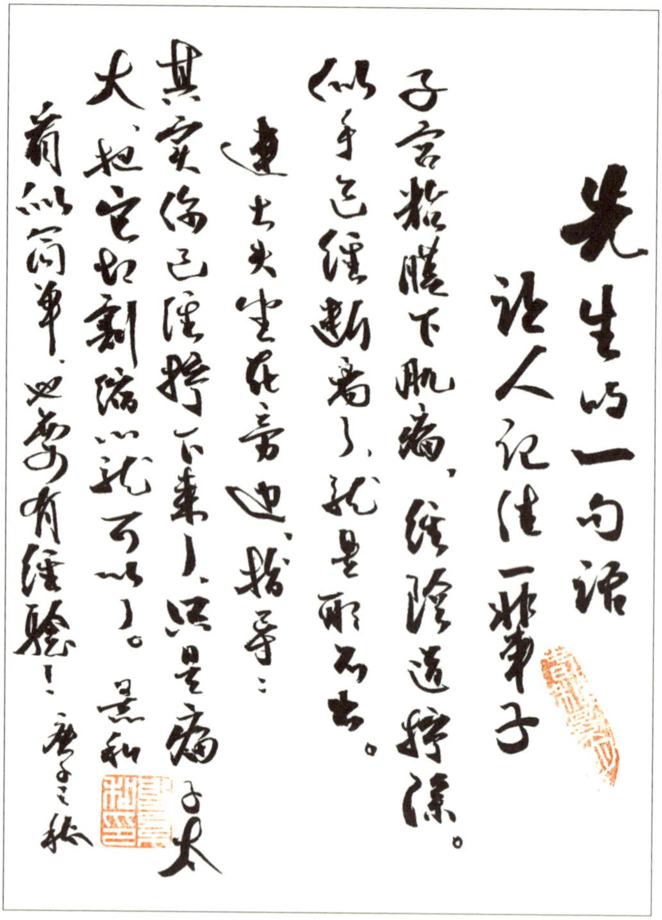

【先生的一句话让人记住一辈子】

子宫黏膜下肌瘤，经阴道拧除。似乎已经断离了，就是取不出。连大夫坐在旁边，指导：

其实你已经拧下来了，只是瘤子太大，把它切割缩小就可以了。看似简单，也要有经验！

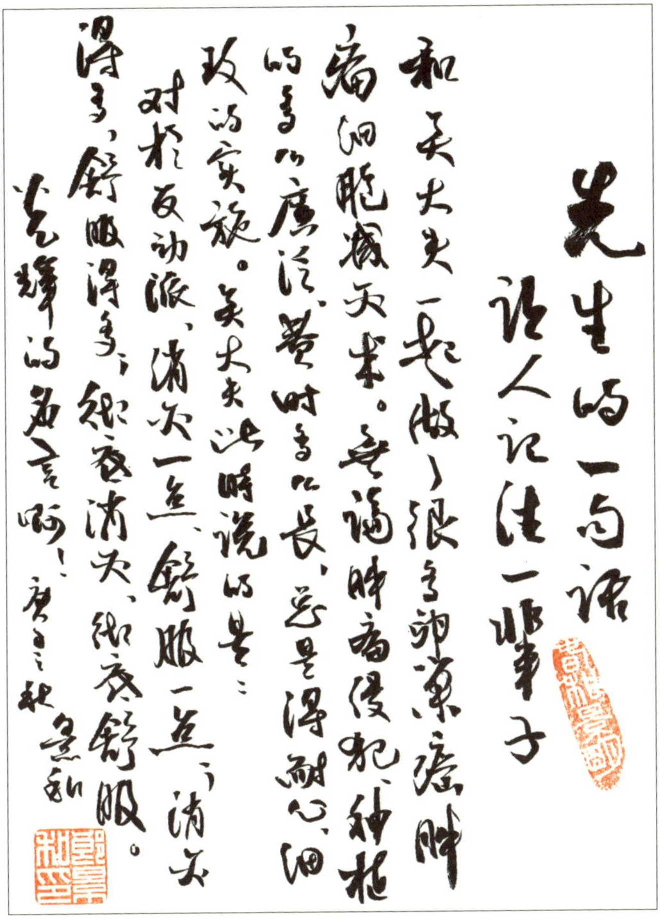

【先生的一句话让人记住一辈子】

和吴大夫一起做了很多卵巢癌肿瘤细胞减灭术。无论肿瘤侵犯、种植的（得）多么广泛，费时多么长，总是得耐心、细致的（地）实施。

吴大夫此时说的是：

对于反动派，消灭一点，舒服一点；消灭得多，舒服得多；彻底消灭，彻底舒服。

光辉的名言啊！

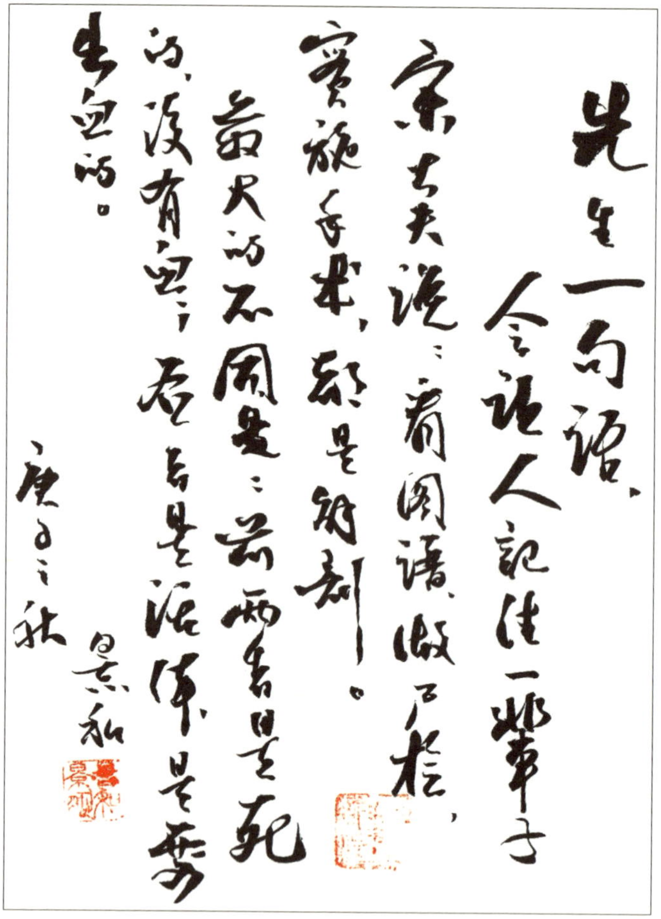

【先生一句话会让人记住一辈子】

宋大夫说：看图谱、做尸检、实施手术，都是解剖。

最大的不同是：前两者是死的，没有血；后者是活体，是要出血的。

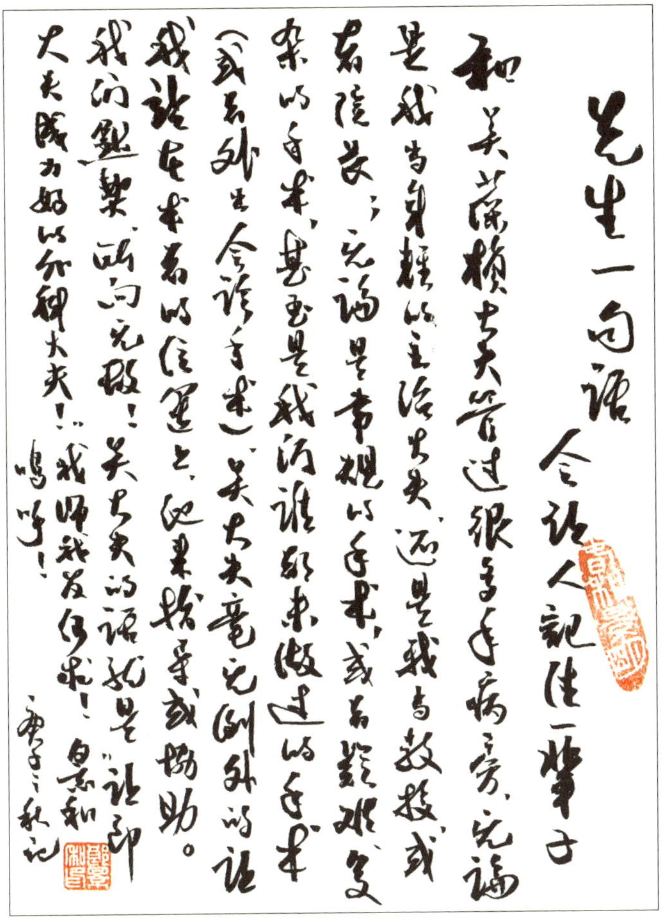

【先生一句话会让人记住一辈子】

和吴葆桢大夫管过很多年病房，无论是我当年轻的主治大夫，还是我当教授，或者院长；无论是常规的手术，或者疑难、复杂的手术，甚至是我们谁都未做过的手术（或者外出会诊手术），吴大夫毫无例外的（地）让我站在术者的位置上，他来指导或协助。我们默契、所向无敌！吴大夫的话就是“让郎大夫成为好的外科大夫！”我师我友何求！呜呼！

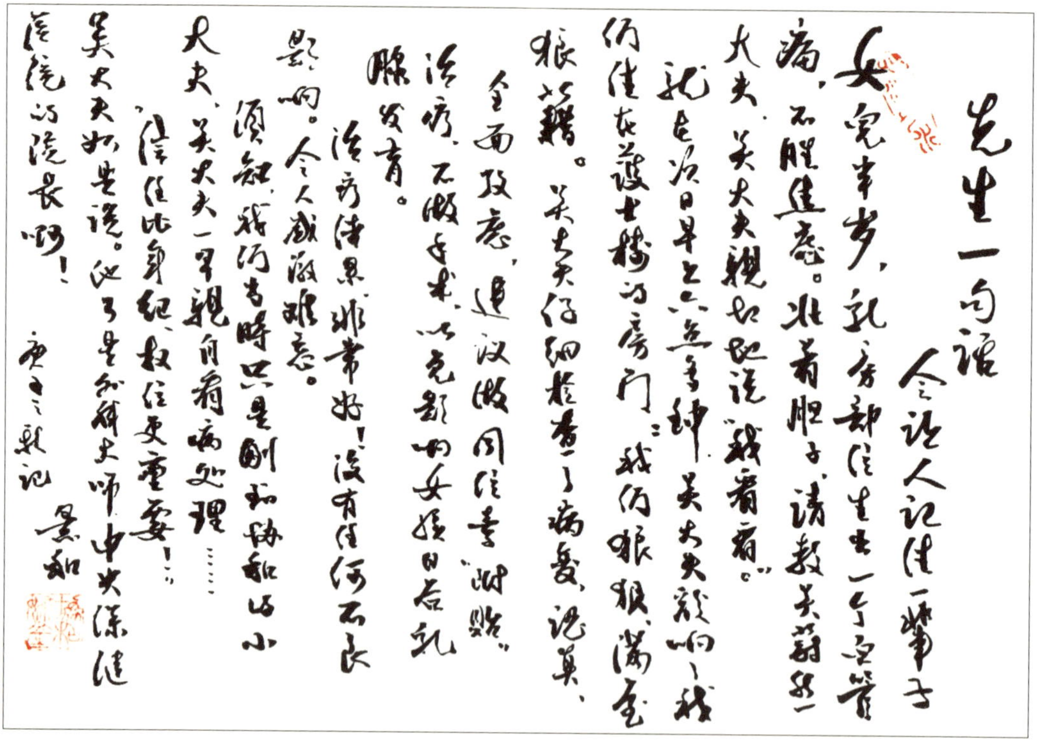
先生一句话
令人记住一辈子
女儿半岁，乳房部位生出一个
病，不能健康。壮着胆子，请教吴蔚然
大夫。吴大夫亲切地说：“我看看。”
我去后日早上六点多钟，吴大夫敲响了我
们住在护士楼的房门：“我们很想，满意
很好。”吴大夫仔细检查了病变，认真、
全面考虑，建议做同位素“测验”
治疗，不做手术，以免影响女孩日后乳
腺发育。
治疗结果，非常好！没有任何不良
影响。令人感激难忘。
须知，我们当时只是刚到和谐的小
大夫，吴大夫一辈子亲自看病处理……
“信任比年纪、权位更重要！”
吴大夫如是说。他可是我们大师，中央保健
医院的院长啊！
庚子三新记
景如

【先生一句话会让人记住一辈子】

女儿半岁，乳房部位生出一个血管瘤，不胜焦虑。壮着胆子，请教吴蔚然大夫，吴大夫亲切地说：“我看看。”

就在次日早上六点多钟，吴大夫敲响了我们住在护士楼的房门，我们狼狈，满屋狼藉。吴大夫仔细检查了病变，认真、全面考虑，建议做同位素“附贴”治疗，不做手术，以免影响女孩日后乳腺发育。

治疗结果非常好！没有任何不良影响。令人感激难忘。须知，我们当时只是刚到协和的小大夫，吴大夫一早亲自看病处理……“信任比年纪、权位更重要！”吴大夫如是说。他可是外科大师、中央保健医院的院长啊！

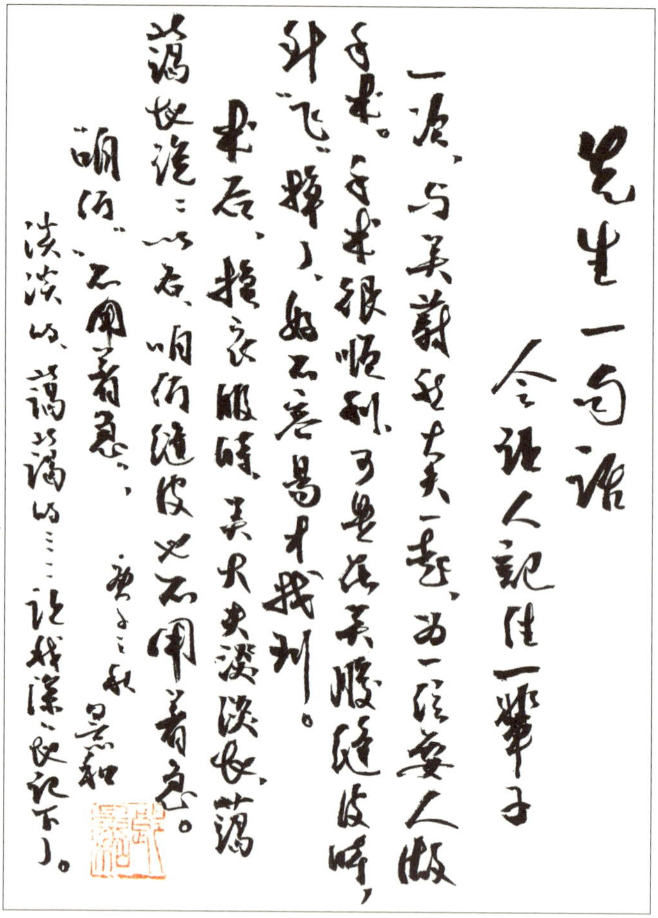

【先生一句话会让人记住一辈子】

一次，与吴蔚然大夫一起，为一位要人做手术。手术很顺利，可是在关腹缝皮时，针“飞”掉了，好不容易才找到。

术后，换衣服时，吴大夫淡淡地、蔼蔼地说：以后，咱们缝皮也不用着急。“咱们”“不用着急”，淡淡的、蔼蔼的……让我深深地记下了。

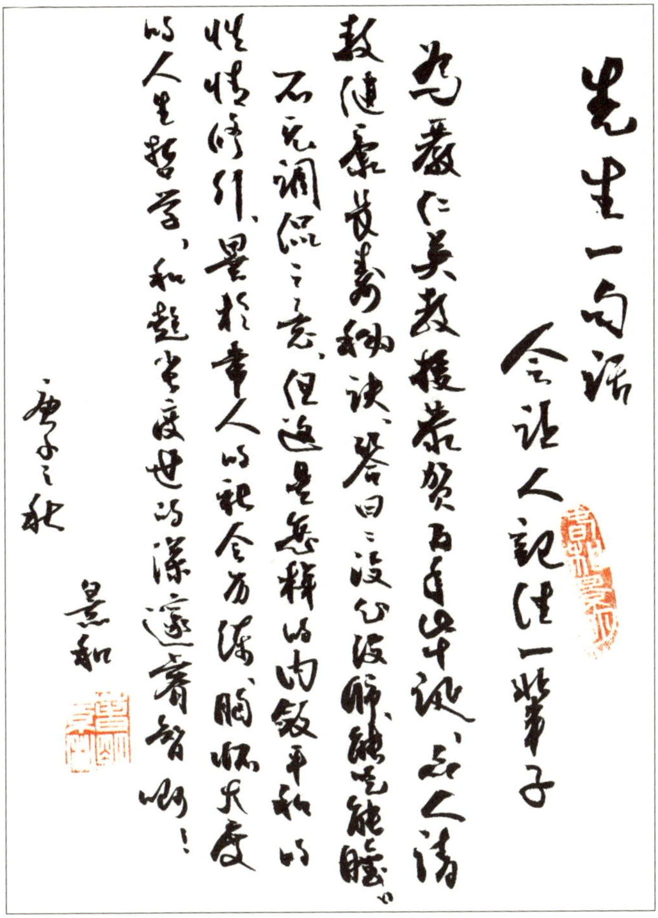
先生一句话
会让人記住一辈子
为严仁英教授恭贺百年华诞，众人请教健康长寿秘诀，答曰：没心没肺，能吃能睡。
不无调侃之意，但这是怎样的内敛平和的性情修行，异于常人的社会历练，胸怀大度的人生哲学，和超尘度世的深邃睿智啊！
庚子之秋
景和

【先生一句话会让人记住一辈子】

为严仁英教授恭贺百年华诞，众人请教健康长寿秘诀，答曰：没心没肺，能吃能睡。

不无调侃之意，但这是怎样的内敛平和的性情修行、异于常人的社会历练、胸怀大度的人生哲学和超尘度世的深邃睿智啊！

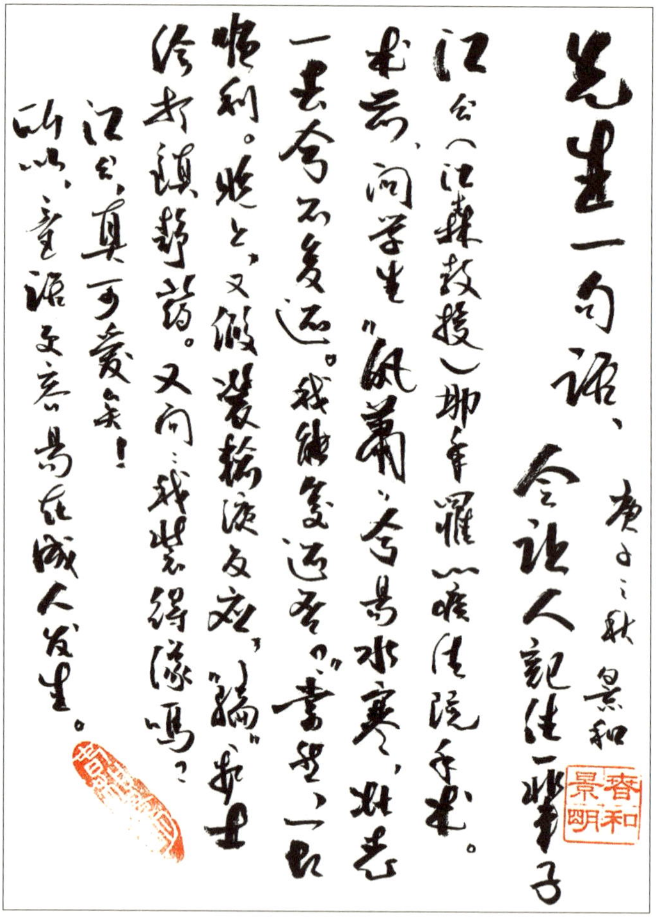
先生一句话、会让人记住一辈子
庚子之秋 景和
春和景明
江公（江森教授）那年罹小疾住院手术。
术前，问学生"风萧萧兮易水寒，壮士
一去兮不复还。我能复还否？"当然，一切
顺利。晚上，又假装输液反应，"骗"护士
给打镇静药。又问：我装得像吗？
江公，真可爱矣！
所以，童话更容易在成人发生。

【先生一句话会让人记住一辈子】

江公（江森教授）那年罹小疾住院手术。术前，问学生"风萧萧兮易水寒，壮士一去兮不复还。我能复还否？"当然，一切顺利。晚上，又假装输液反应，"骗"护士给打镇静药。又问：我装得像吗？

江公，真可爱矣！

所以，童话更容易在成人发生。

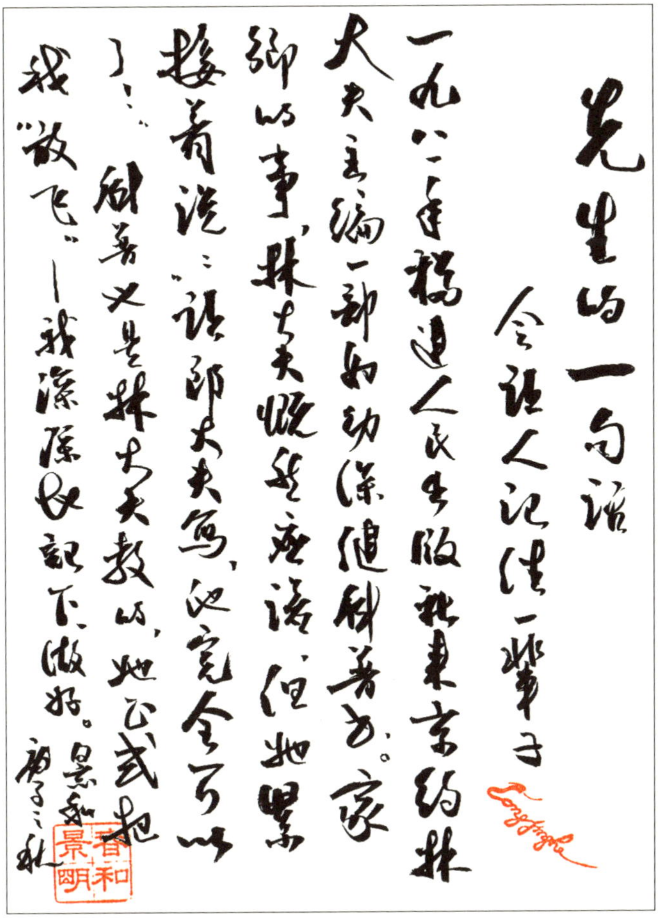
先生的一句话
会让人记住一辈子
一九八一年福建人民出版社来京约林大夫主编一部妇幼保健科普书。家乡的事，林大夫慨然应诺，但她紧接着说："让郎大夫写，他完全可以了……"科普也是林大夫教的，她正式把我"放飞"——我深深地記下、做好。
景和
庚子秋

【先生的一句话会让人记住一辈子】

一九八一年福建人民出版社来京约林大夫主编一部妇幼保健科普书。家乡的事，林大夫慨然应诺，但她紧接着说："让郎大夫写，他完全可以了！"科普也是林大夫教的，她正式把我"放飞"——我深深地记下、做好。

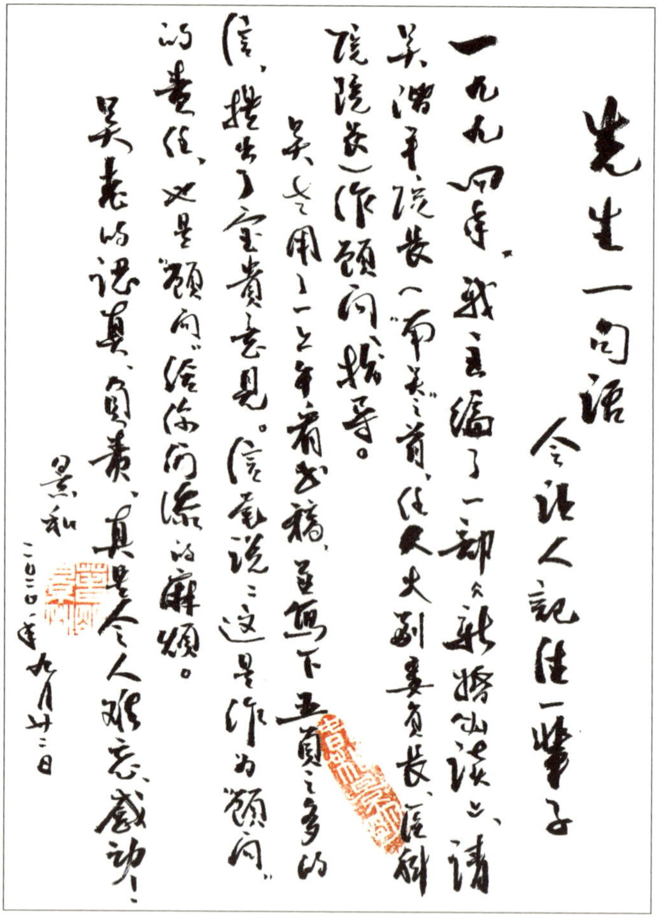

先生一句话
会让人记住一辈子

一九九四年，我主编了一部《新婚必读》，请吴阶平院长（南吴之首，任人大副委员长、医科院院长）作顾问、指导。

吴老用了一上午看书稿，并写下五页之多的信，提出了宝贵意见。信尾说：这是作为顾问的责任，也是顾问给你们添的麻烦。

吴老的认真、负责，真是令人难忘、感动！

景和

二〇二〇年九月廿二日

【先生一句话会让人记住一辈子】

一九九四年，我主编了一部《新婚必读》，请吴阶平院长（“南吴”之首，任人大副委员长，医科院院长）作顾问、指导。

吴老用了一上午看书稿，并写下五页之多的信，提出了宝贵意见。信尾说：这是作为“顾问”的责任，也是“顾问”给你们添的麻烦。

吴老的认真、负责，真是令人难忘、感动！

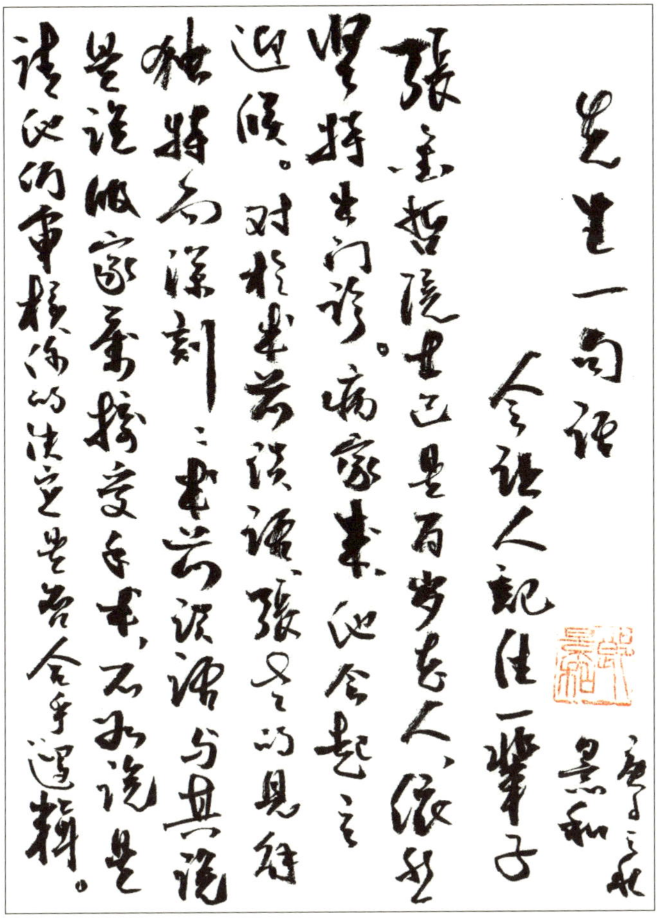

【先生一句话会让人记住一辈子】

张金哲院士已是百岁老人，依然坚持出门诊。病家来，他会起立迎候。对于术前谈话，张老的见解独特而深刻：术前谈话与其说是说服家属接受手术，不如说是请他们审核你的决定是否合乎逻辑。

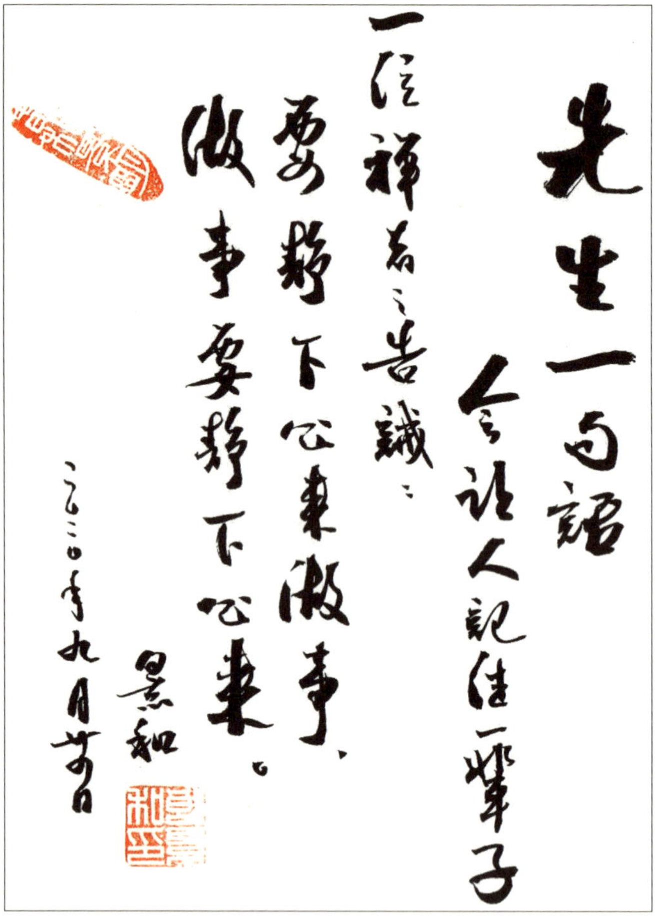

【先生一句话会让人记住一辈子】

一位禅者之告诫：
要静下心来做事，
做事要静下心来。

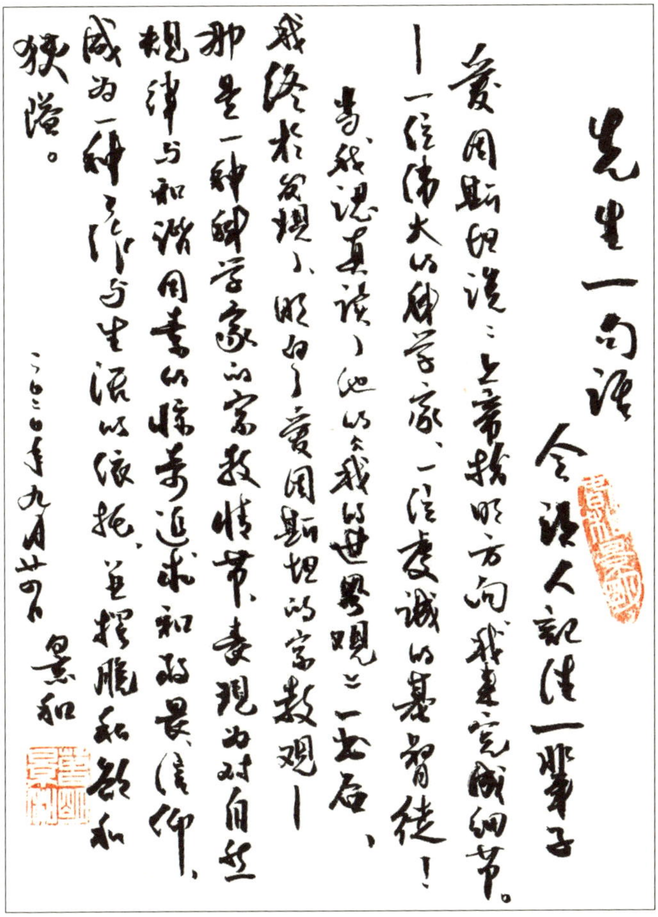
先生一句话令人記住一辈子
爱因斯坦说：上帝指明方向，我来完成细节。——一位伟大的科学家、一位虔诚的基督徒！
当我认真读了他的《我的世界观》一书后，我终于发现了、明白了爱因斯坦的宗教观——那是一种科学家的宗教情结，表现为对自然规律与和谐因素的惊奇追求和敬畏、信仰，成为一种工作与生活的依托，并摆脱私欲和狭隘。
二〇二〇年九月廿四
景和

【先生一句话会让人记住一辈子】

爱因斯坦说：上帝指明方向，我来完成细节。——一位伟大的科学家、一位虔诚的基督徒！

当我认真读了他的《我的世界观》一书后，我终于发现了、明白了爱因斯坦的宗教观——那是一种科学家的宗教情结，表现为对自然规律与和谐因素的惊奇追求和敬畏、信仰，成为一种工作与生活的依托，并摆脱私欲和狭隘。

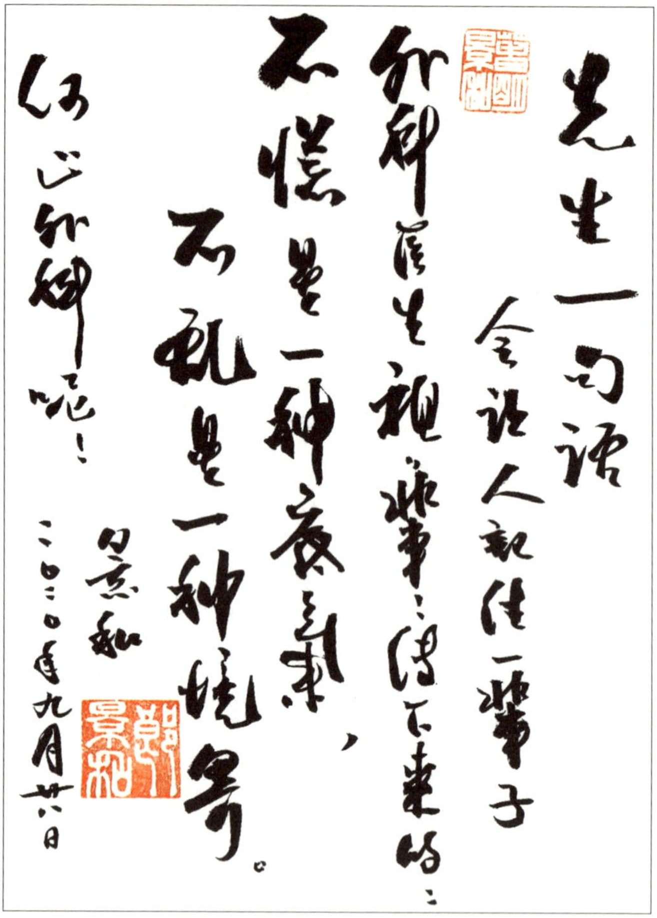
先生一句語
会让人記住一輩子
外科医生祖"輩"傳下來的
不慌是一种底氣、
不亂是一种境界。
何止外科呢！
景和
二〇二〇年九月廿六日

【先生一句话会让人记住一辈子】

外科医生祖“辈”传下来的：

不慌是一种底气，不乱是一种境界。

何止外科呢！

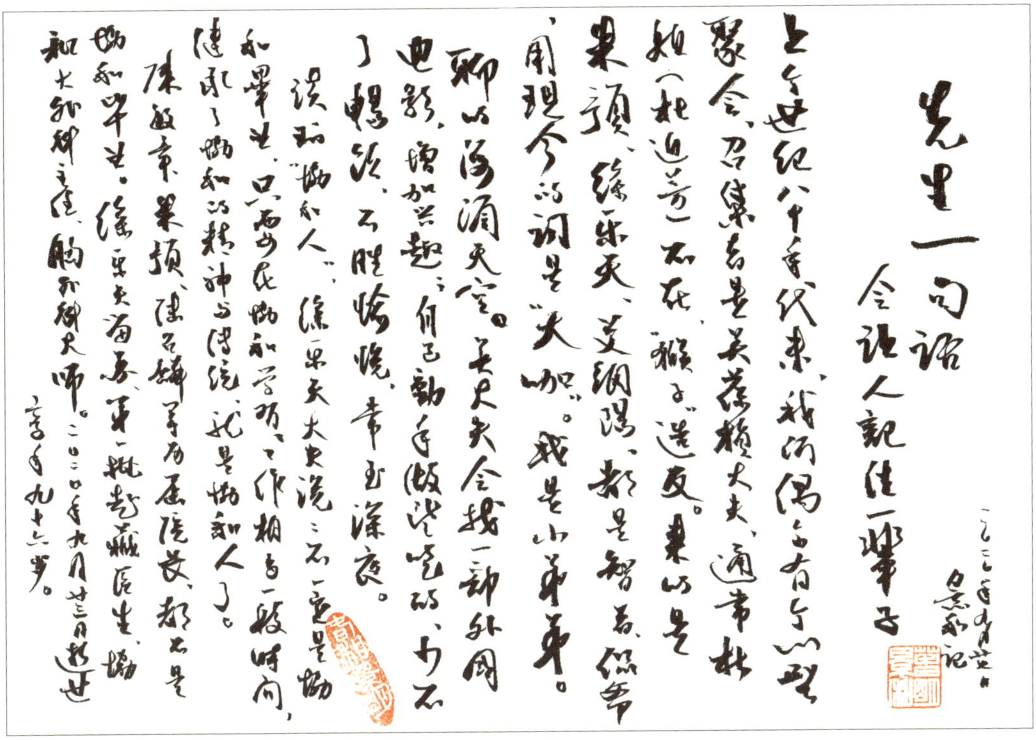
先生一句话
令讵人記住一輩子

上个世纪八十年代末，我们偶而有个小型聚会，召集者是吴蓓榛大夫，通常林姐（林迺菁）不在，“猴子”送发。来的是果颖、徐乐天、支纲阳，都是智者、俗节，用现今的词是“大咖”。我是小弟弟。聊的海阔天空。吴大夫会找一部外国电影，增加兴趣，自己动手做些吃的，少不了畅谈，不胜愉快，常到深夜。

谈到协和人，徐乐天大夫说：不一定是协和毕业，只要认同协和的学术、工作相当一段时间，达到了协和的精神与传统，就是协和人了。

陈敏章、果颖、陈元铸等为座院长，都不是协和毕业。徐乐天首先第一批艺藏医生、协和大外科主任、胸外科大师。二〇二〇年九月廿三日逝世，享年九十六岁。

二〇二〇年九月廿五日
吕慧永记

【先生一句话会让人记住一辈子】

上个世纪八十年代末，我们偶尔有个小型聚会，召集者是吴葆桢大夫，通常杜姐（杜近芳）不在，“猴子”造反。来的是朱预、徐乐天、艾纲阳，都是智者、侃爷，用现今的词是“大咖”。我是小弟弟。聊的（得）海阔天空。吴大夫会找一部外国电影，增加兴趣；自己动手做些吃的，少不了畅饮，不胜愉悦，常至深夜。

谈到“协和人”，徐乐天大夫说：不一定是协和毕业，只要在协和学习、工作相当一段时间，继承了协和的精神与传统，就是协和人了。陈敏章、朱预、陆召麟等历届院长，都不是协和毕业。徐乐天留苏、第一批赴藏医生、协和大外科主任、胸外科大师，二〇二〇年九月廿三日逝世，享年九十六岁。

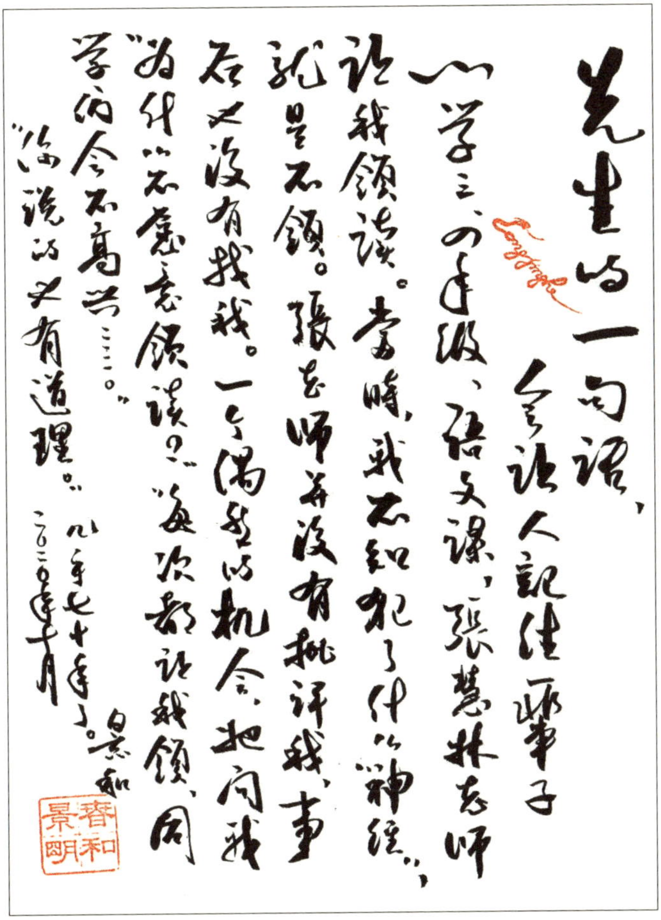
先生的一句话，
会让人记住一辈子
“小学三、四年级，语文课，”张慧林老师
让我领读。当时，我不知犯了什么“神经”，
就是不领。张老师并没有批评我，事
后又没有找我。一个偶然的机会，她问我
“为什么不愿意领读？”“每次都让我领，同
学们会不高兴……。”
“你说的又有道理。”
几乎七十年了。景和
二〇二〇年十月

【先生一句话会让人记住一辈子】

小学三、四年级，语文课，张慧林老师让我领读。当时，我不知犯了什么“神经”，就是不领。张老师并没有批评我，事后也没有找我。一个偶然的机会，她问我“为什么不愿意领读？”“每次都让我领，同学们会不高兴……”“你说的也有道理。”几乎七十年了。

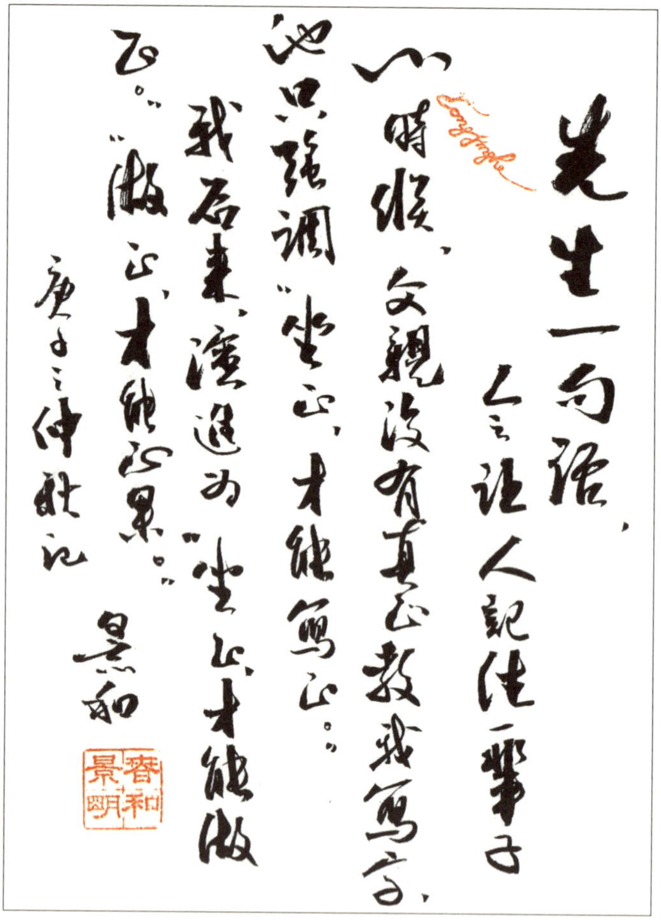

【先生一句话会让人记住一辈子】

小时候，父亲没有真正教我写字，他只强调“坐正，才能写正”。我后来，演进为“坐正，才能做正”。“做正，才能正果”。

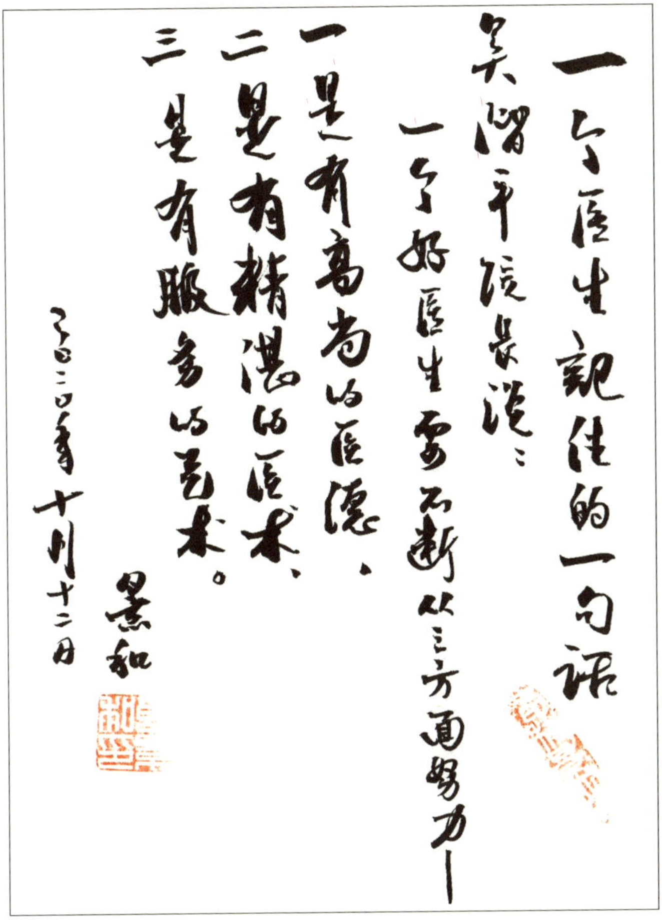
一个医生记住的一句话
吴阶平院长说：一个好医生要不断从三方面努力——
一是有高尚的医德、
二是有精湛的医术、
三是有服务的艺术。
十月十二日
景和

【一个医生记住的一句话】

吴阶平院长说：一个好医生要不断从三方面努力——

一是有高尚的医德，二是有精湛的医术，三是有服务的艺术。

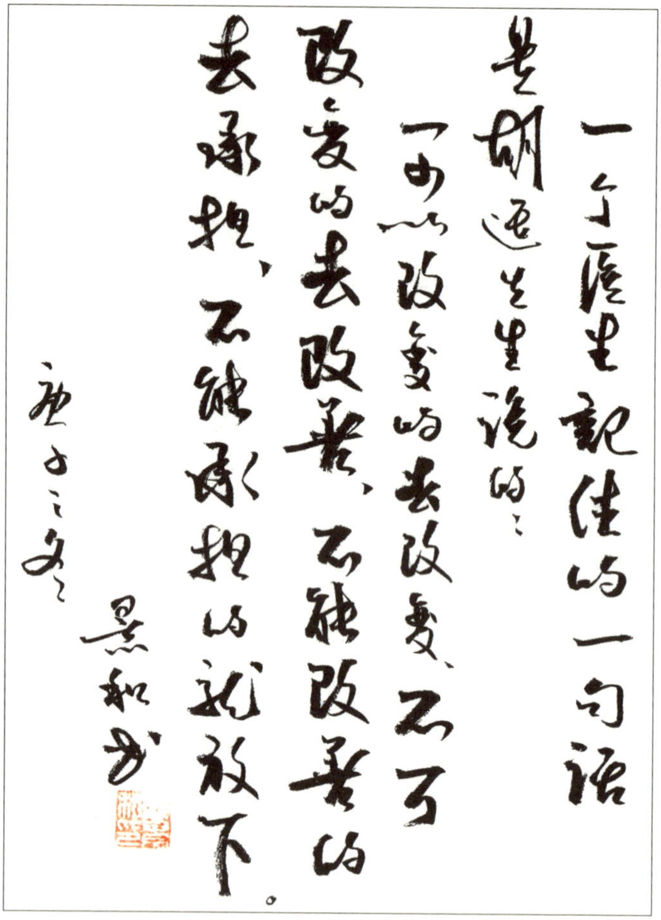
一个医生記住的一句話
是胡適先生說的
可以改變的去改變、不可改變的去改善、不能改善的去承擔、不能承擔的就放下。

【一个医生记住的一句话】

是胡适先生说的：

可以改变的去改变，不可改变的去改善，不能改善的去承担，不能承担的就放下。

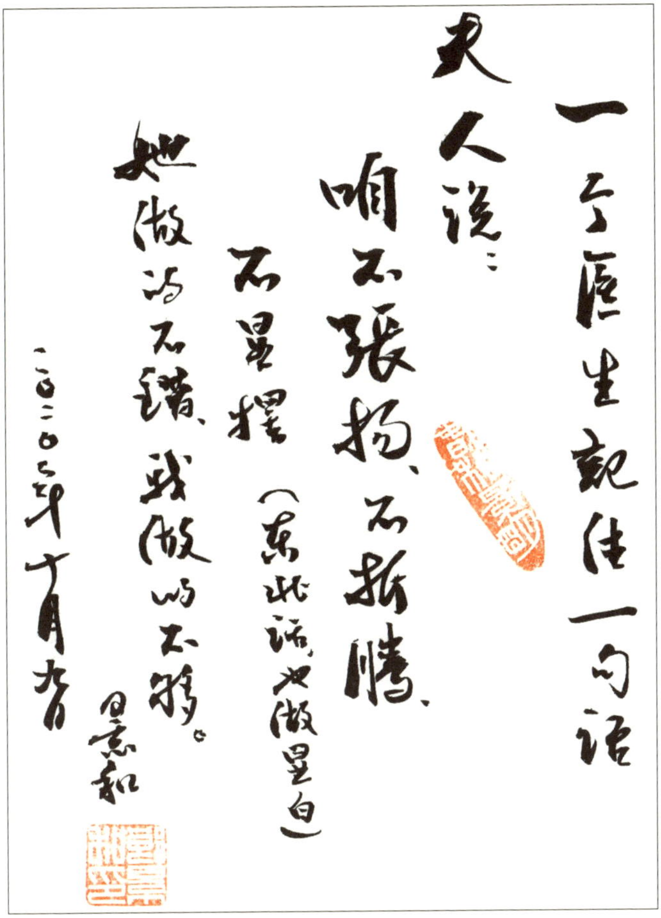
一个医生記住一句話
夫人說：
咱不張揚、不折騰、
不显摆（东北話，也做显白）
她做的不錯、我做的不够。
二〇二〇年十月

【一个医生记住一句话】

夫人说：

咱不张扬、不折腾、不显摆（东北话，也做显白）

她做的（得）不错，我做（得）不够。

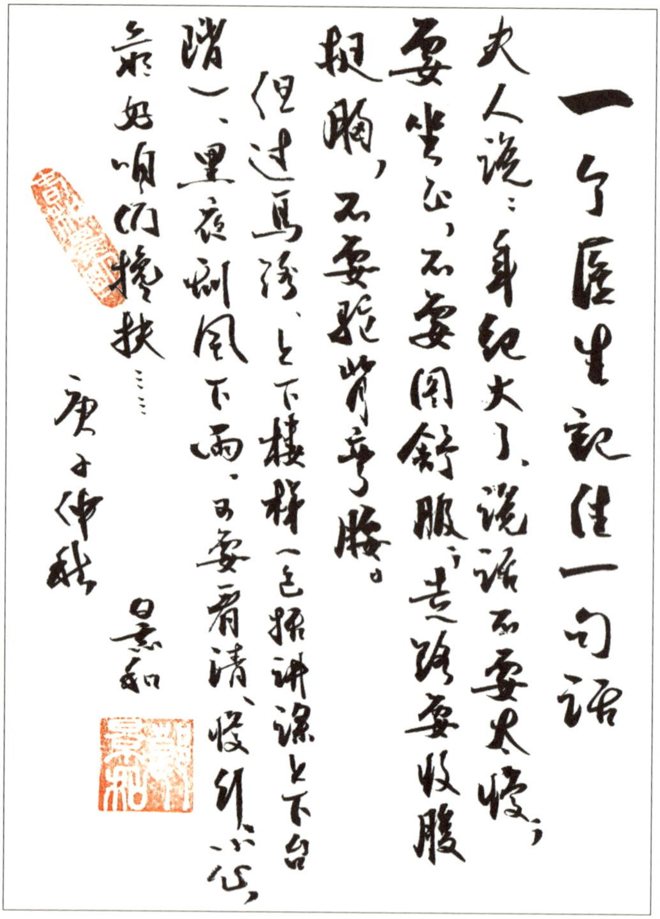

一个医生记住一句话

夫人说：年纪大了，说话不要太慢；要坐正，不要图舒服；走路要收腹挺胸，不要驼背弯腰。

但过马路、上下楼梯（包括讲课上下台阶）、黑夜刮风下雨，可要看清、慢行、小心，最好咱们搀扶……

庚子仲秋

景和

【一个医生记住一句话】

夫人说：年纪大了，说话不要太慢；要坐正，不要图舒服；走路要收腹挺胸，不要驼背弯腰。

但过马路、上下楼梯（包括讲课上下台阶）、黑夜刮风下雨，可要看清、慢行、小心，最好咱们搀扶……

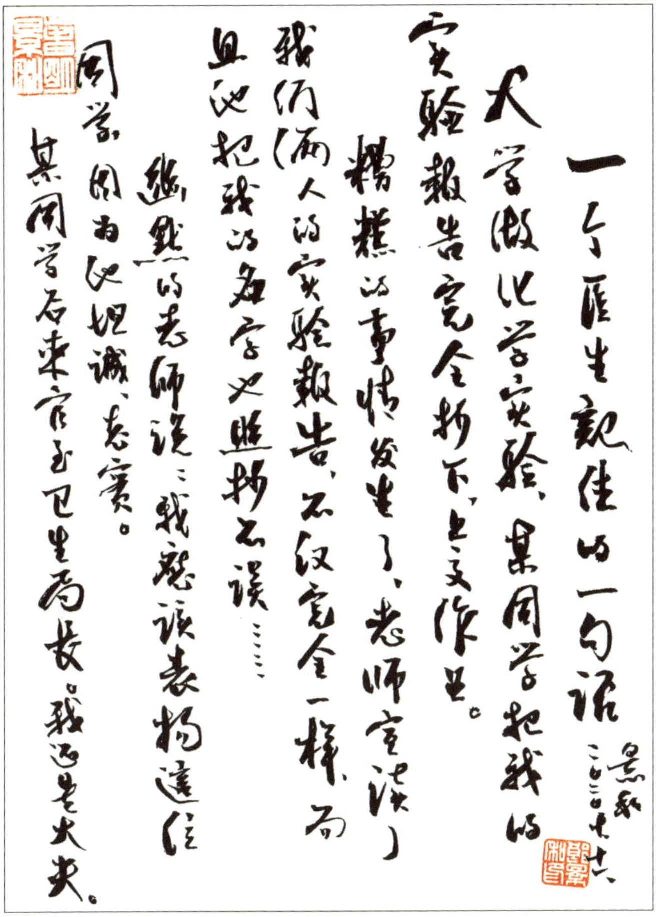
一个医生记住的一句话
大学做化学实验，某同学把我的实验报告完全抄下，上交作业。
糟糕的事情发生了，老师宣读了我们俩人的实验报告，不仅完全一样，而且他把我的名字也照抄不误……
幽默的老师说：我应该表扬这位同学，因为他坦诚、老实。
某同学后来官至卫生局长。我还是大夫。

【一个医生记住的一句话】

大学做化学实验，某同学把我的实验报告完全抄下，上交作业。糟糕的事情发生了，老师宣读了我们俩人的实验报告，不仅完全一样，而且他把我的名字也照抄不误……

幽默的老师说：我应该表扬这位同学，因为他坦诚、老实。

某同学后来官至卫生局长。我还是大夫。

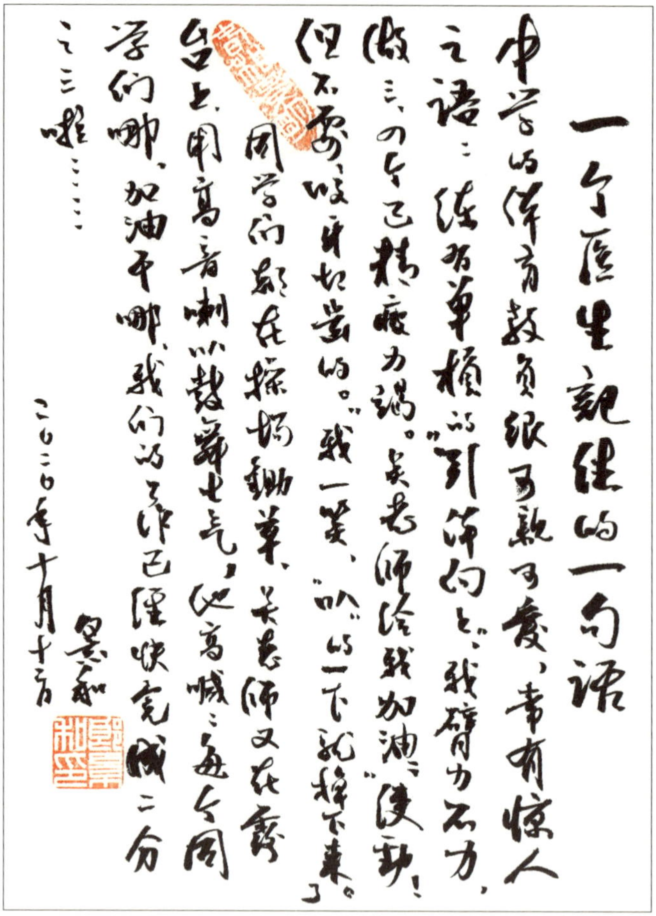

【一个医生记住的一句话】

中学的体育教员很可亲可爱，常有惊人之语：练习单杠的“引体向上”。我臂力不力，做三四个已精疲力竭。吴老师给我加油：“使劲！但不要咬牙切齿的。”我一笑，“叭”的一下就掉下来了。

同学们都在操场锄草，吴老师又在露台上，用高音喇叭鼓舞士气，他高喊：每个同学们哪，加油干哪，我们的工作已经快完成二分之三啦……

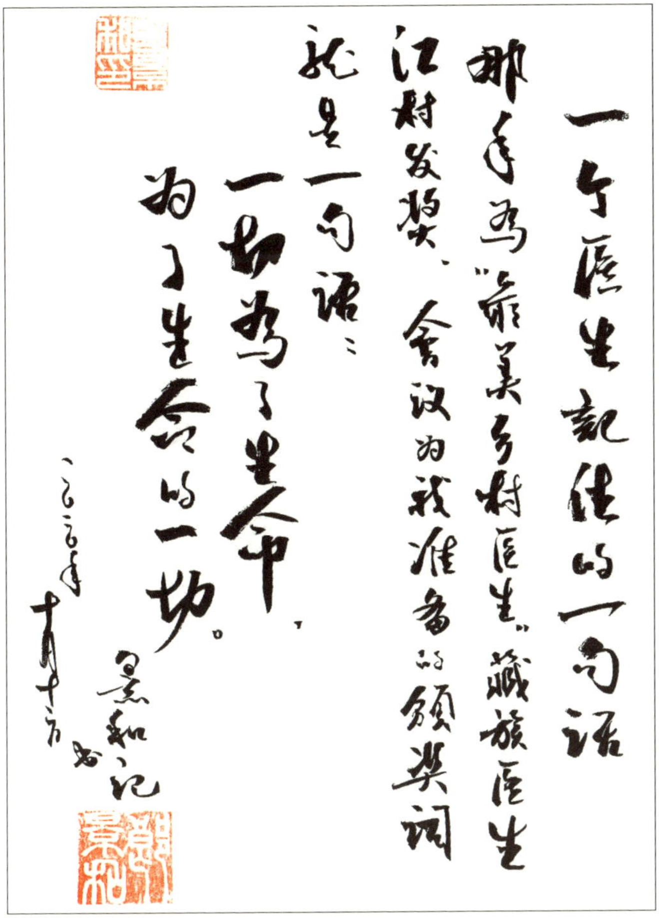

【一个医生记住的一句话】

那年为“最美乡村医生”藏族医生江村发奖，会议为我准备的颁奖词就是一句话：

一切为了生命，为了生命的一切。

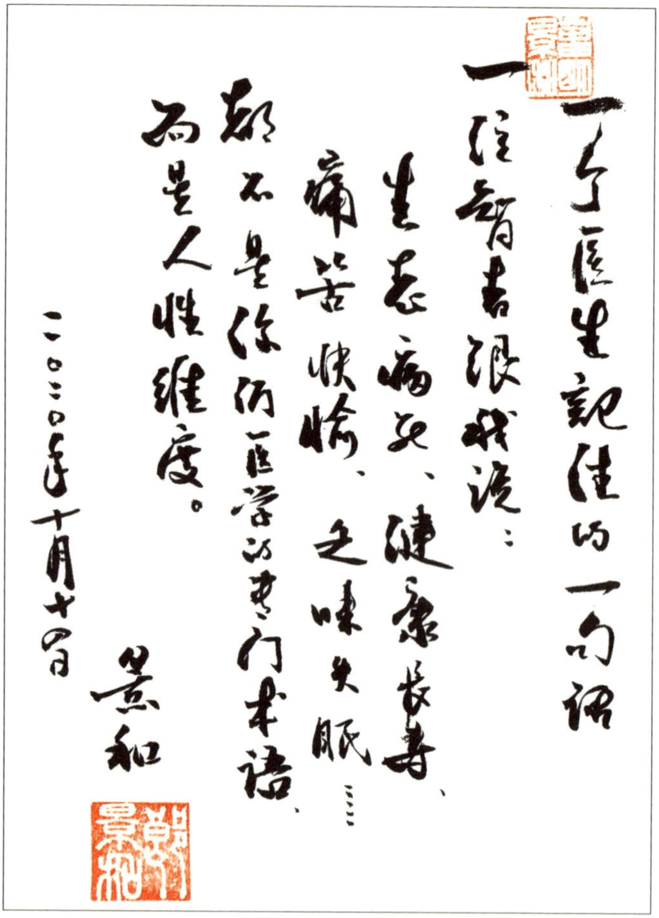
一个医生記住的一句话
一位智者跟我说：
生老病死、健康长寿、痛苦快愉、乏味失眠……都不是你们医学的专门术语、而是人性维度。
景和

【一个医生记住的一句话】

一位智者跟我说：

生老病死、健康长寿、痛苦快愉、乏味失眠……都不是你们医学的专门术语，而是人性维度。

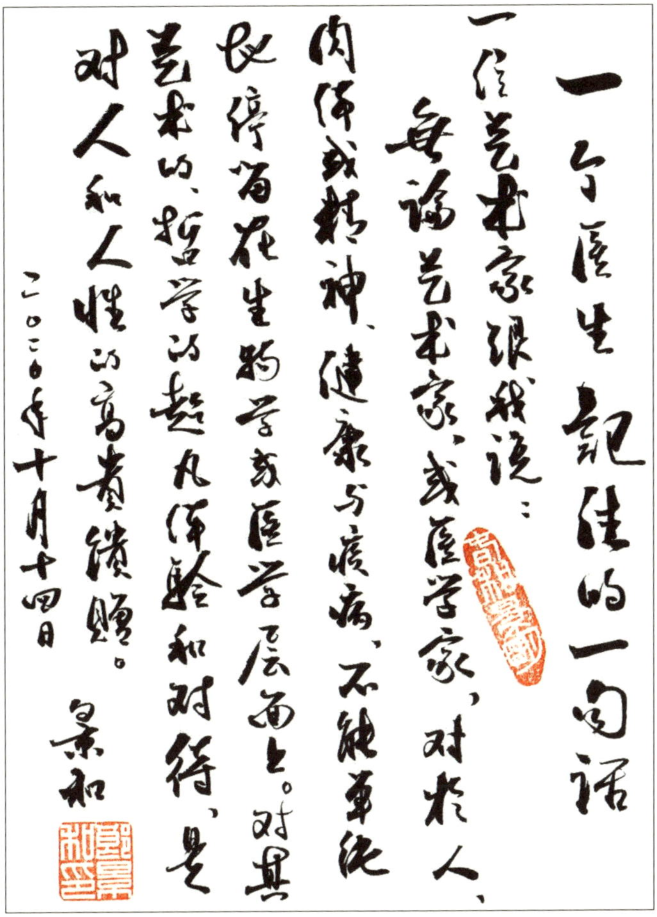
一个医生记住的一句话
一位艺术家跟我说：无论艺术家，或医学家，对于人、肉体或精神、健康与疾病，不能单纯地停留在生物学或医学层面上。对其艺术的、哲学的超凡体验和对待，是对人和人性的高贵馈赠。
二〇二〇年十月十四日
景和

【一个医生记住的一句话】

一位艺术家跟我说：无论艺术家，或医学家，对于人、肉体或精神、健康与疾病，不能单纯地停留在生物学或医学层面上。对其艺术的、哲学的超凡体验和对待，是对人和人性的高贵馈赠。

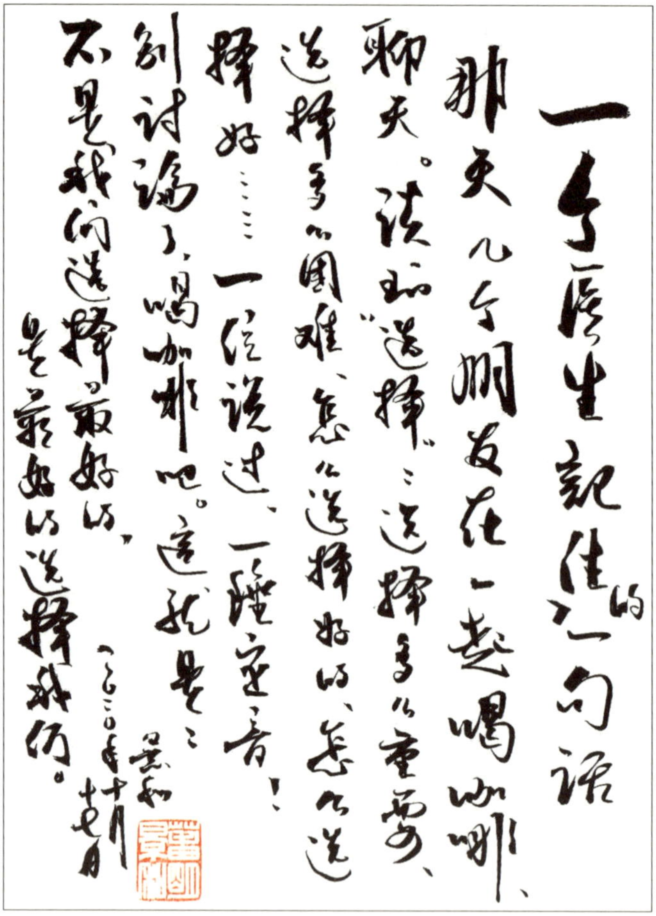
一个医生记住的一句话
那天几个朋友在一起喝咖啡、聊天。谈到选择：选择多么重要、选择多么困难、怎么选择好的、怎么选择好……一位说过，一锤定音！别讨论了，喝咖啡吧。这就是：不是我们选择最好的，是最好的选择我们。

【一个医生记住的一句话】

那天几个朋友在一起喝咖啡、聊天。谈到“选择”：选择多么重要、选择多么困难、怎么选择好的、怎么选择好……一位说过，一锤定音！别讨论了，喝咖啡吧。这就是：不是我们选择最好的，是最好的选择我们。

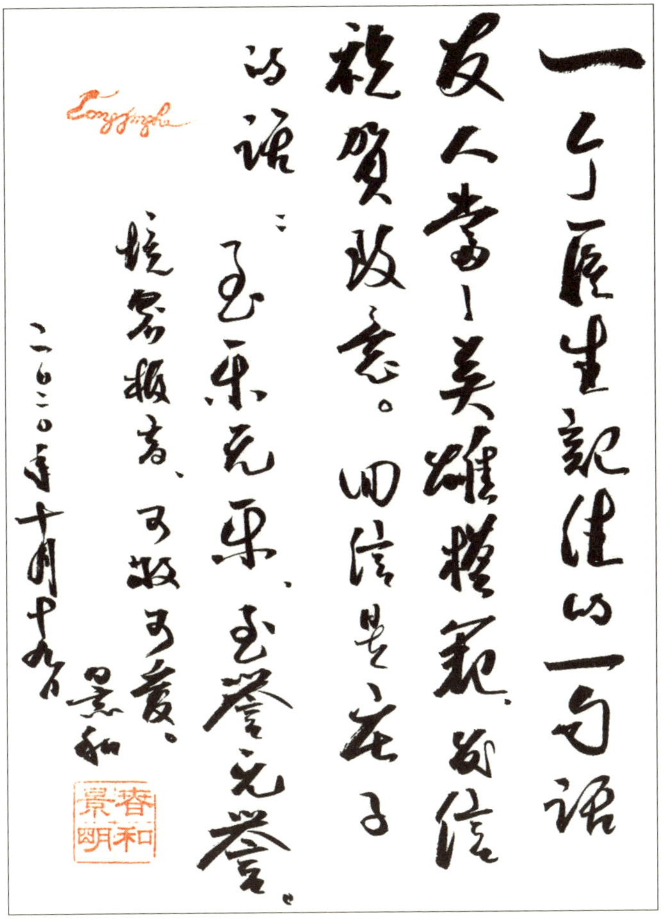
一个医生记住的一句话
友人当了英雄模范，发信祝贺致意。回信是庄子的话：
至乐无乐、至誉无誉。
境界极高、可敬可爱、
二〇二〇年十月廿九日 景和
春和景明

【一个医生记住的一句话】

友人当了英雄模范，发信祝贺致意。回信是庄子的话：

至乐无乐，至誉无誉。

境界极高，可敬可爱。

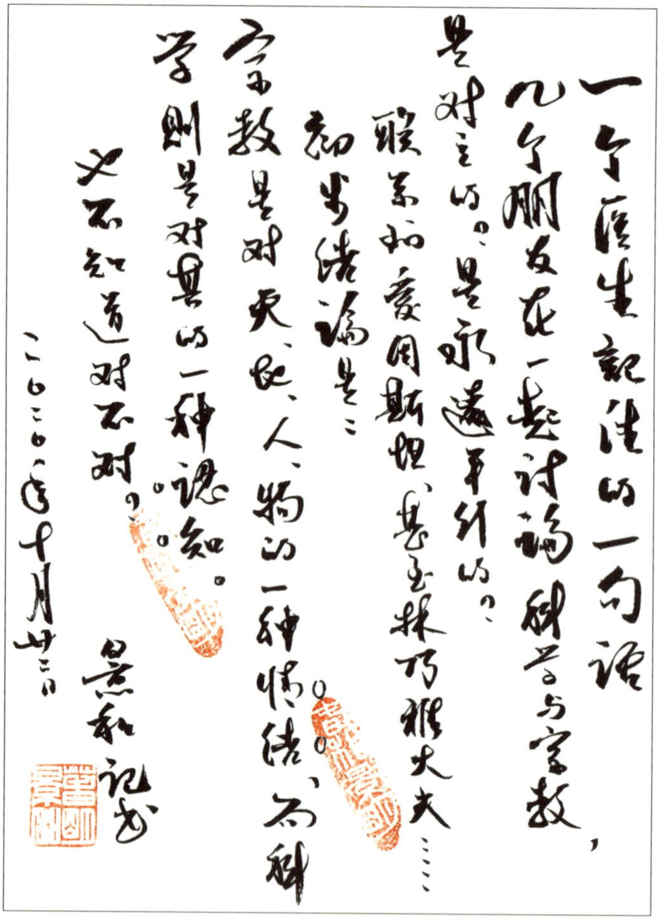
一个医生记住的一句话
几个朋友在一起讨论科学与宗教，是对立的？是永远平行的？联系到爱因斯坦，甚至林巧稚大夫……初步结论是：
宗教是对天、地、人、物的一种情结，而科学则是对其的一种认知。
也不知道对不对。
二〇二〇年十月廿三日
景和记

【一个医生记住的一句话】

几个朋友在一起讨论科学与宗教，是对立的？是永远平行的？联系到爱因斯坦，甚至林巧稚大夫……初步结论是：

宗教是对天、地、人、物的一种情结，而科学则是对其的一种认知。

也不知道对不对。

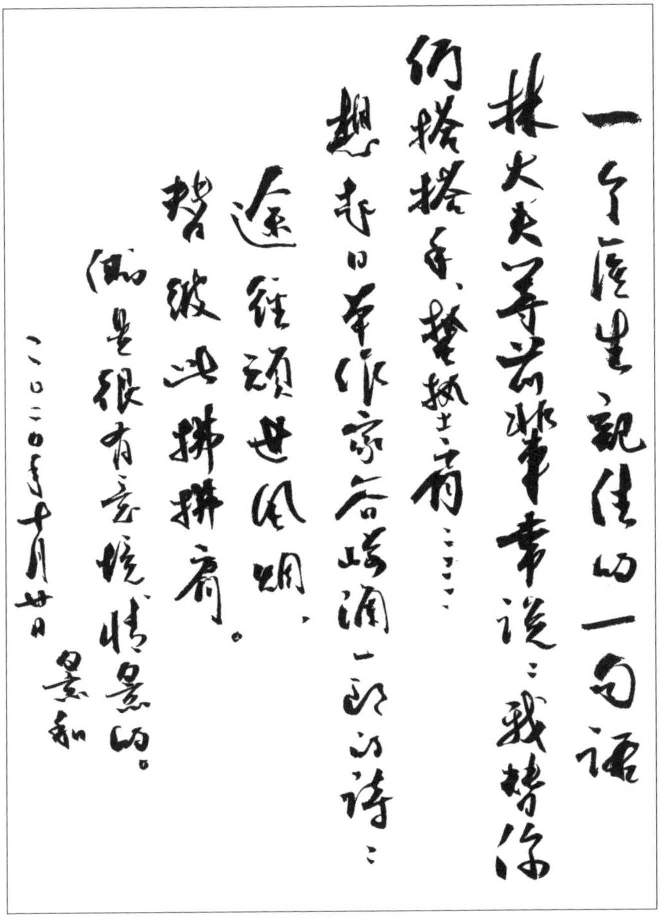
一个医生记住的一句话
林大夫等前辈常说：我替你们搭搭手、垫垫肩……
想起日本作家谷崎润一郎的诗：
途经顽世风烟，
替彼此拂拂肩。
仍是很有意境、情景的。
二〇二〇年十月廿日
景和

【一个医生记住的一句话】

林大夫等前辈常说：我替你们搭搭手、垫垫肩……

想起日本作家谷崎润一郎的诗：途经顽世风烟，替彼此拂拂肩。

仍是很有意境、情景的。

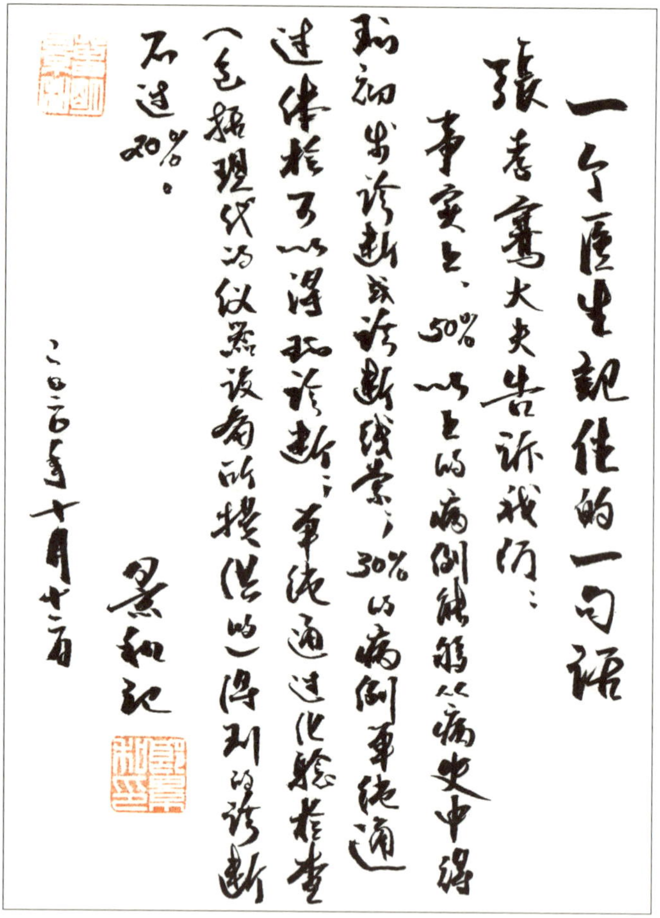
一個醫生記住的一句話
張孝騫大夫告訴我們：
事實上，50%以上的病例能夠從病史中得到初步診斷或診斷線索；30%的病例單純通過體檢可以得到診斷；單純通過化驗檢查（包括現代的儀器設備所提供的）得到的診斷不過20%。
景和記

【一个医生记住的一句话】

张孝骞大夫告诉我们：

事实上，50%以上的病例能够从病史中得到初步诊断或诊断线索；30%的病例单纯通过体检可以得到诊断；单纯通过化验检查（包括现代的仪器设备所提供的）得到的诊断不过20%。

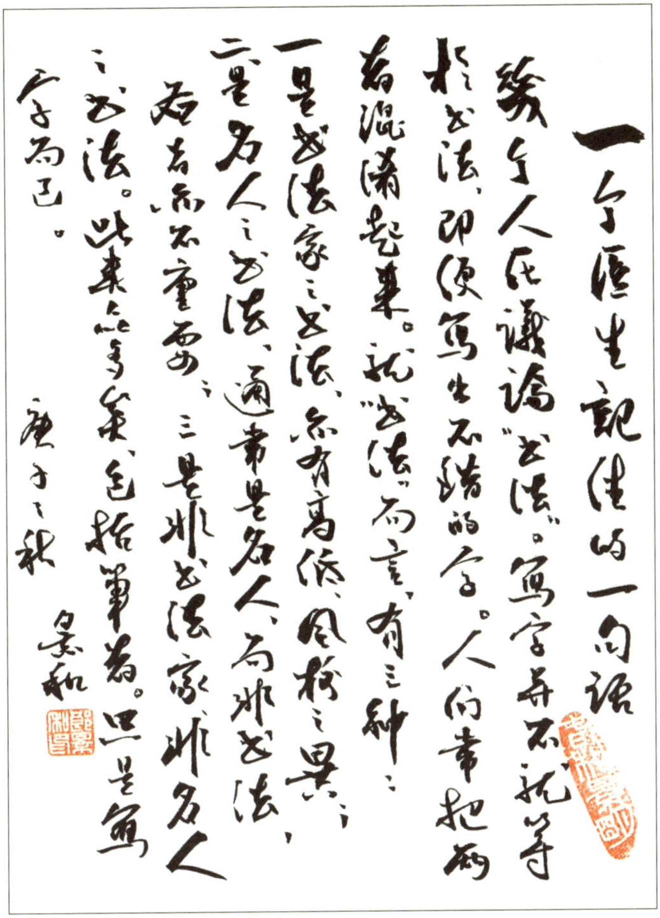

【一个医生记住的一句话】

几个人在议论“书法”。写字并不就等于书法，即便写出不错的字。人们常把两者混淆起来。就“书法”而言，有三种：一是书法家之书法，亦有高低、风格之异；二是名人之书法，通常是名人，而非书法，后者亦不重要；三是非书法家、非名人之书法。此来众多矣，包括笔者。只是写字而已。

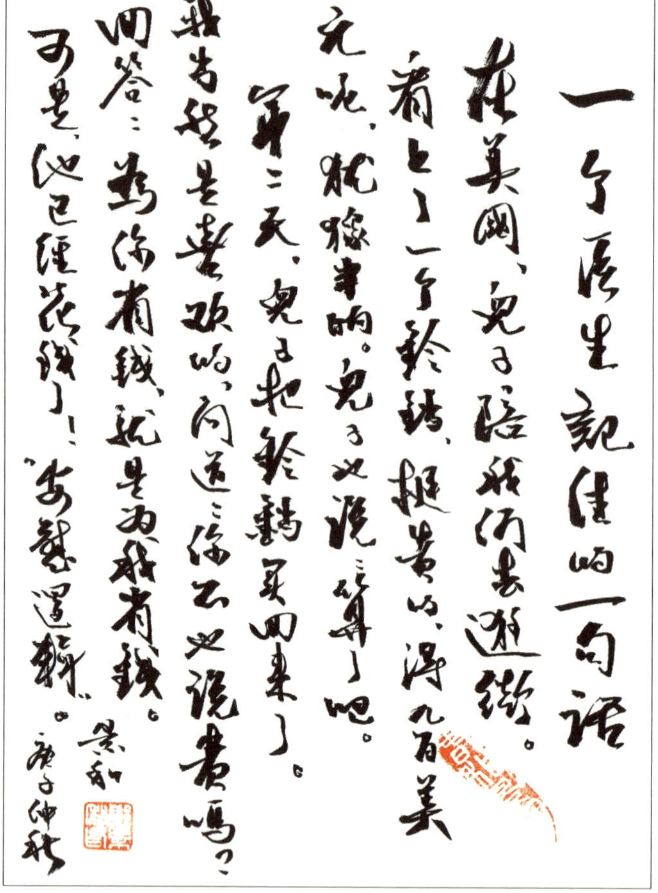
一个医生记住的一句话
在美国，儿子陪我们去逛街。看上了一个铃铛，挺贵的，得几百美元呢，犹豫半晌，儿子也说：算了吧。
第二天，儿子把铃铛买回来了。我当然是喜欢的，问道：你不也说贵吗？回答：为你省钱，就是为我省钱。可是，他已经花钱了！"安慰逻辑"。
景和
庚子仲秋

【一个医生记住的一句话】

在美国，儿子陪我们去逛街。看上了一个铃铛，挺贵的，得几百美元呢，犹豫半晌，儿子也说：算了吧。

第二天，儿子把铃铛买回来了。我当然是喜欢的，问道：你不也说贵吗？回答：为你省钱，就是为我省钱。可是，他已经花钱了！“安慰逻辑”。

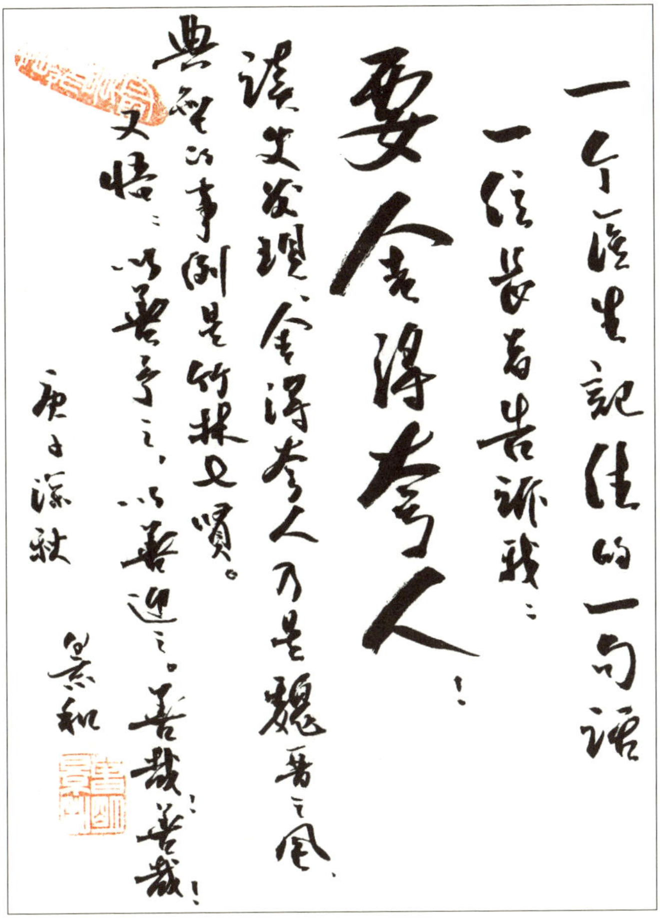

【一个医生记住的一句话】

一位长者告诉我：要舍得夸人！

读史发现，舍得夸人乃是魏晋之风，典型的事例是竹林七贤。

又悟：以善予之，以善迎之。善哉！善哉！

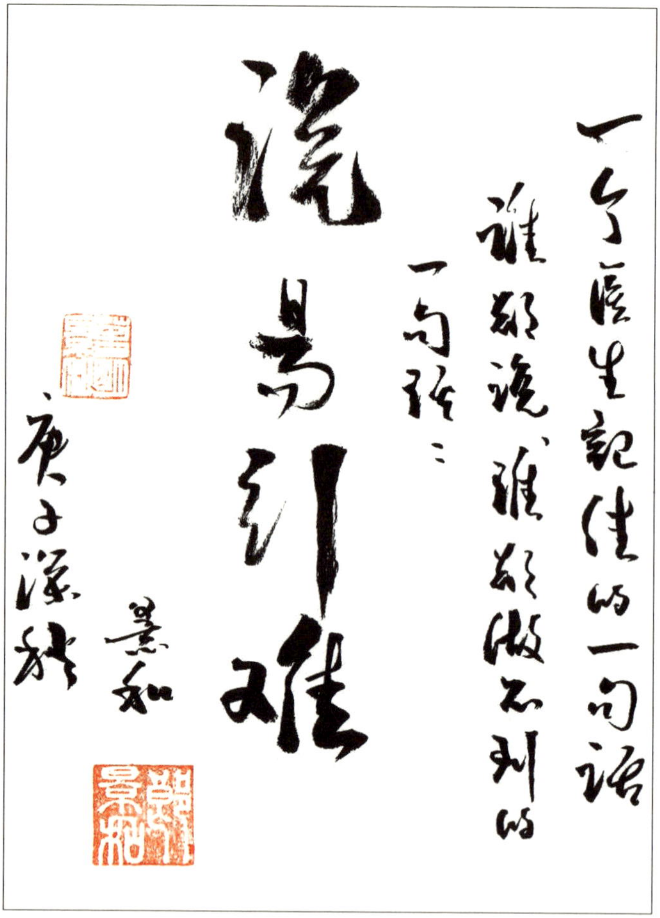

【一个医生记住的一句话】

谁都说、谁都做不到的一句话：

说易行难。

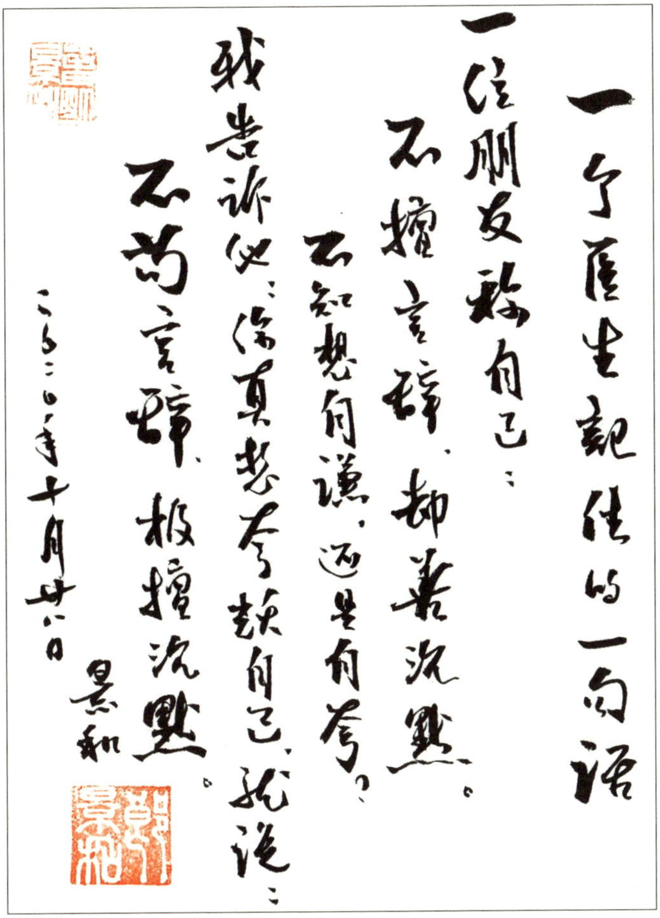

【一个医生记住的一句话】

一位朋友称自己：不擅言辞，却善沉默。不知想自谦，还是自夸？
我告诉他：你真想夸耀自己，就说：不苟言辞，极擅沉默。

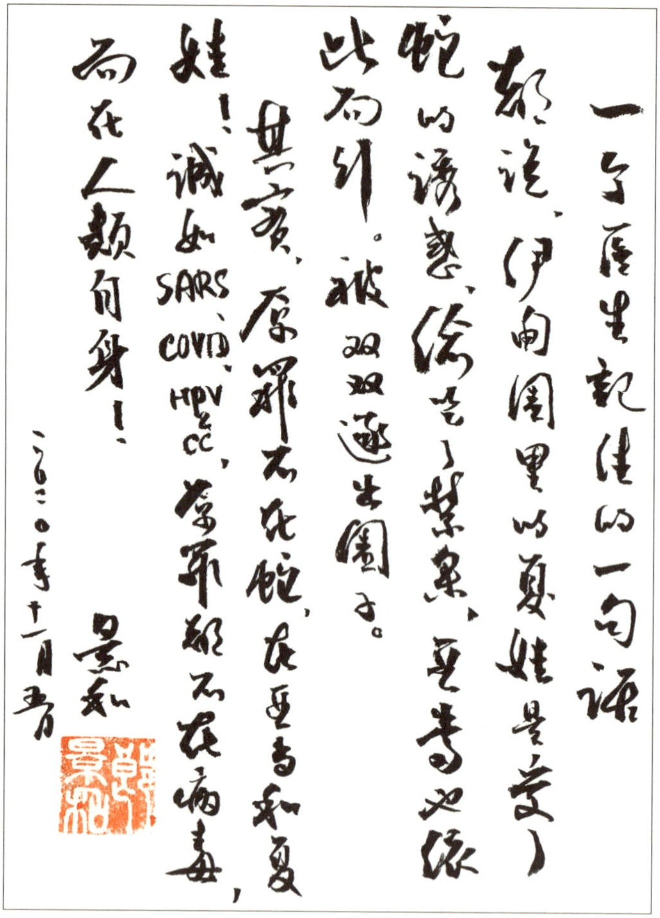

【一个医生记住的一句话】

都说，伊甸园里的夏娃是受了蛇的诱惑，偷吃了禁果，亚当也依此而行。被双双逐出园子。

其实，原罪不在蛇，在亚当和夏娃！诚如SARS、COVID、HPV&CC，原罪都不在病毒，而在人类自身！

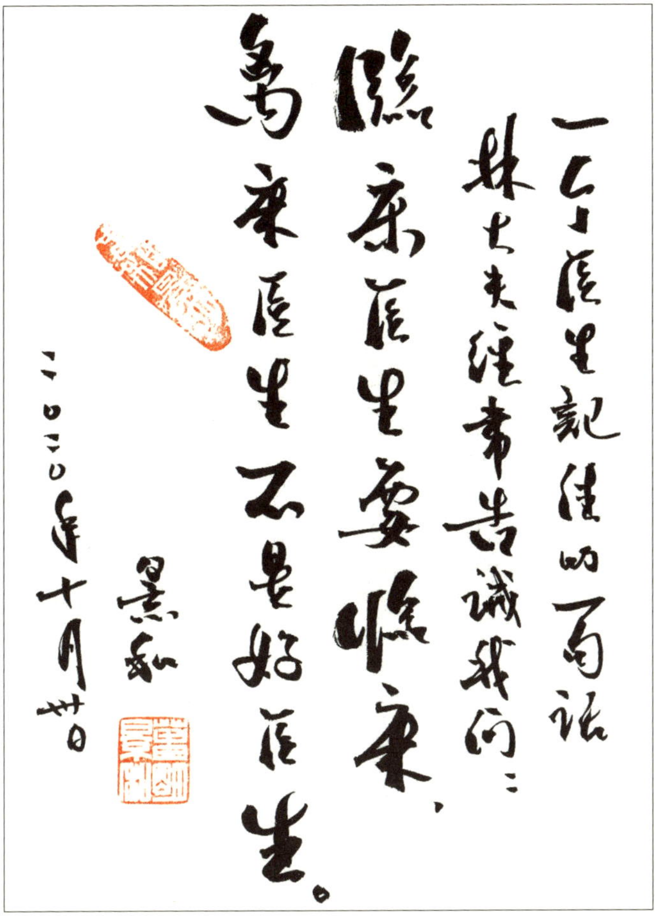
一个医生记住的一句话
林大夫经常告诫我们
临床医生要临床、
离床医生不是好医生。
景和
二〇二〇年十月廿日

【一个医生记住的一句话】

林大夫经常告诫我们：

临床医生要临床，离床医生不是好医生。

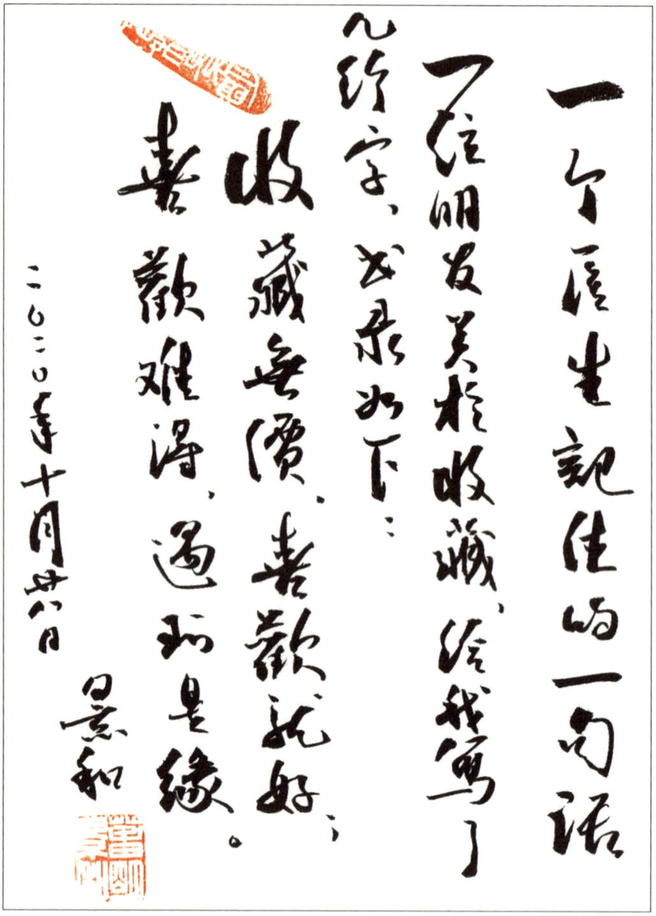
一个医生記住的一句話
一位朋友关于收藏、给我写了几行字、书录如下：
收藏無價、喜歡就好、
喜歡難得、遇到是緣。
二〇二〇年十月廿八日
景和

【一个医生记住的一句话】

一位朋友关于收藏，给我写了几行字，书录如下：

收藏无价，喜欢就好；

喜欢难得，遇到是缘。

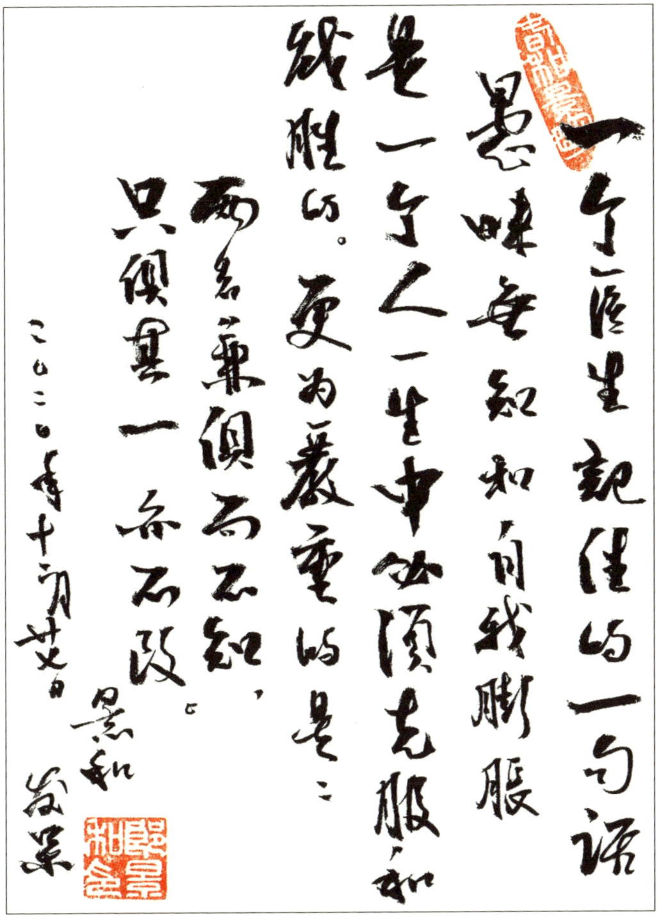

【一个医生记住的一句话】

愚昧无知和自我膨胀是一个人一生中必须克服和战胜的。更为严重的是：

两者兼俱而不知，

只俱其一亦不改。

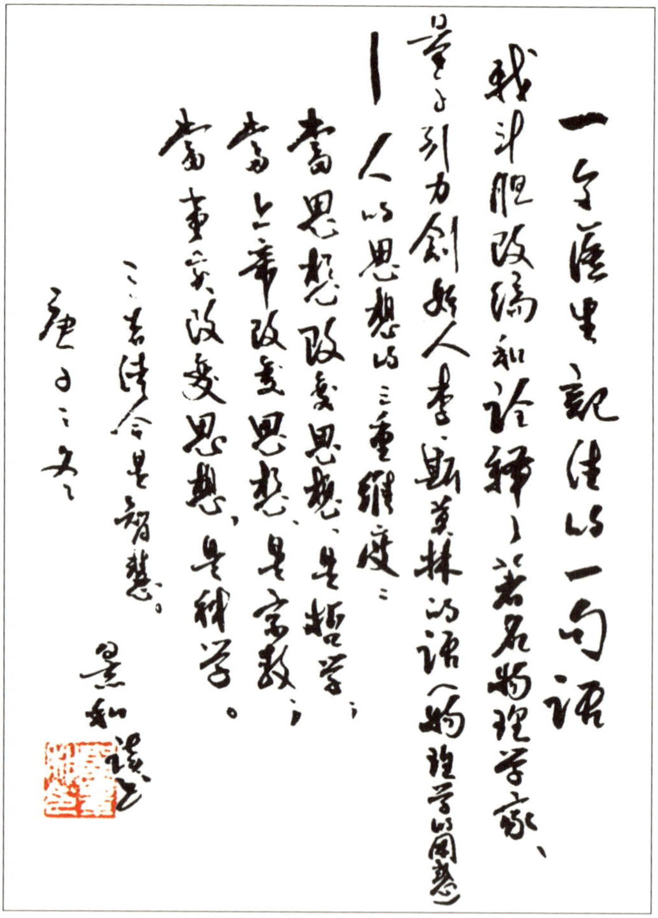

【一个医生记住的一句话】

我斗胆改编和诠释了著名物理学家、量子引力创始人李·斯莫林的话（物理学的困惑）

——人的思想的三种维度：

当思想改变思想，是哲学；当上帝改变思想，是宗教；当事实改变思想，是科学。

三者结合是智慧。

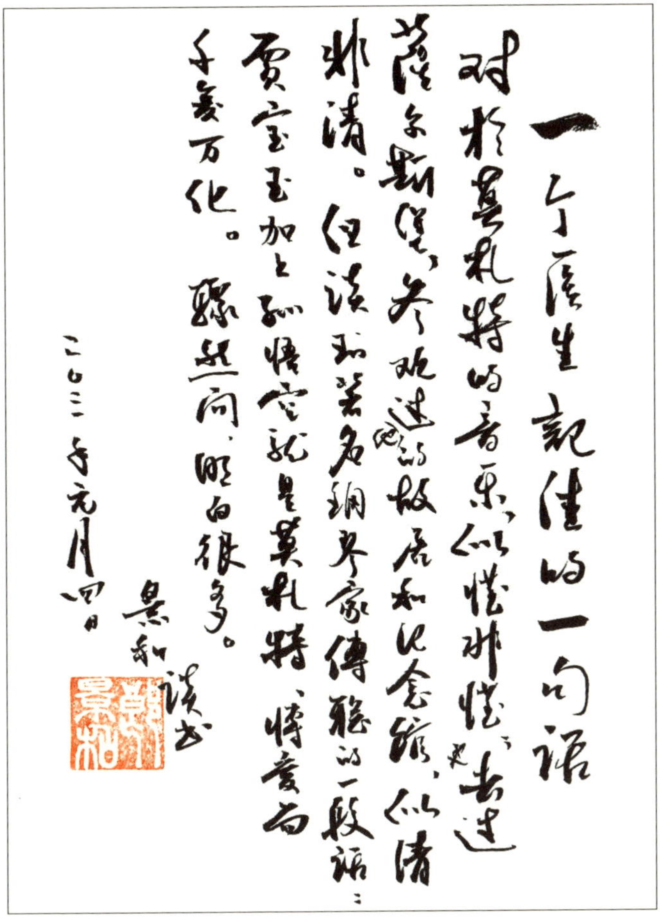
一个医生記住的一句话
对于莫扎特的音乐，似懂非懂，也去过萨尔斯堡，参观过他的故居和纪念馆，似清非清。但读到著名钢琴家傅聪的一段话：贾宝玉加上孙悟空就是莫扎特，博爱而千变万化。骤然间，明白很多。
景和
二〇二二年元月四日

【一个医生记住的一句话】

对于莫扎特的音乐似懂非懂，也去过萨尔斯堡，参观过他的故居和纪念馆，似清非清。但读到著名钢琴家傅聪的一段话：贾宝玉加上孙悟空就是莫扎特，博爱而千变万化。骤然间，明白很多。

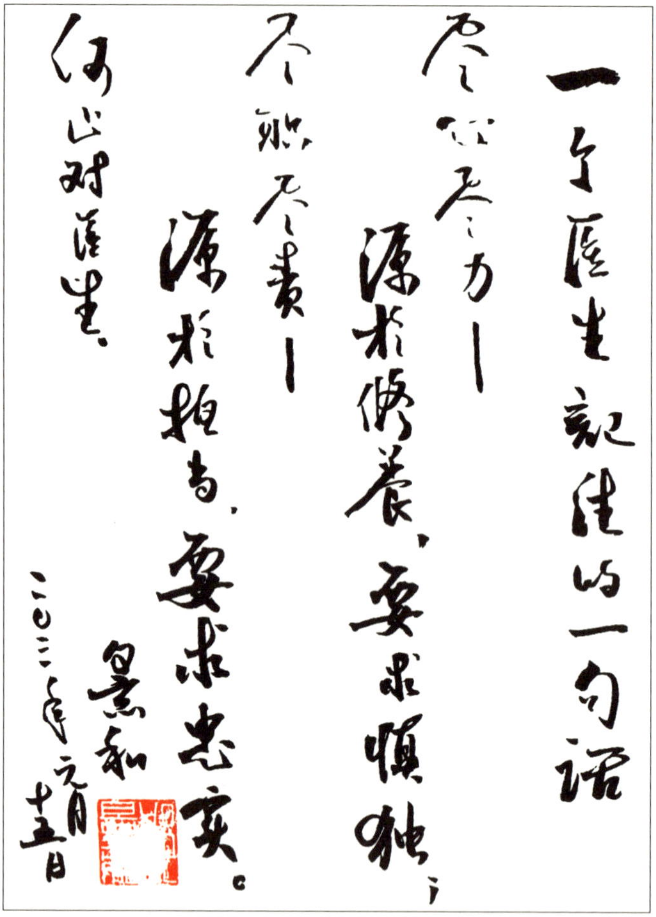
一个医生记住的一句话
尽心尽力——源于修养，要求慎独；
尽职尽责——源于担当，要求忠实。
何止对医生。
景和

【一个医生记住的一句话】

尽心尽力——源于修养，要求慎独；

尽职尽责——源于担当，要求忠实。

何止对医生。

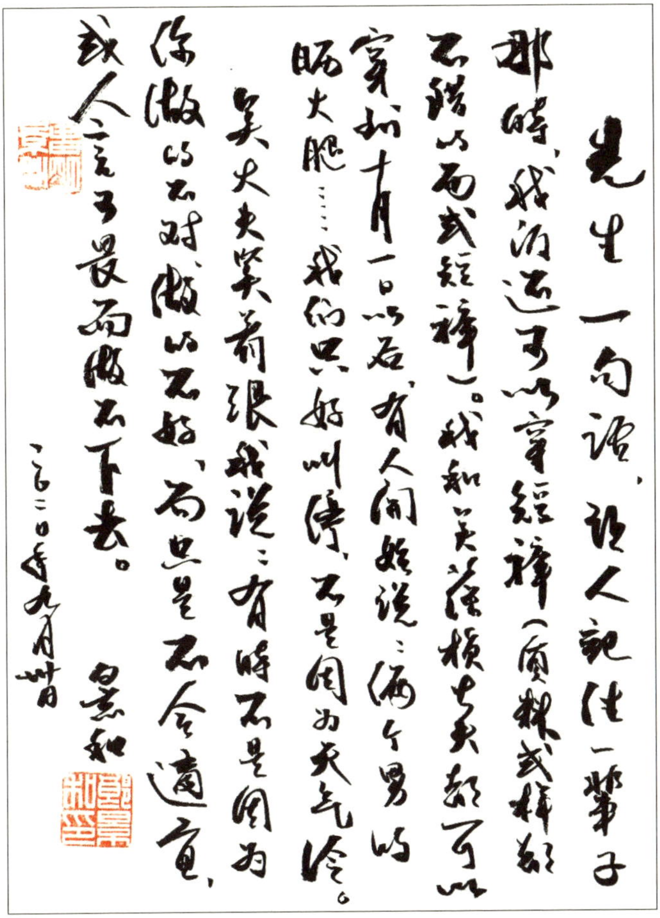

【先生一句话让人记住一辈子】

那时，我们还可以穿短裤（质料式样都不错的西式短裤）。我和吴葆桢大夫都可以穿到十月一日以后，有人开始说：俩（两）个男的晒大腿……我们只好叫停，不是因为天气冷。

吴大夫笑着跟我说：有时不是因为你做的（得）不对、做（得）不好，而只是不合适宜，或人言可畏而做不下去。

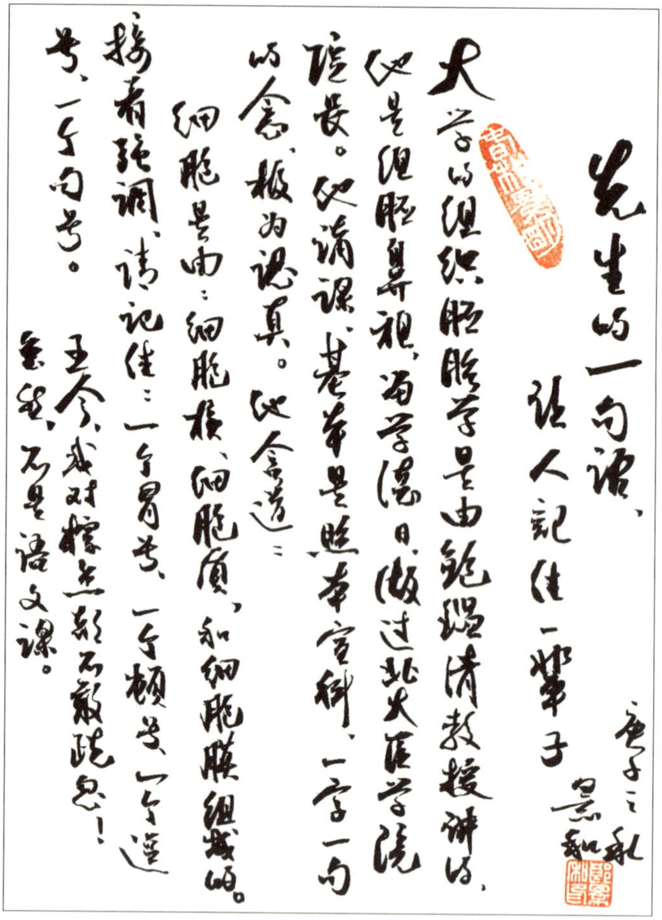
先生的一句话，让人记住一辈子
大学的组织胚胎学是由鲍鉴清教授讲的，他是组胚鼻祖，留学德、日，做过北大医学院院长。他讲课，基本是照本宣科，一字一句的念，极为认真。他念道：细胞是由：细胞核、细胞质，和细胞膜组成的。接着强调，请记住：一个冒号、一个顿号、一个逗号、一个句号。至今，我对标点都不敢疏忽！虽然，不是语文课。
庚子之秋
景和

【先生的一句话让人记住一辈子】

大学的组织胚胎学是由鲍鉴清教授讲的，他是组胚鼻祖，留学德、日，做过北大医学院院长。他讲课，基本是照本宣科，一字一句的（地）念，极为认真。他念道，“细胞是由：细胞核、细胞质，和细胞膜组成的。”接着强调，“请记住：一个冒号、一个顿号、一个逗号、一个句号。”至今，我对标点都不敢疏忽！虽然，不是语文课。

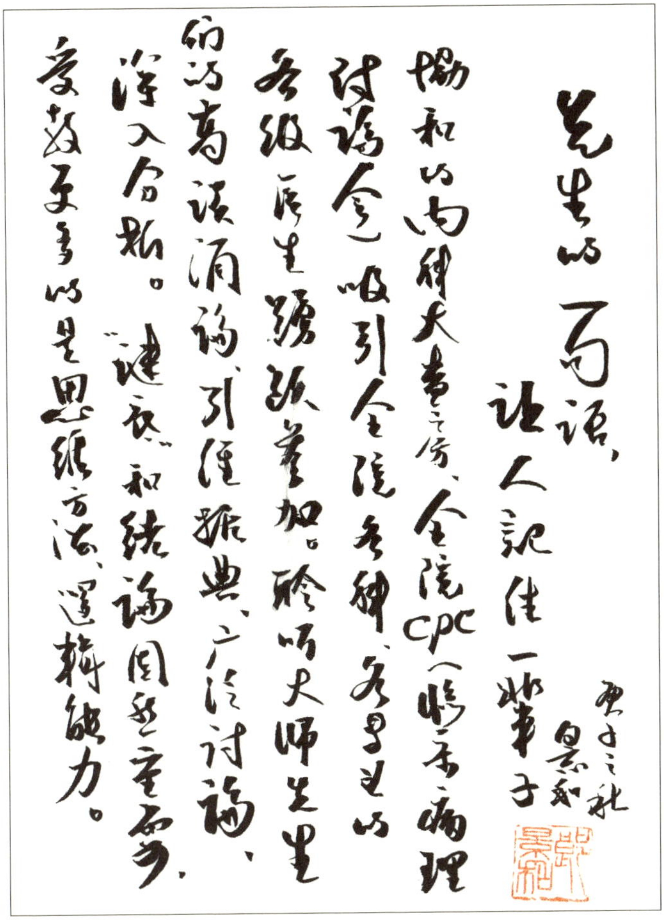

【先生的一句话让人记住一辈子】

协和的内科大查房、全院CPC（临床病理讨论会），吸引全院各科、各专业的各级医生踊跃参加。聆听大师、先生们的高谈阔论、引经据典、广泛讨论、深入分析。“谜底”和结论固然重要，受教更多的是思维方法、逻辑能力。

第三部分

和朋友、和自己

有些对话，不知怎么产生，不知从何而来，不知不觉地闯入我的脑海，不知不觉地淌入我的笔下，会让人去思味。

或许不经意，很平常，但让人难以忘却，不时地反刍琢磨。

不要轻视或忽略我们所看到的、听到的、读到的；不要先入为主地认定它们是对的、是错的，是有用的，还是无用的，是高位名人，还是平民百姓。

经历就是文化，经历就是最好的安排。

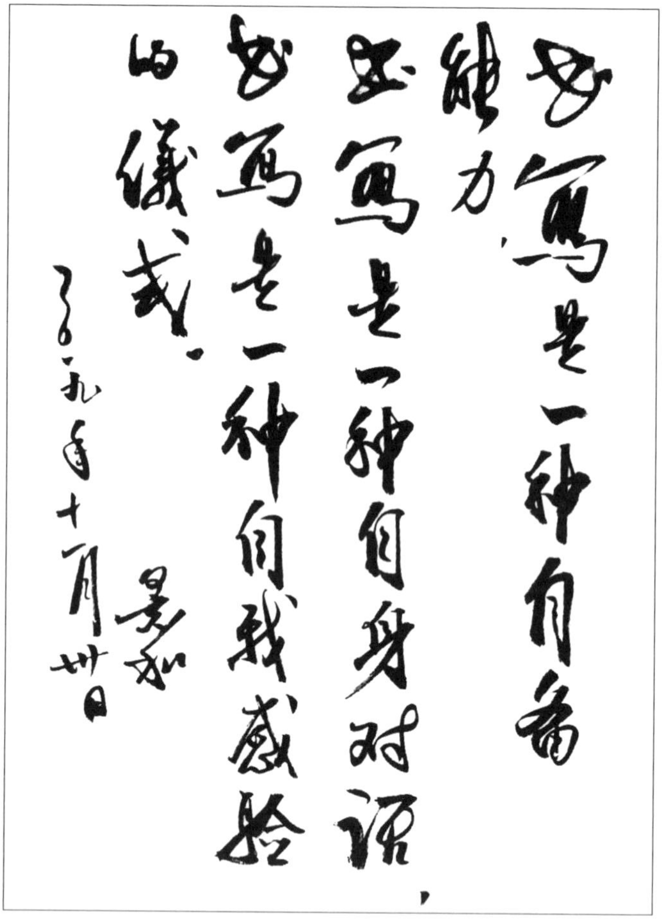
书写是一种自备能力，
书写是一种自身对话，
书写是一种自我感验的仪式。

书写是一种自备能力，
书写是一种自身对话，
书写是一种自我感验的仪式。

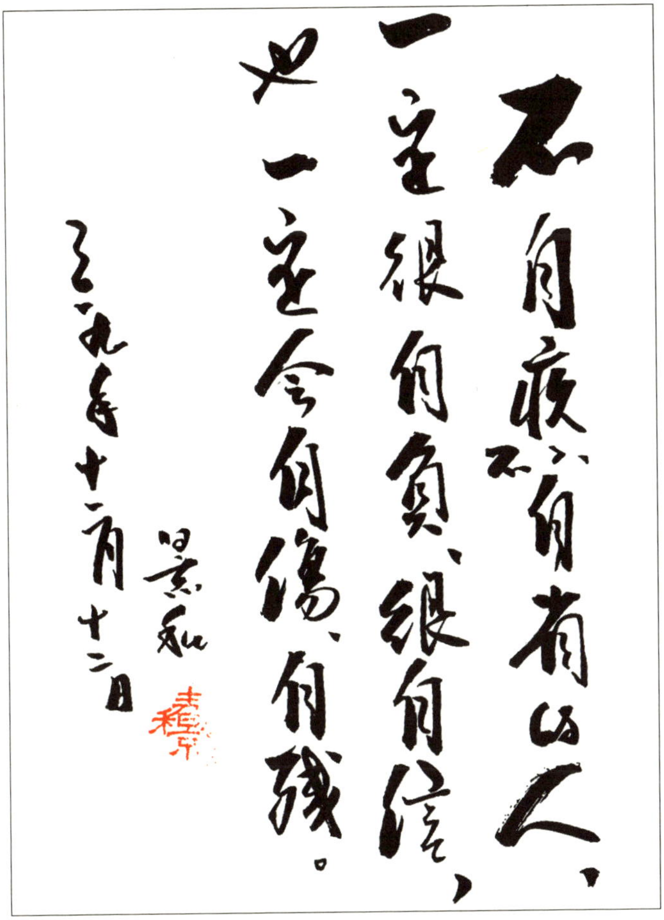
不自疚、不自省的人、
一定很自负、很自信、
也一定会自伤、自残。

不自疚、不自省的人，一定很自负、很自信，也一定会自伤、自残。

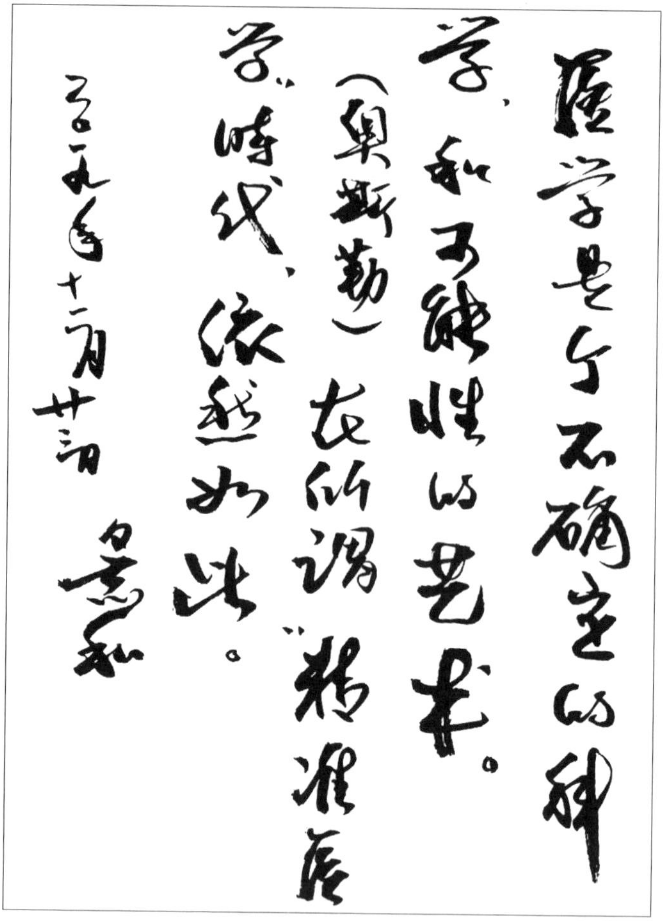

医学是个不确定的科学和可能性的艺术。(威廉·奥斯勒)
在所谓“精准医学”时代，依然如此。

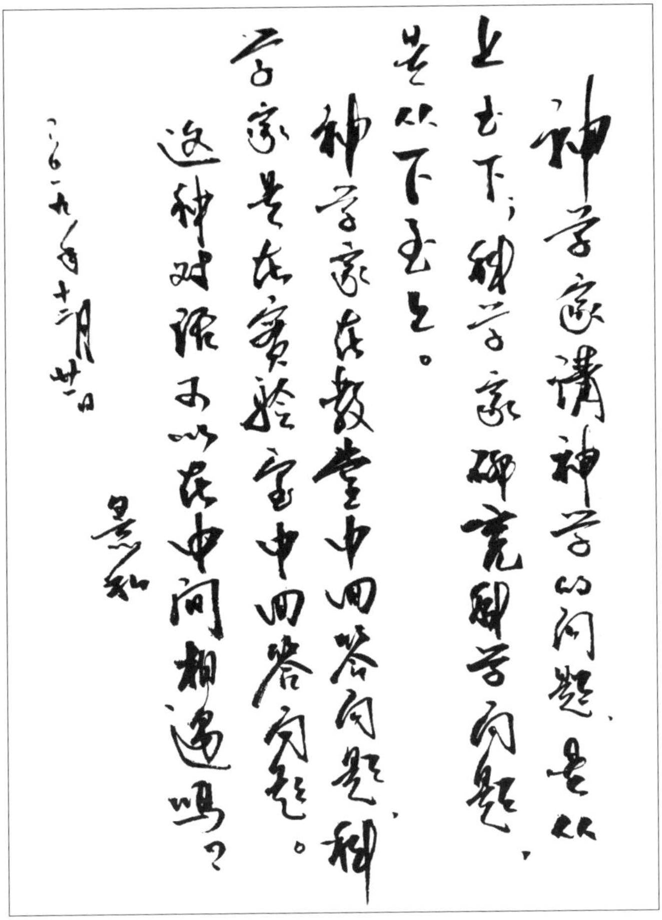

神学家讲神学的问题，是从上至下；科学家研究科学问题，是从下至上。

神学家在教堂中回答问题，科学家是在实验室中回答问题。

这种对话可以在中间相遇吗？

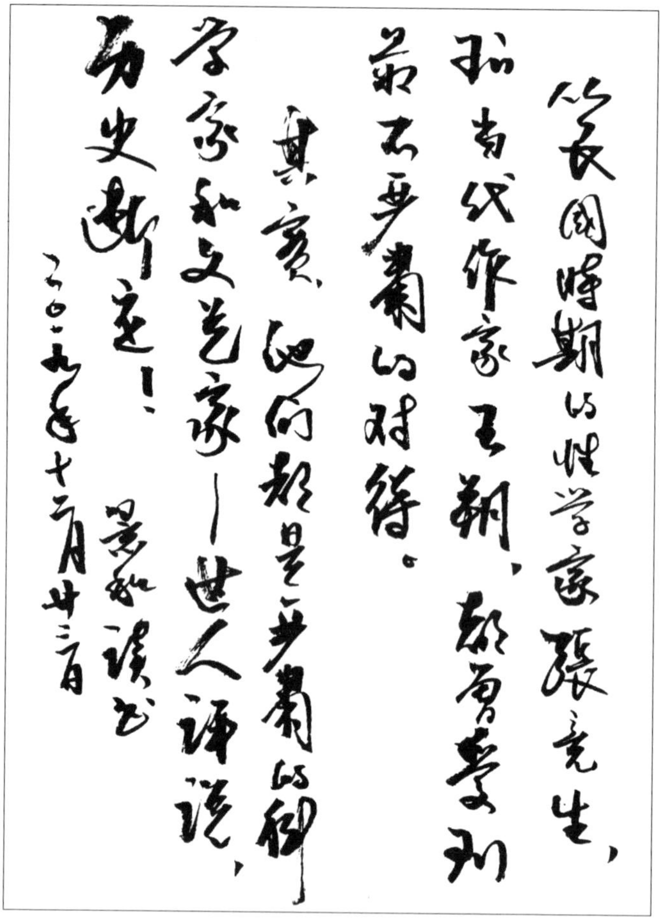
从民国时期的性学家張竞生，到当代作家王朔，都曾受到最不严肃的对待。其实，他们都是严肃的科学家和文艺家——世人评说，历史断定！
二〇〇九年十二月廿二日

从民国时期的性学家张竞生，到当代作家王朔，都曾受到最不严肃的对待。

其实，他们都是严肃的科学家和文艺家——世人评说，历史断定！

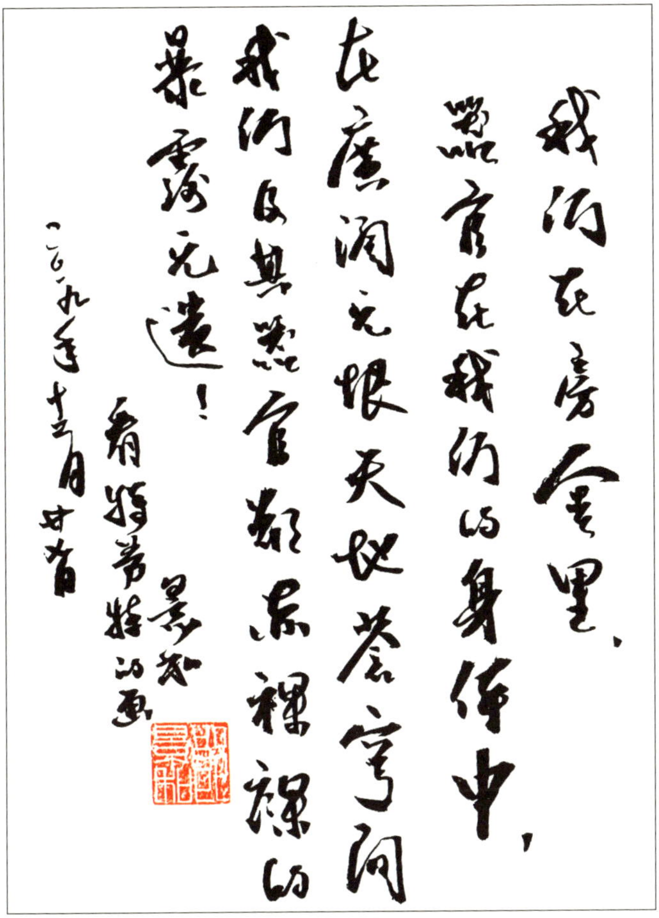

我们在房舍里，器官在我们的身体中，在广阔无垠天地苍穹间，我们及其器官都赤裸裸的（地）暴露无遗！——看特劳特的画

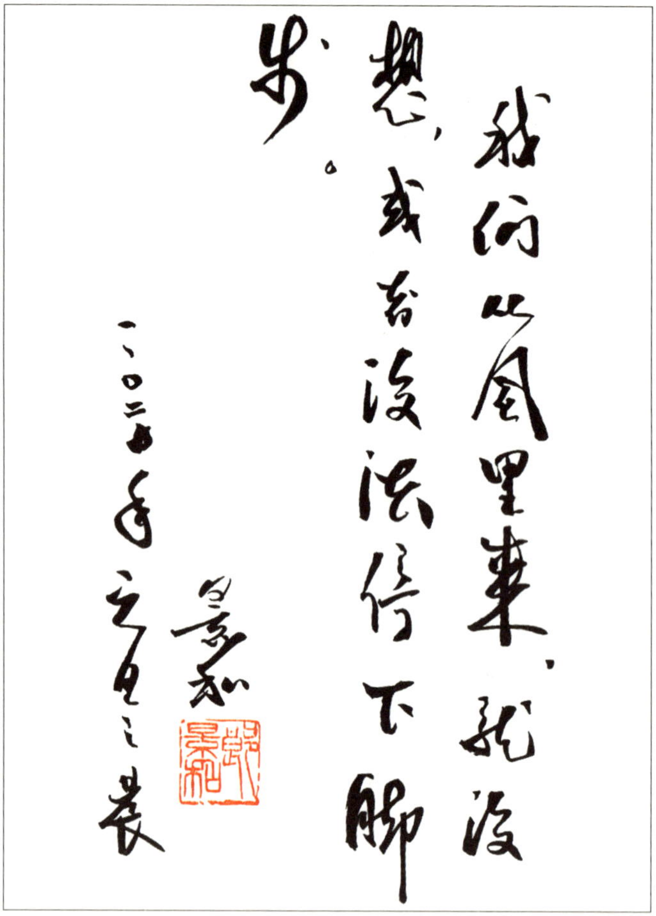

我们从风里来，就没想，或者没法停下脚步。

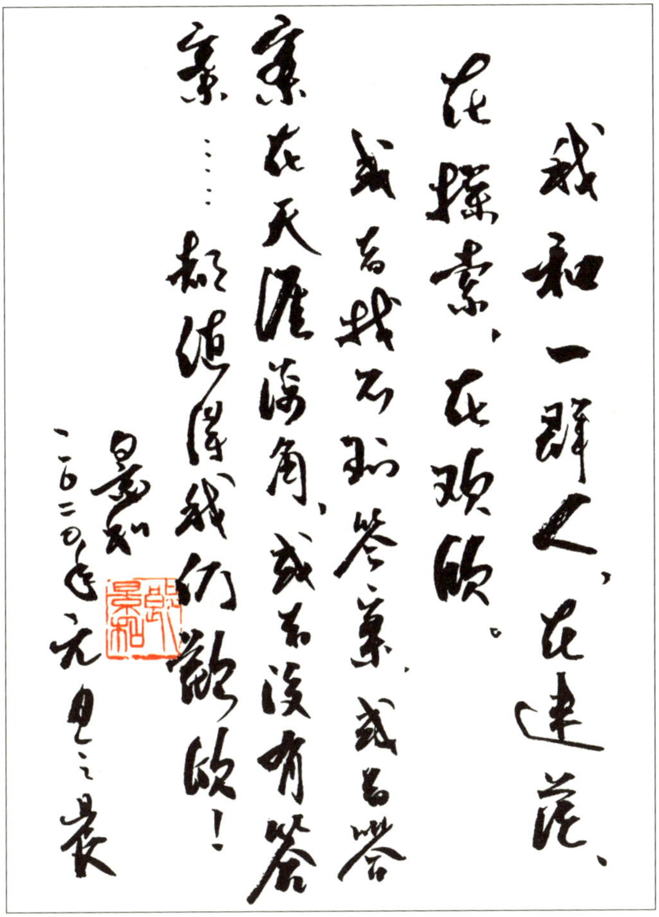
我和一群人，在迷茫、在探索、在欢欣。
或者找不到答案，或者答案在天涯海角，或者没有答案……都值得我们欢欣！
二〇二〇年元月之晨

我和一群人，在迷茫、在探索、在欢欣。

或者找不到答案，或者答案在天涯海角，或者没有答案……都值得我们欢欣！

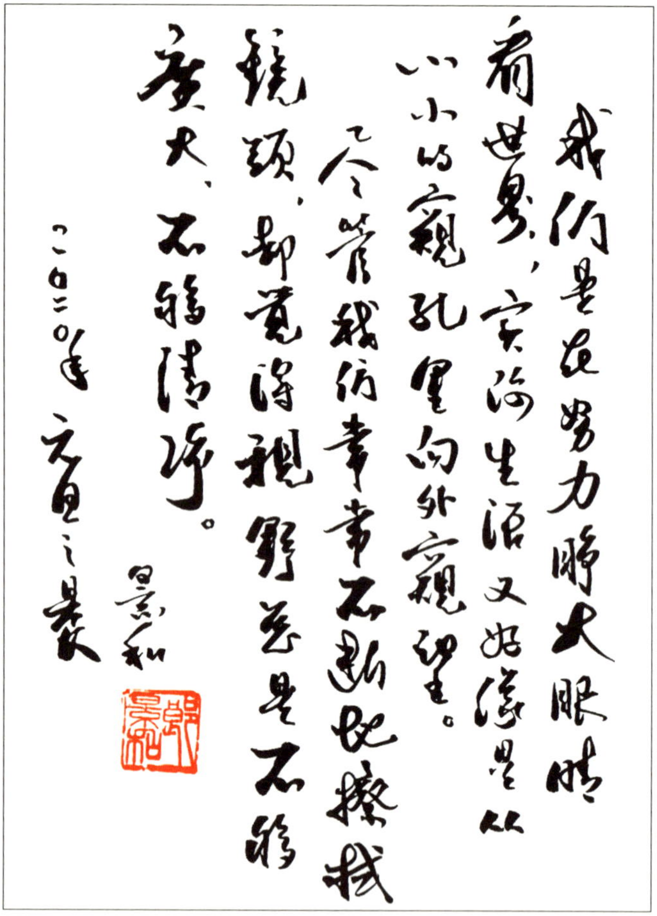
我们是在努力睁大眼睛看世界，实际生活又好像是从小小的窥孔里向外窥望。
尽管我们常常不断地擦拭镜头，却觉得视野总是不够广大、不够清净。
二〇二〇年立夏之晨
景和

我们是在努力睁大眼睛看世界，实际生活又好像是从小小的窥孔里向外窥望。

尽管我们常常不断地擦拭镜头，却觉得视野总是不够广大、不够洁净。

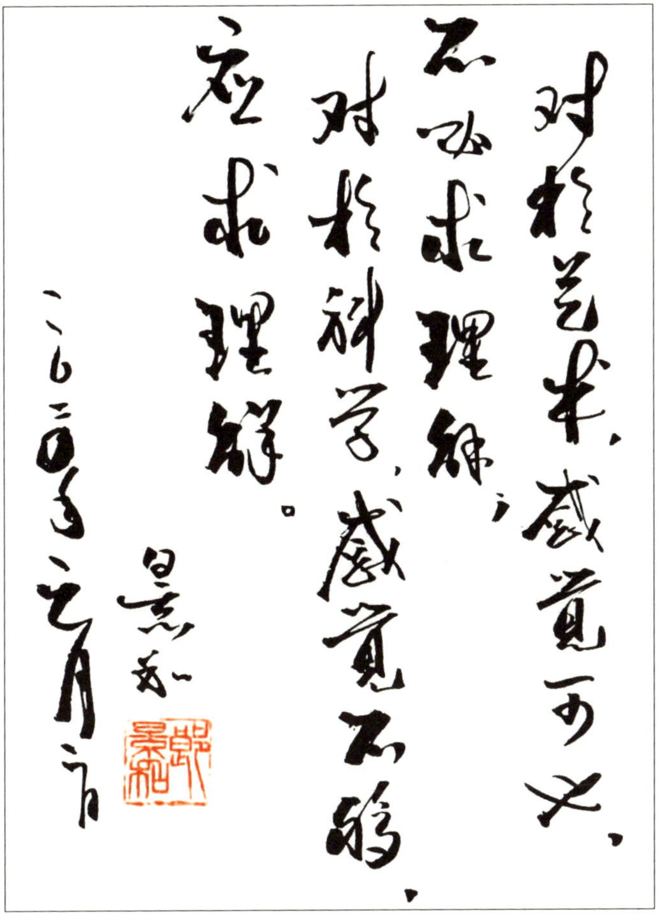

对于艺术，感觉可也，不必求理解；
对于科学，感觉不够，应求理解。

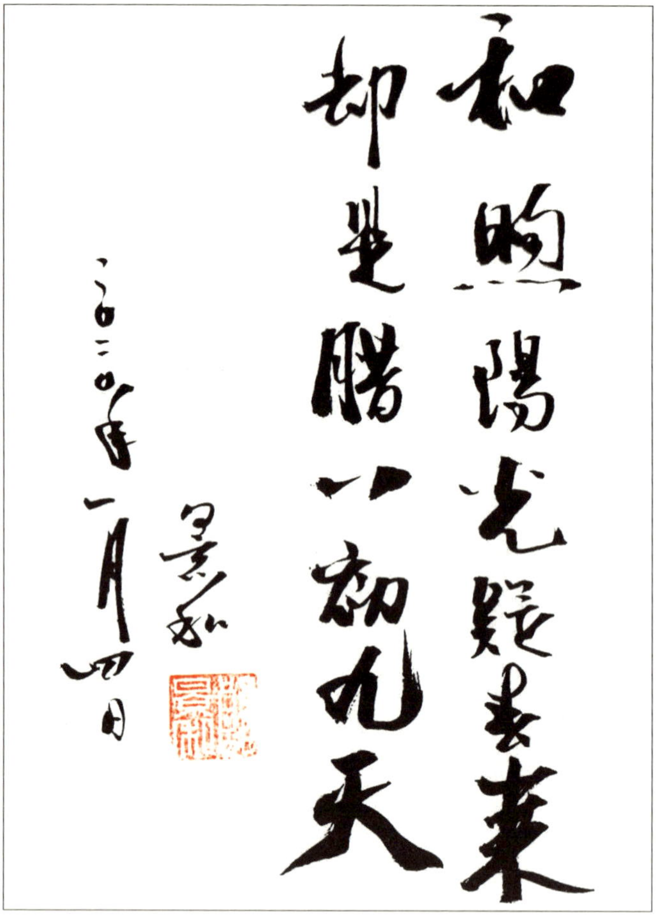

和煦阳光疑春来，
却是腊八初九天。

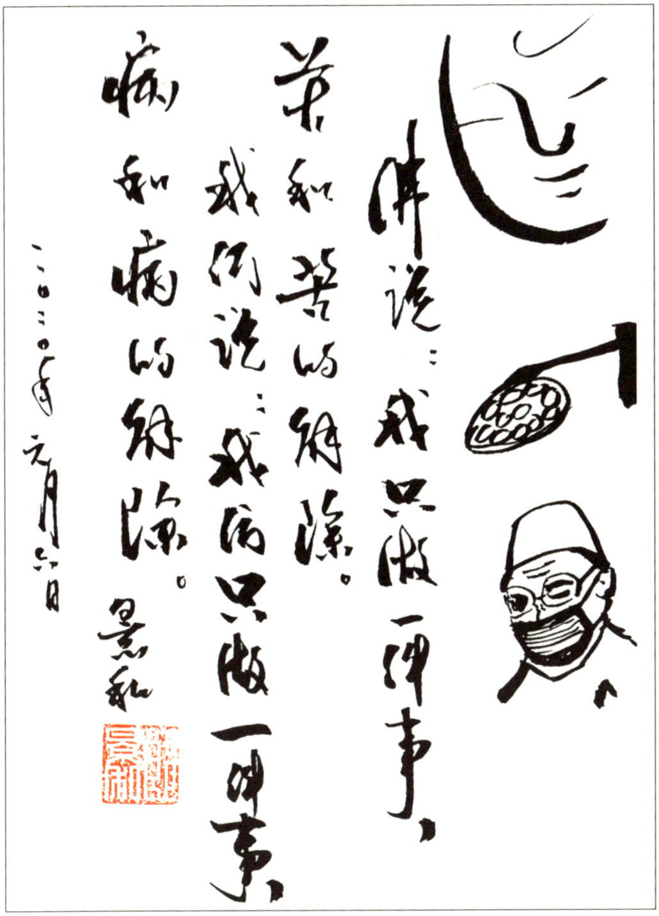
佛说：我只做一件事，
苦和苦的解除。
我们说：我们只做一件事，
病和病的解除。
二〇二〇年元月六日
景和

佛说：我只做一件事，苦和苦的解除。

我们说：我们只做一件事，病和病的解除。

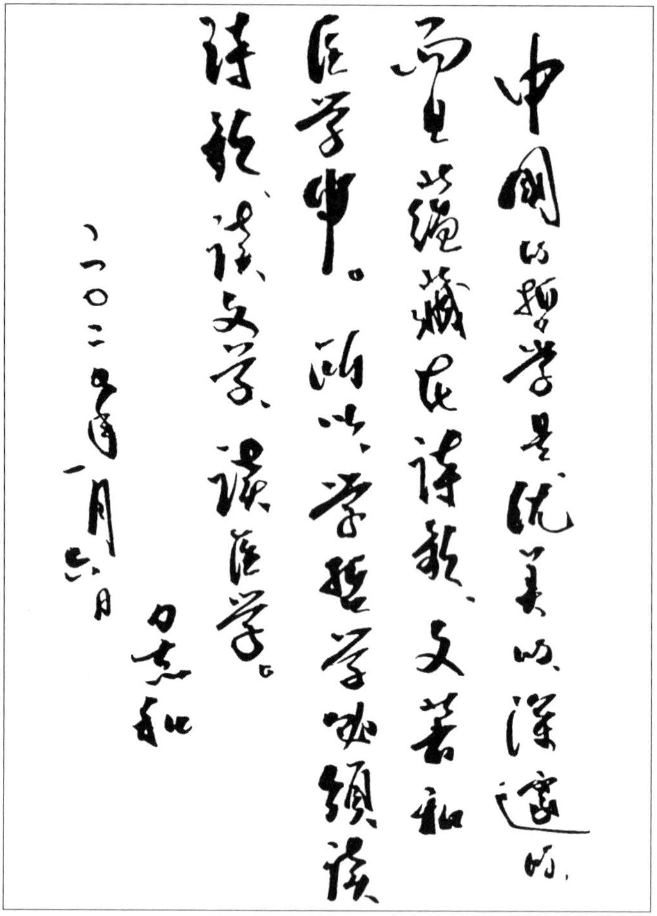

中国的哲学是优美的、深邃的，而且蕴藏在诗歌、文著和医学中。所以，学哲学必须读诗歌、读文学、读医学。

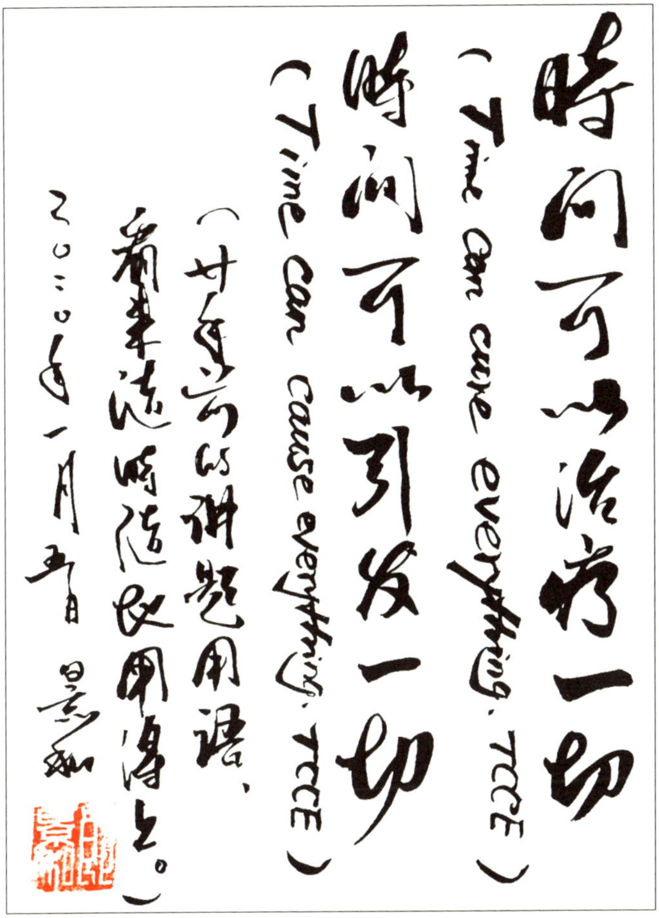

时间可以治疗一切

(Time can cure everything.TCCE)

时间可以引发一切

(Time can cause everything.TCCE)

（廿年前的讲题用语，看来随时随地用得上。）

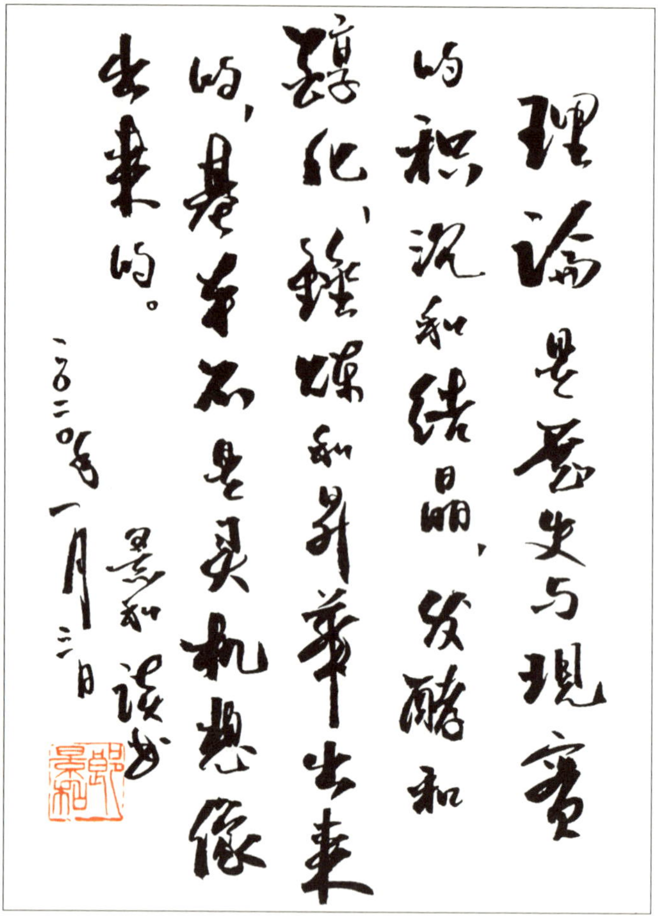

理论是历史与现实的积沉和结晶，发酵和醇化，锤炼和升华出来的，基本不是灵机想像（象）出来的。

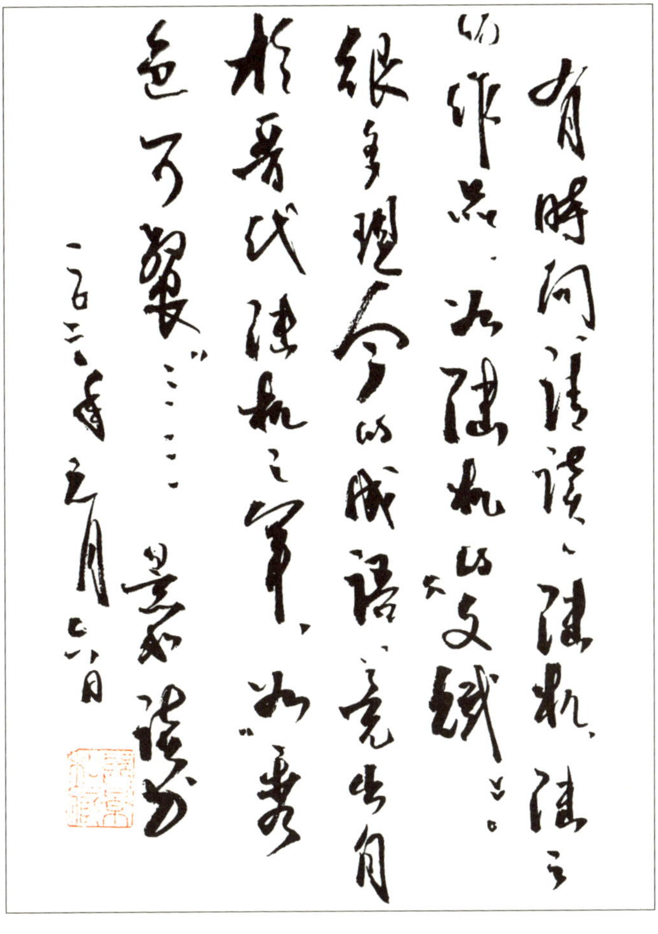

有時间请读读陆机、陆云的作品，如陆机的《文赋》。很多现今的成语，竟出自于晋代陆机之笔，如“秀色可餐”……

三十功名尘与土，
八千里路云和月。

——岳飞《满江红》

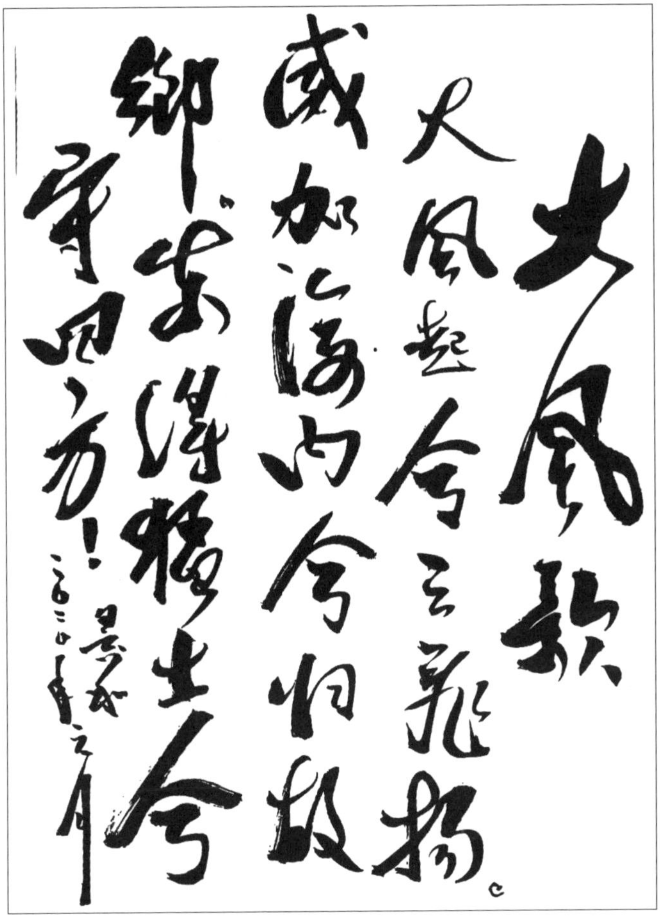

《大风歌》（[汉] 刘邦）

大风起兮云飞扬。威加海内兮归故乡。安得猛士兮守四方！

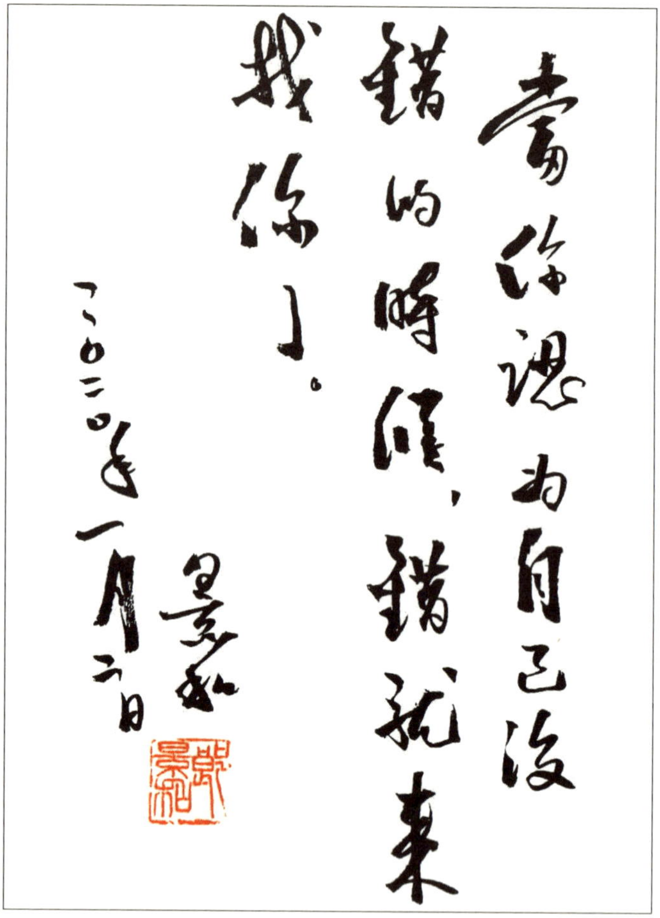
当你认为自己没错的时候，错就来找你了。

当你认为自己没错的时候，错就来找你了。

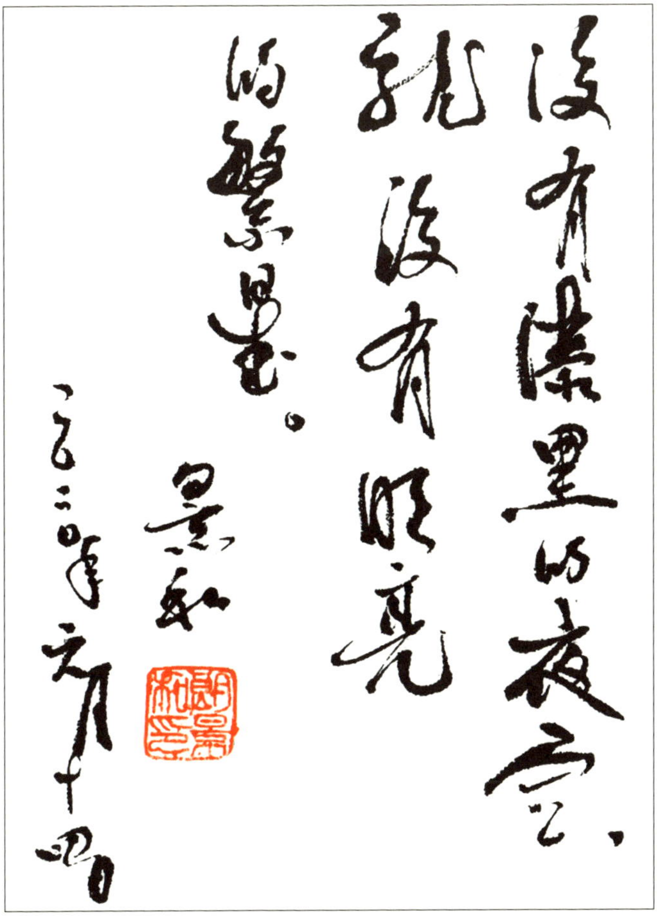

没有漆黑的夜空，就没有明亮的繁星。

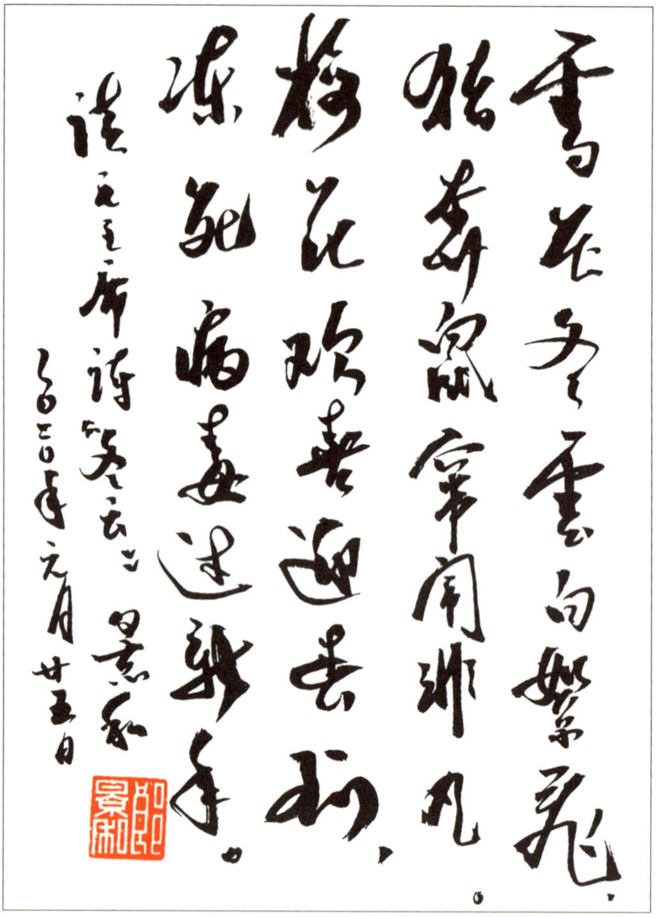

雪压冬云白絮飞，猪奔鼠窜闹非凡。
梅花欢喜迎春到，冻死病毒过新年。
——读毛主席诗《冬云》

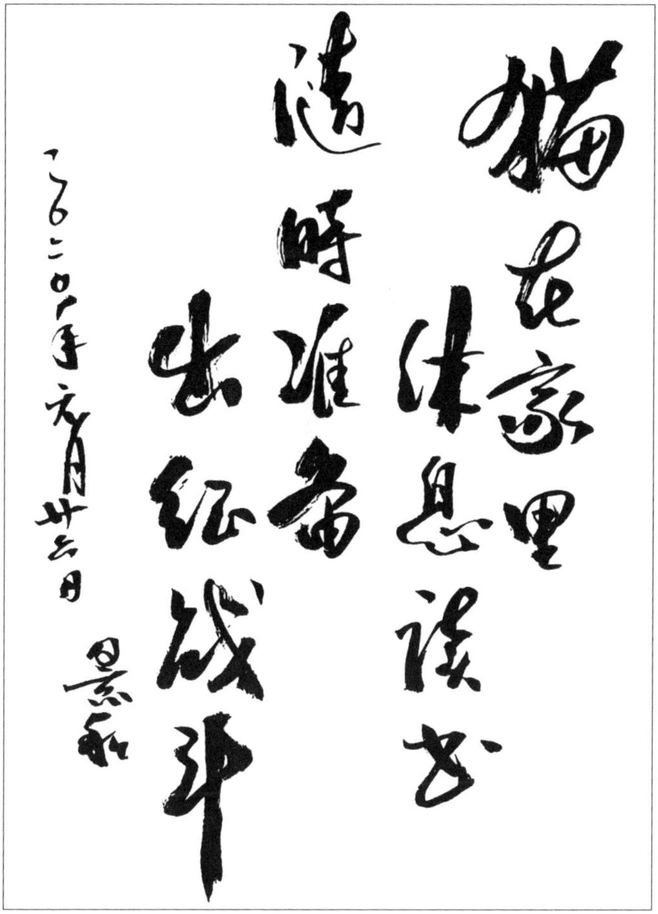

猫在家里，
休息读书。
随时准备，
出征战斗。

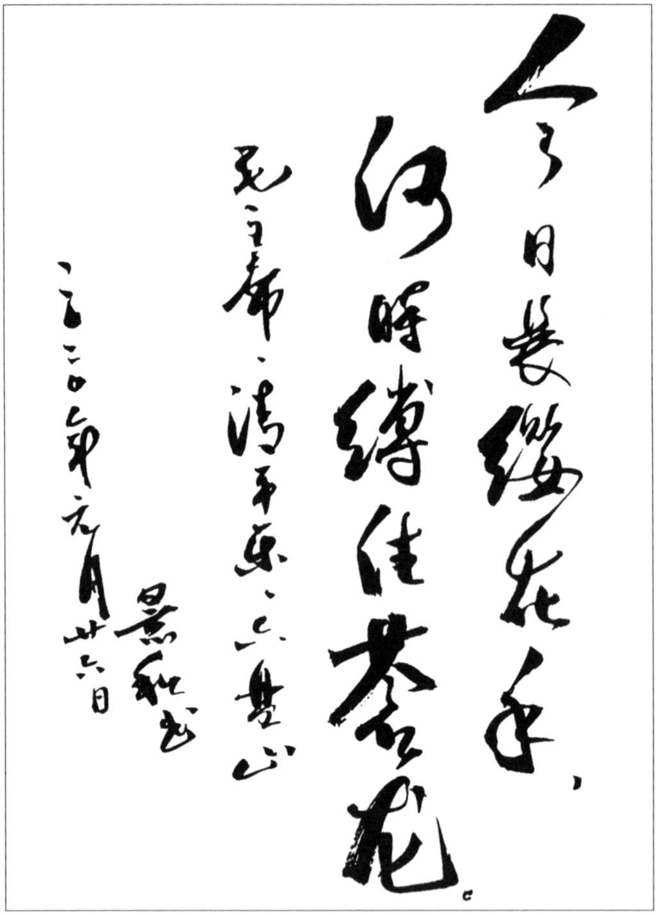
今日长缨在手，
何时缚住苍龙。
毛主席·清平乐·六盘山

今日长缨在手，
何时缚住苍龙。
——毛主席《清平乐·六盘山》

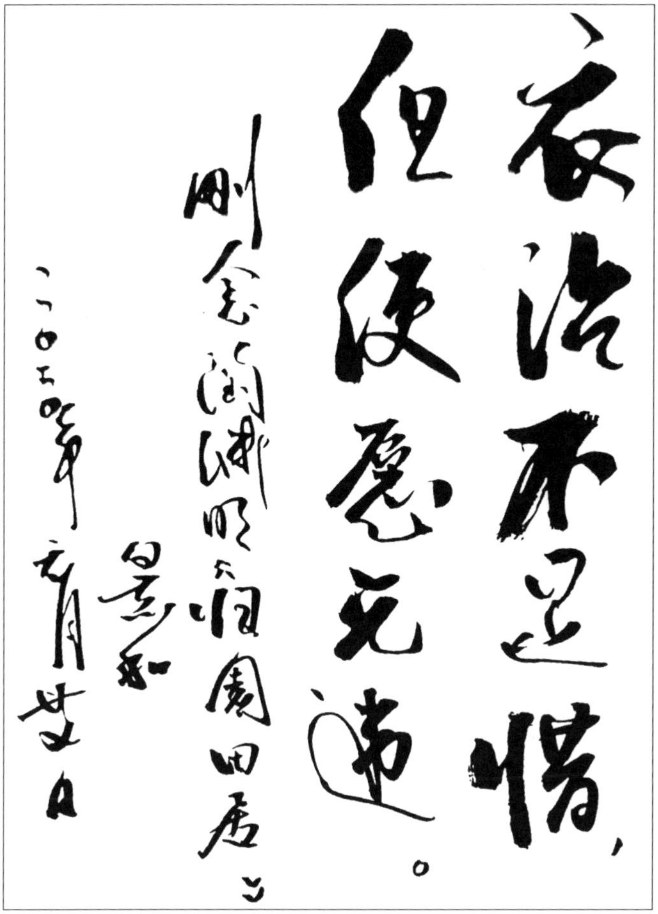

衣沾不足惜，
但使愿无违。
——刚念陶渊明《归园田居》

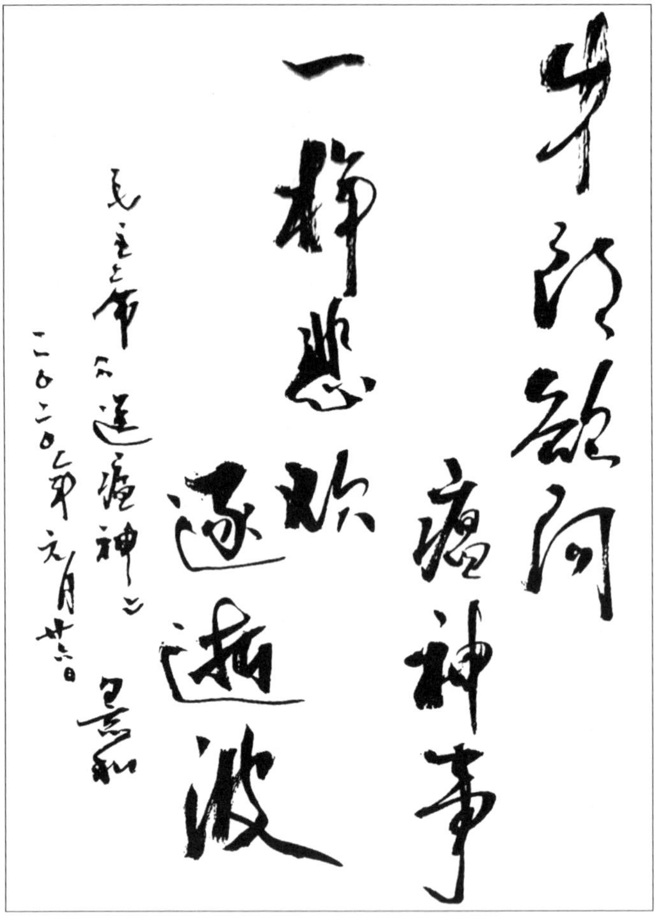

牛郎欲问瘟神事，
一样悲欢逐逝波
——毛主席《送瘟神》

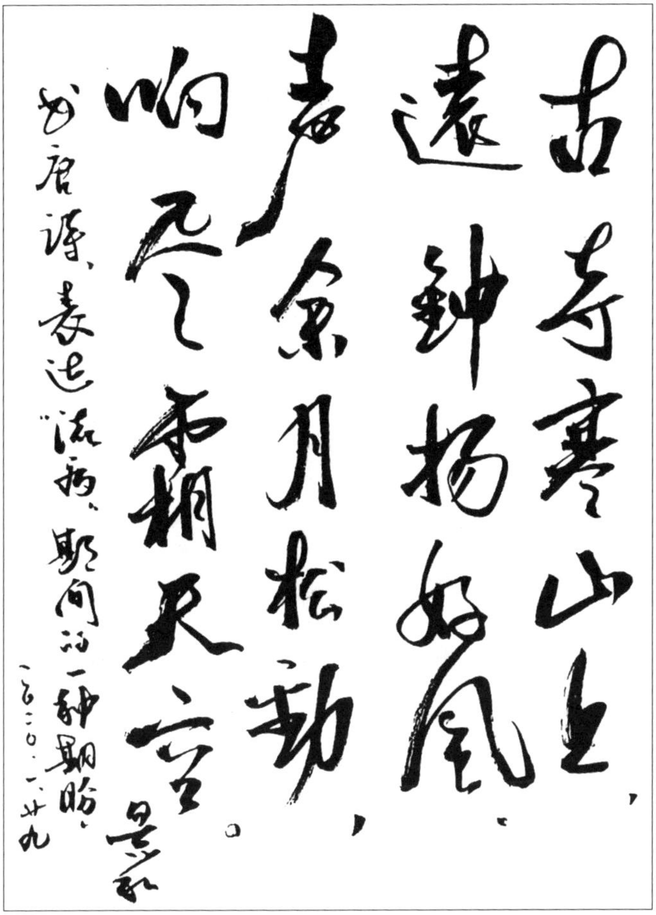

古寺寒山上，远钟扬好风。
声余月松动，响尽霜天空。
书唐诗，表达“流病”期间的一种期盼。

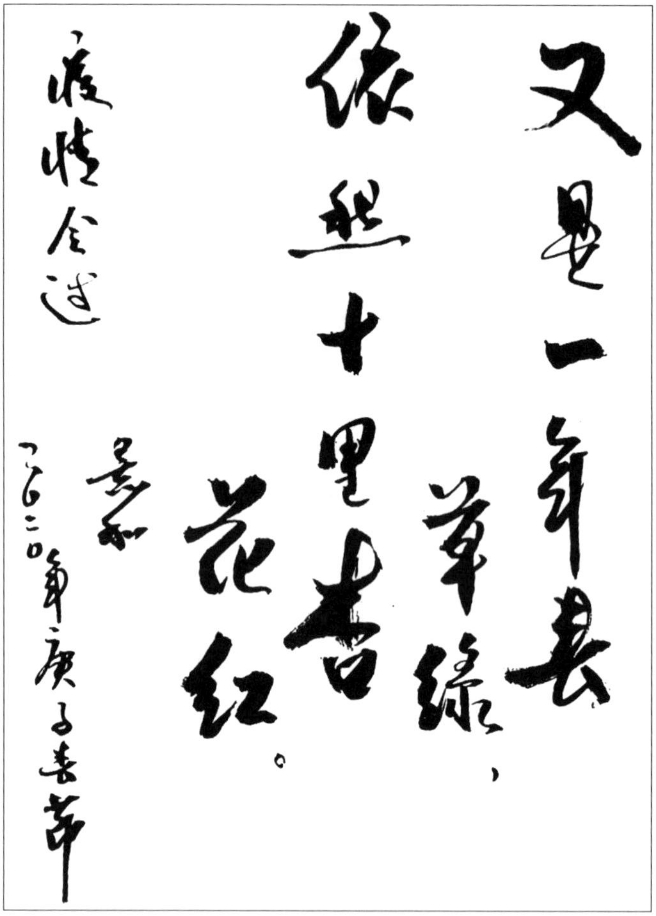
又是一年春草绿，
依然十里杏花红。
疫情会过
嘉和
二〇二〇年庚子春节

又是一年春草绿，
依然十里杏花红。
疫情会过。

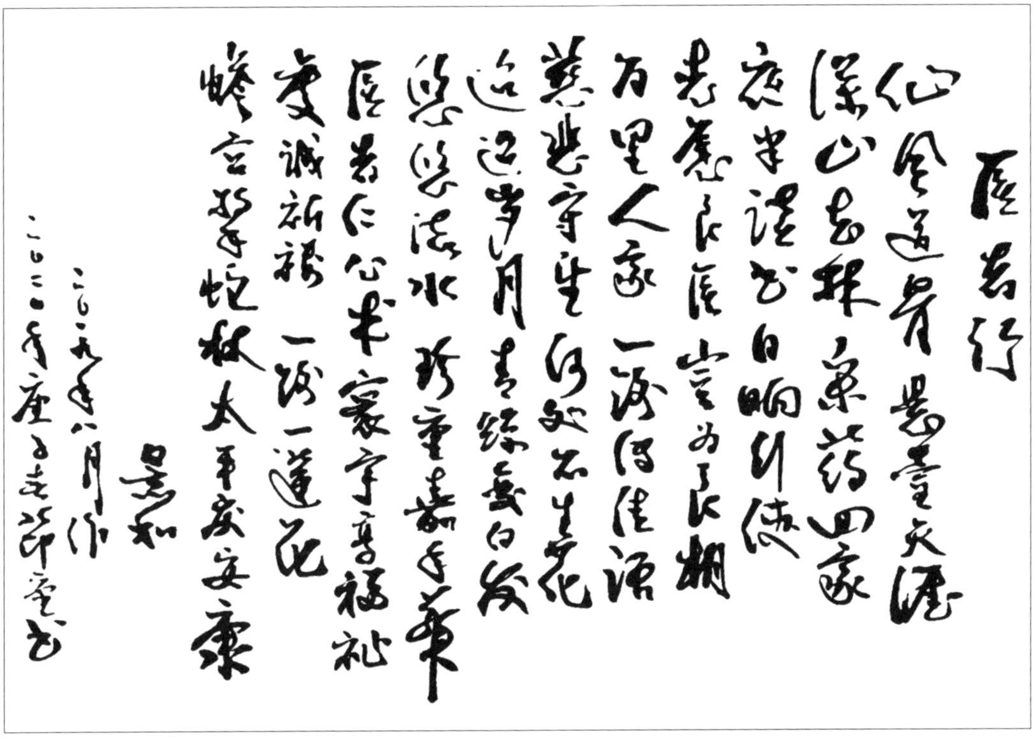

《医者行》

仙风道骨，悬壶天涯。
深山老林，采药回家。
夜半读书，白晌行侠。
志愿良医，岂为良相。
百里人家，一路传佳话。
慈悲守望，何处不生花。
迢迢岁月，青丝变白发。
悠悠流水，珍重嘉年华。
医者仁心术，寰宇享福祉。
虔诚祈祷，一路一莲花。
蟾宫擎蛇杖，太平庆安康。

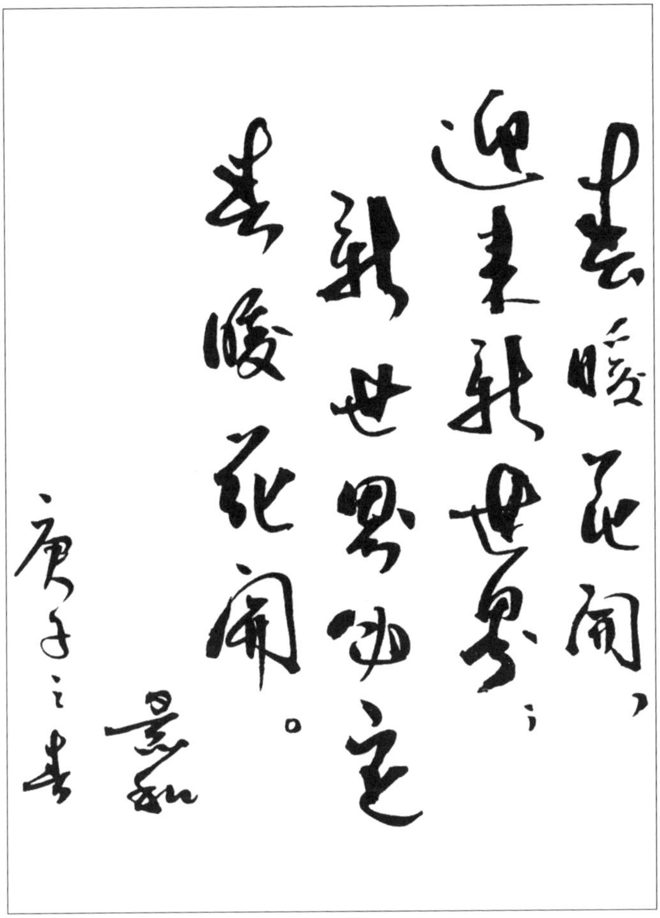
春暖花开，迎来新世界；新世界必定春暖花开。
景和
庚子之春

春暖花开，迎来新世界；新世界必定春暖花开。

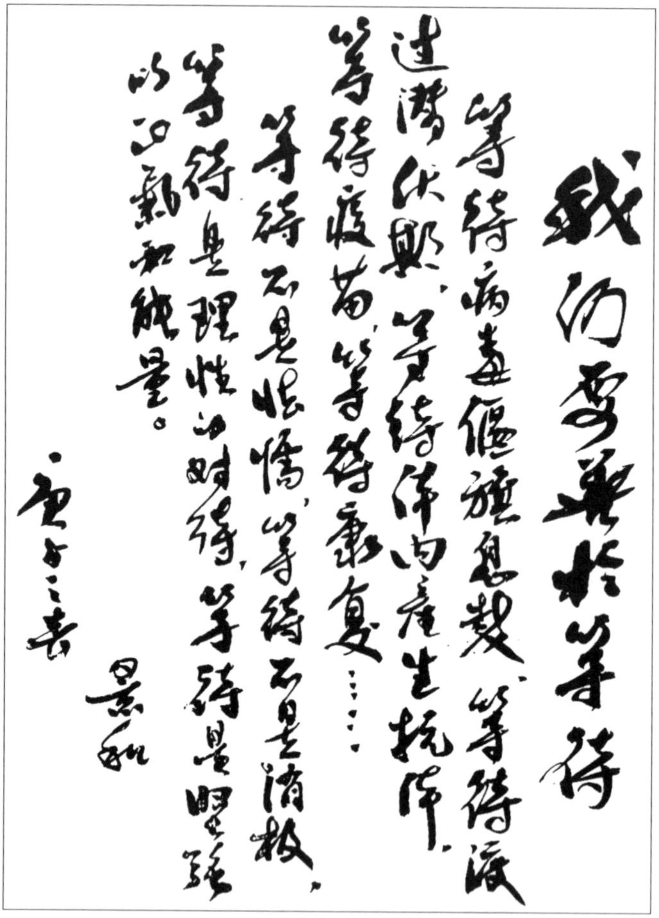

我们要善于等待

等待病毒偃旗息鼓，等待渡（度）过潜伏期，等待体内产生抗体，等待疫苗，等待康复……

等待不是怯懦，等待不是消极，等待是理性的对待，等待是坚强的正气和能量。

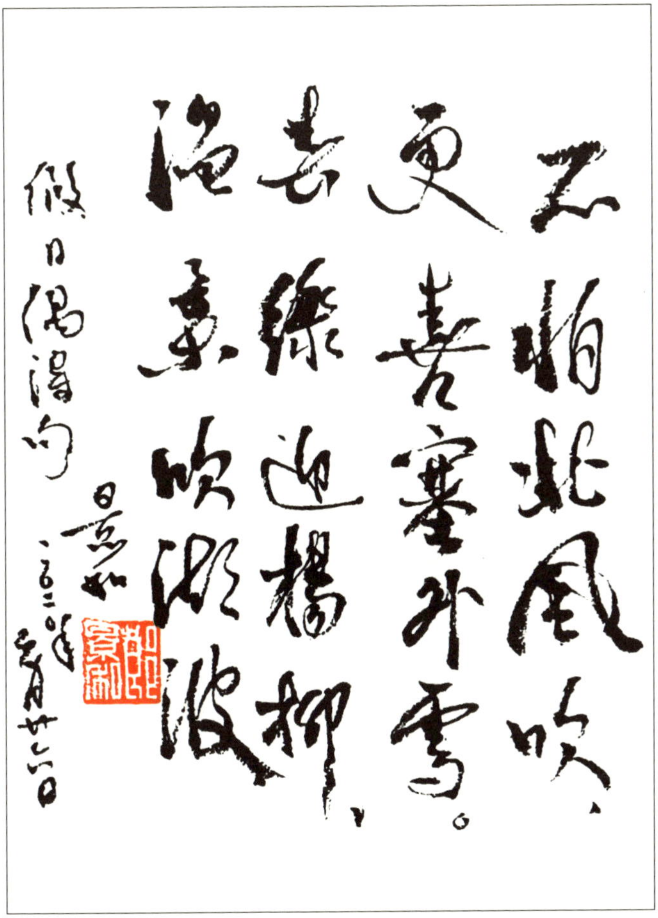

不怕北风吹，
更喜塞外雪。
春绿迎杨柳，
温柔吹湖波。
《假日偶得句》

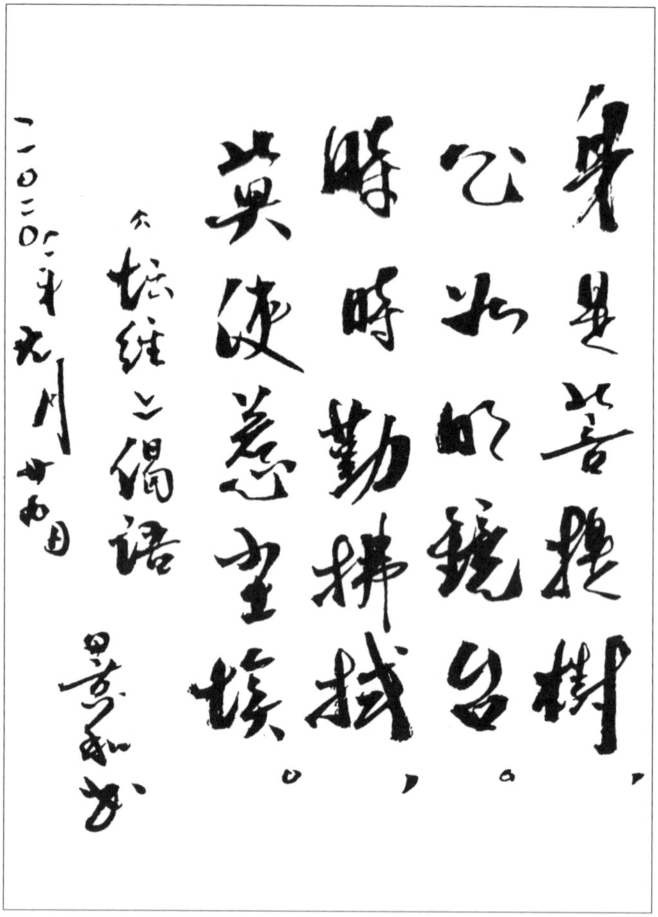

身是菩提树，
心如明镜台。
时时勤拂拭，
莫使惹尘埃。
——《坛经》偈语

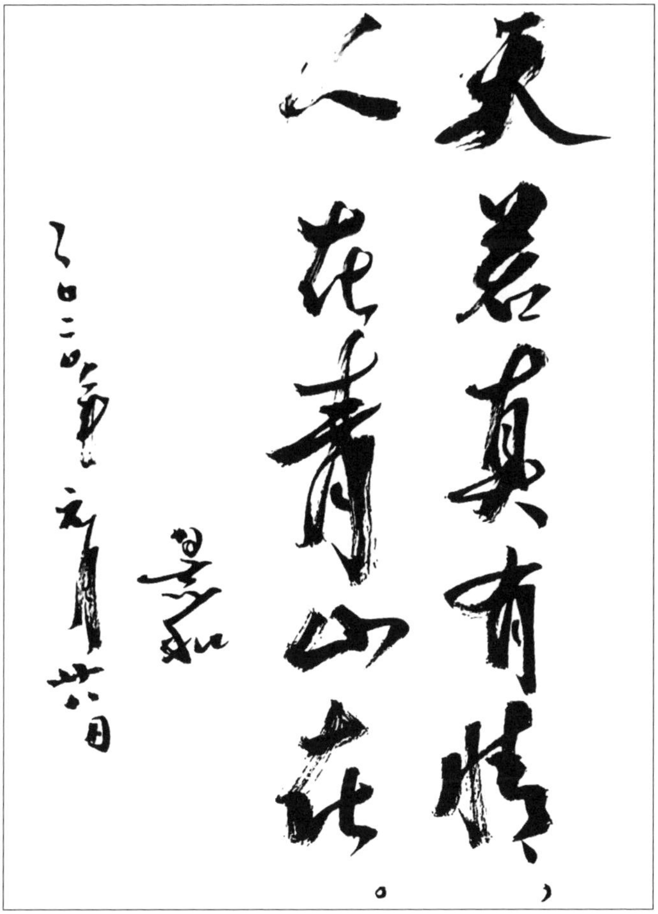

天若真有情，
人在青山在。

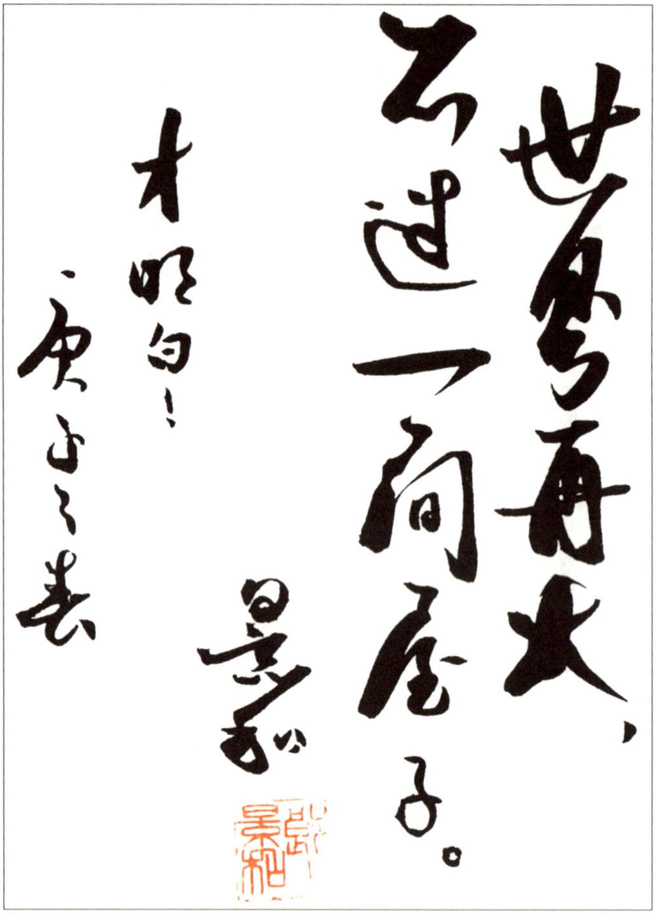
世界再大，
不过一间屋子。
才明白！

世界再大，
不过一间屋子。
才明白！

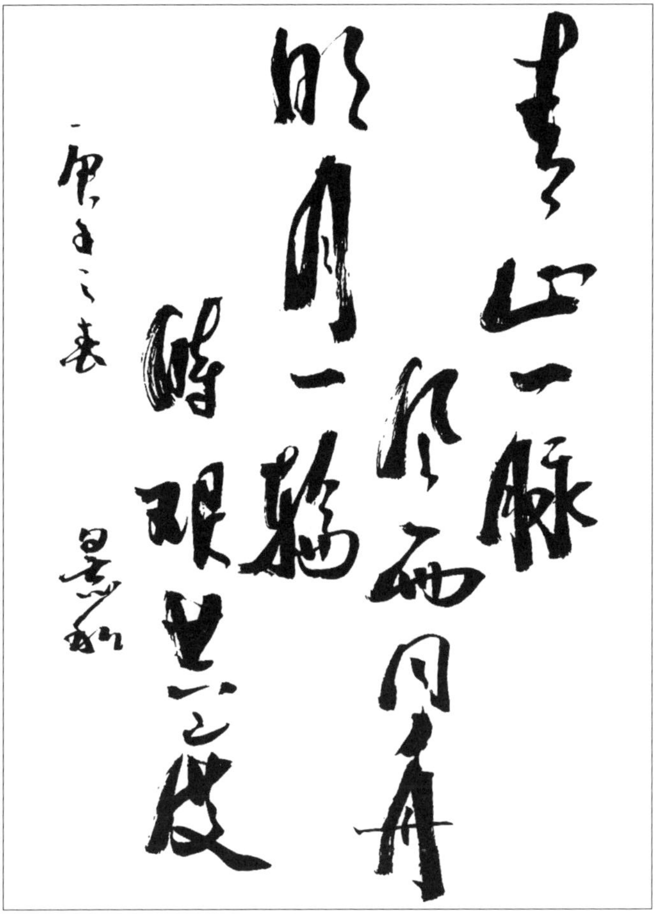

青山一脉，风雨同舟。
明月一轮，时艰共度。

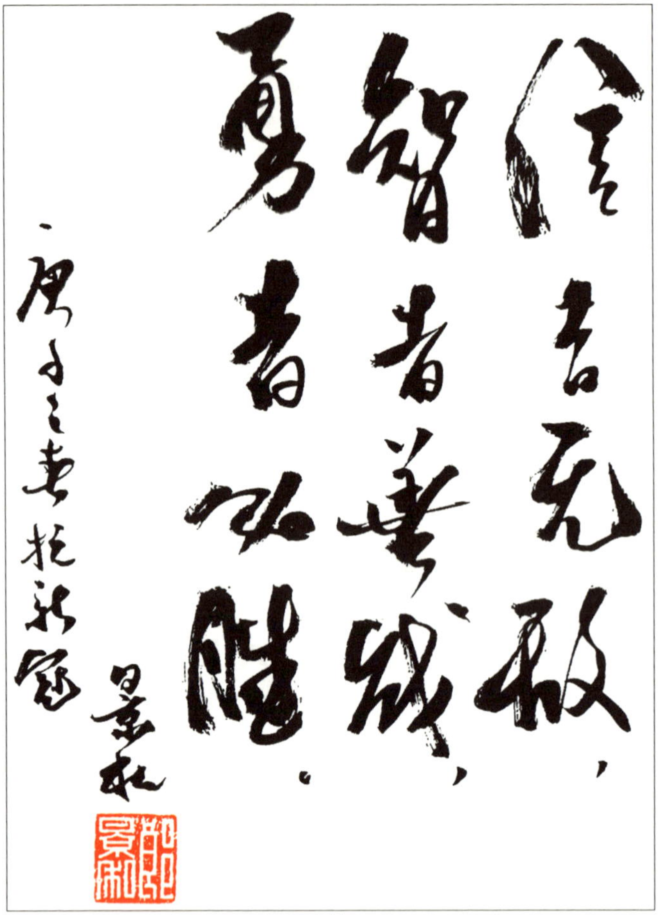
信者无敌，
智者善战，
勇者必胜。

信者无敌，智者善战，勇者必胜。

桃李不言随风意，
亦知终是有晴时。

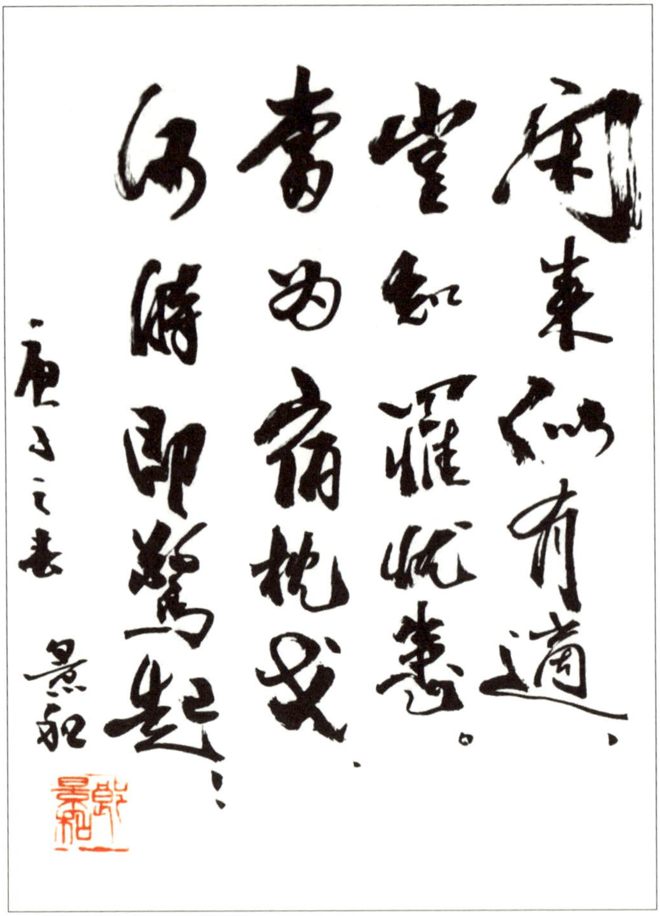

闲来似有适，
岂知罹忧患。
当为宿枕戈，
何时即惊起！

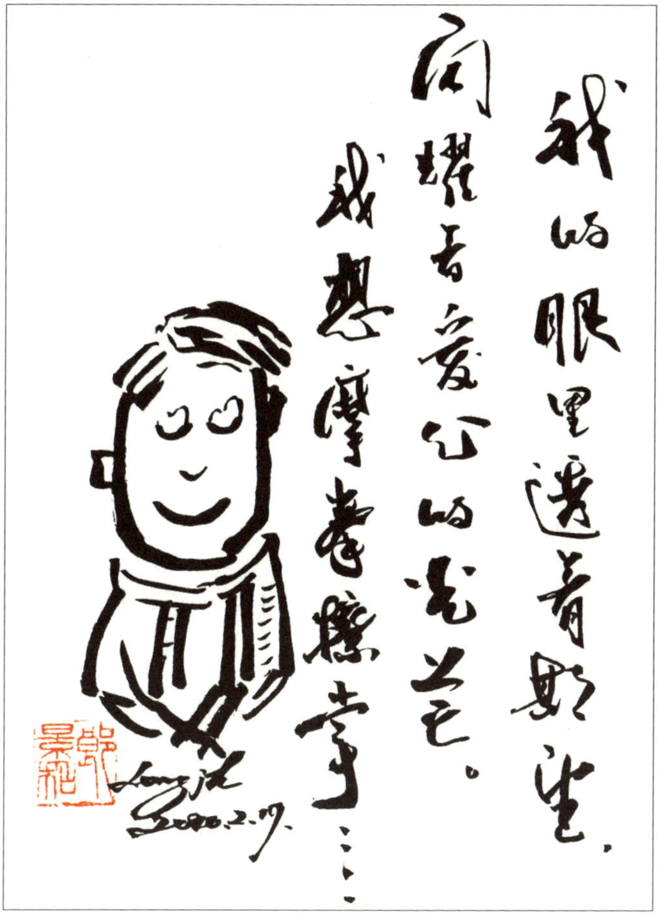
我的眼里透着期望，
闪耀着爱心的光芒。
我想摩拳擦掌……

我的眼里透着期望，闪耀着爱心的光芒。

我想摩拳擦掌……

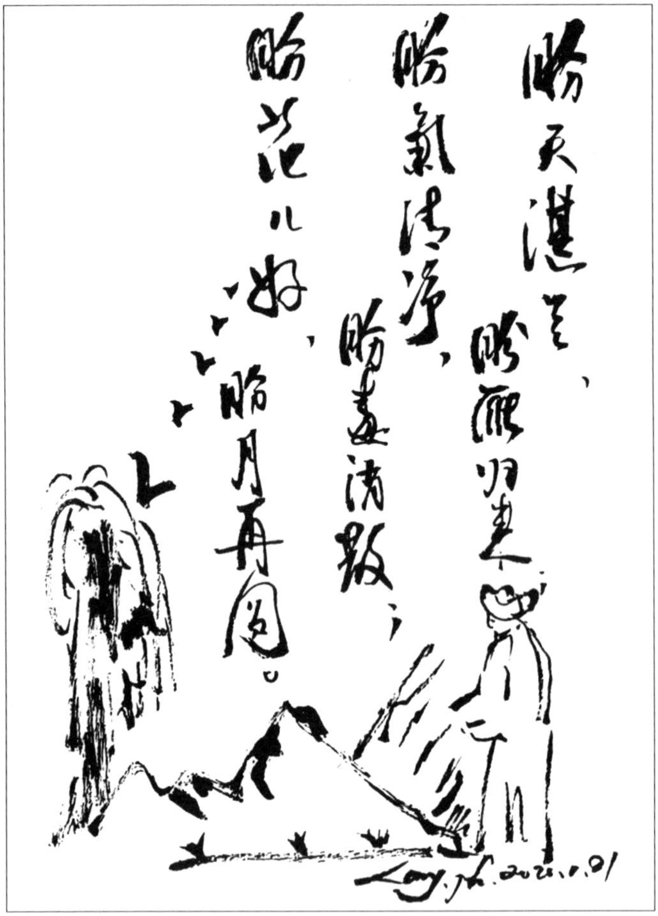
盼天湛蓝、盼雁归来
盼氣清淨，盼毒消散；
盼花儿好，盼月再圆。

盼天湛蓝，盼雁归来；盼气清净，盼毒消散；盼花儿好，盼月再圆。

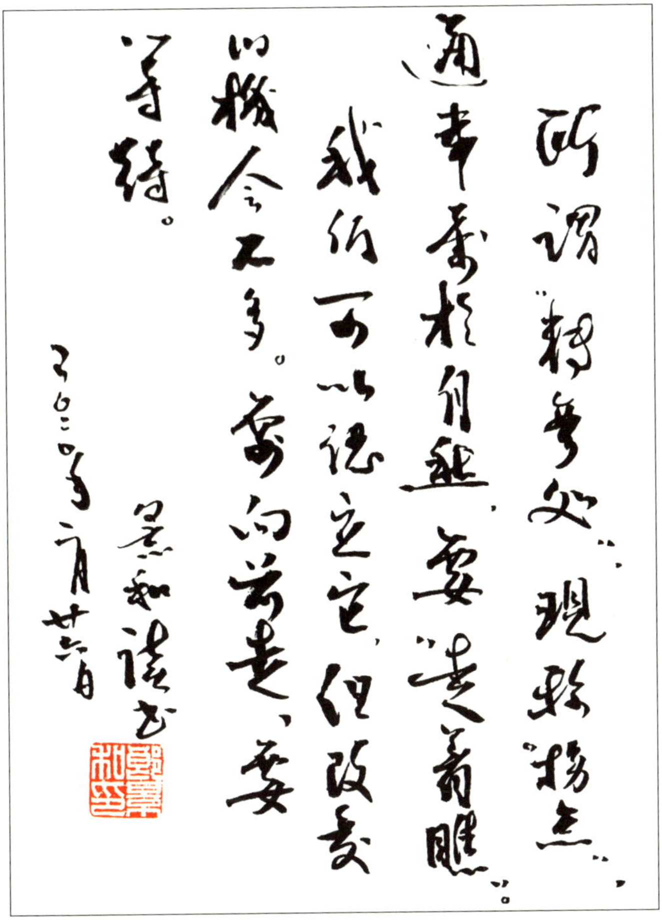
所谓"转弯处"，现称"拐点"，
通常属于自然，要"走着瞧"。
我们可以认定它，但改变
的机会不多。要向前走，要
等待。

所谓“转弯处”，现称“拐点”，通常属于自然，要“走着瞧”。
我们可以认定它，但改变的机会不多。要向前走，要等待。

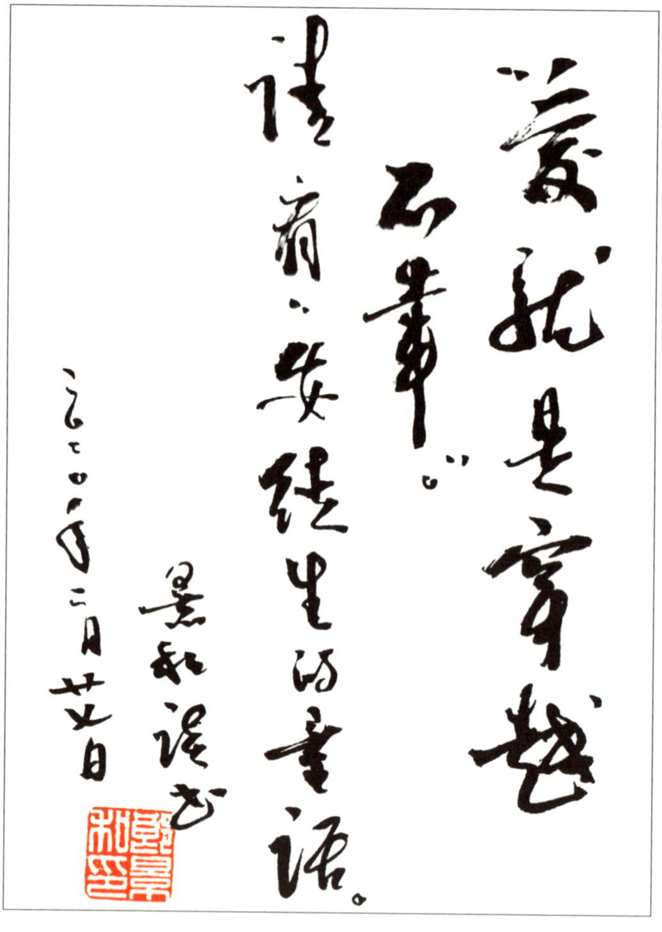

“爱就是穿越不幸”。

请看安徒生的童话。

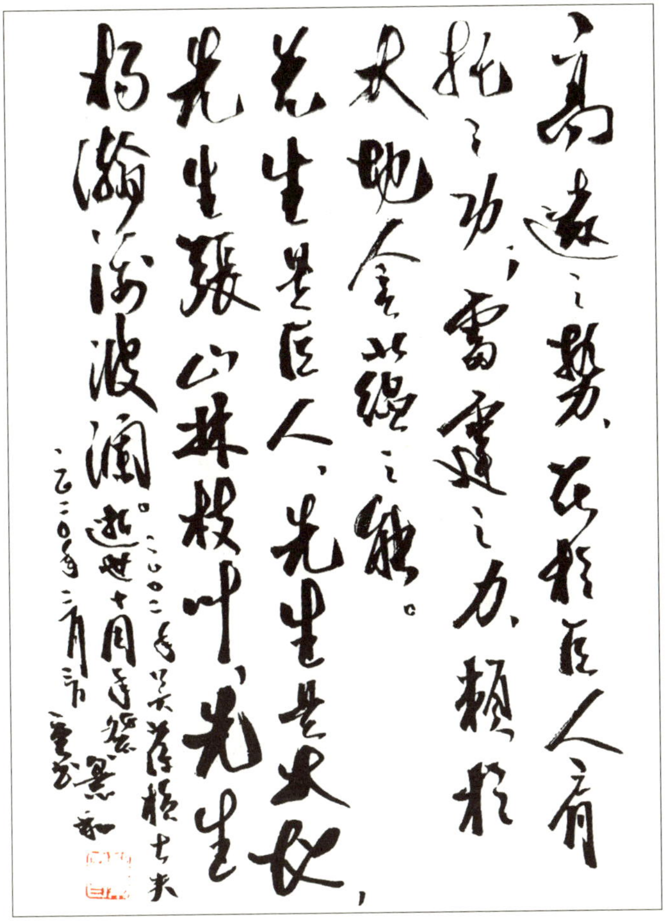

高远之势，在于巨人肩托之功；雷霆之力，赖于大地含蕴之能。

先生是巨人，先生是大地，先生张山林枝叶，先生扬瀚海波澜。

——二〇二〇年吴葆桢大夫逝世十周年祭

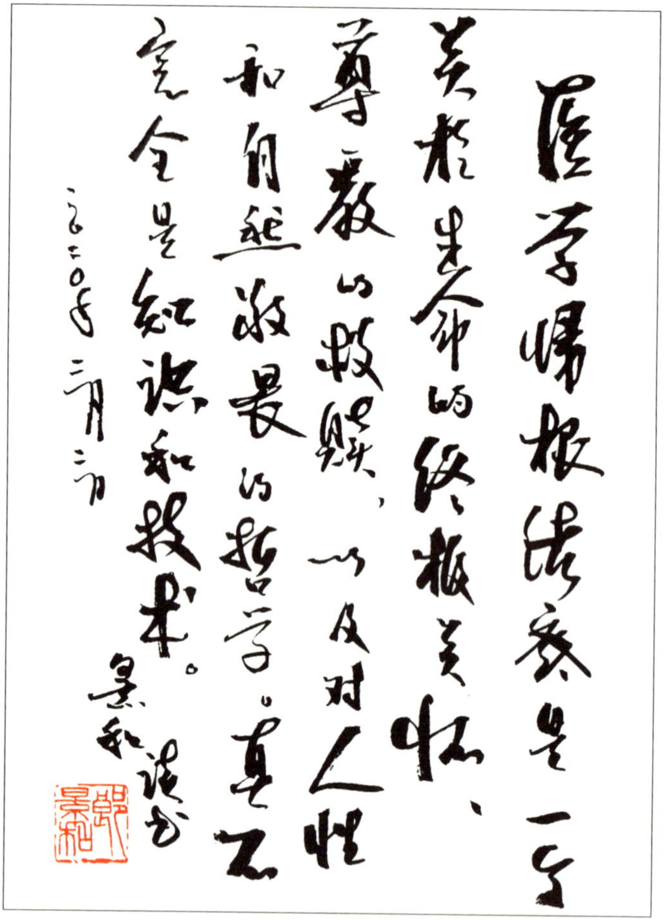

医学归根结底是一个关于生命的终极关怀、尊严的救赎，以及对人性和自然敬畏的哲学。真不完全是知识和技术。

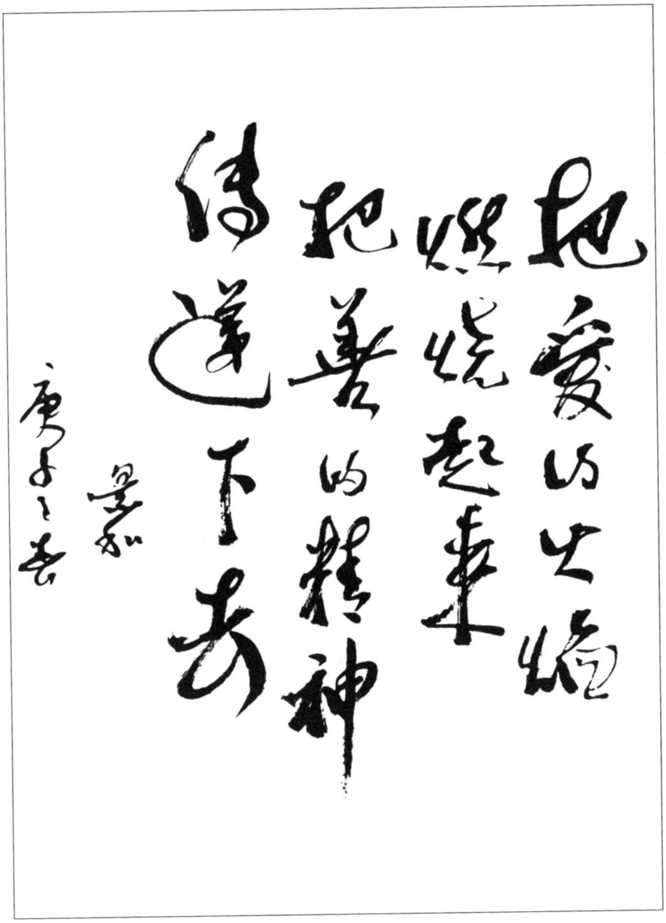

把爱的火焰燃烧起来，
把善的精神传递下去。

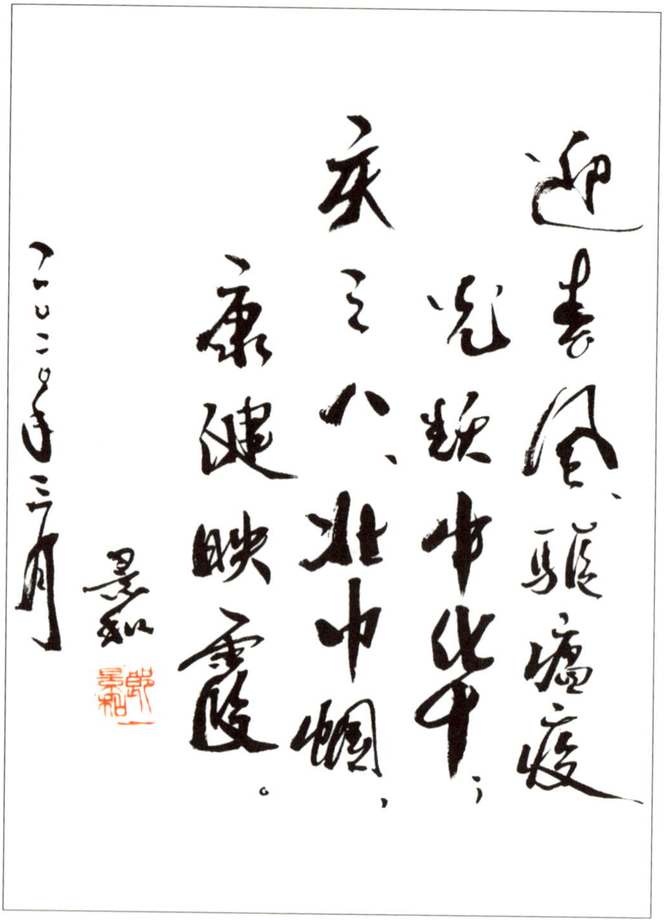
迎春风、驱瘟疫，光耀中华；
庆三八、壮巾帼，康健映霞。
二〇二〇年三月

迎春风、驱瘟疫，光耀中华；
庆三八、壮巾帼，康健映霞。

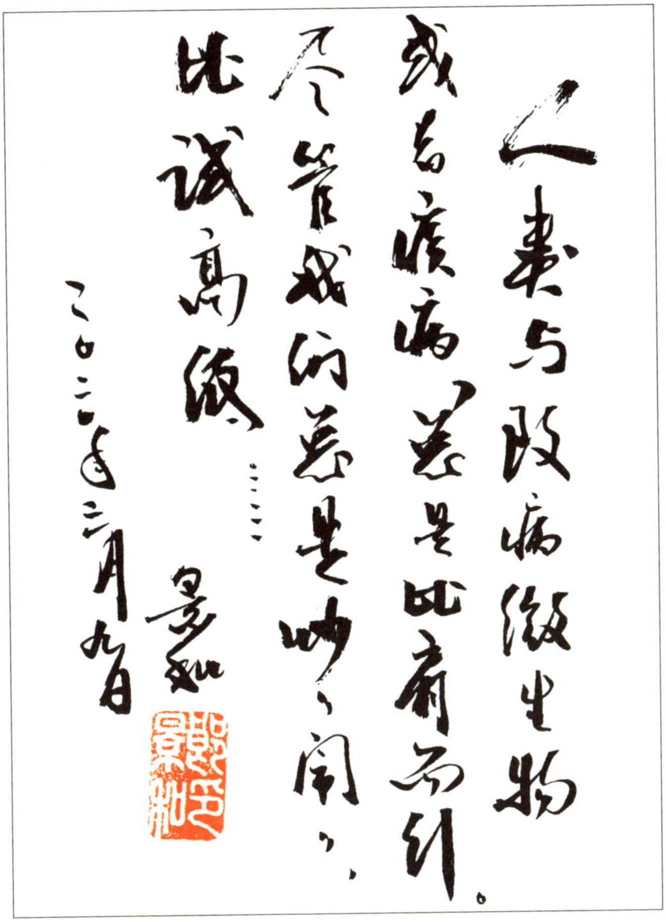
人类与致病微生物
或者疾病总是比肩而行。
尽管我们总是吵吵闹闹，
比试高低……
二〇二〇年三月九日

人类与致病微生物或者疾病，总是比肩而行。

尽管我们总是吵吵闹闹，比试高低……

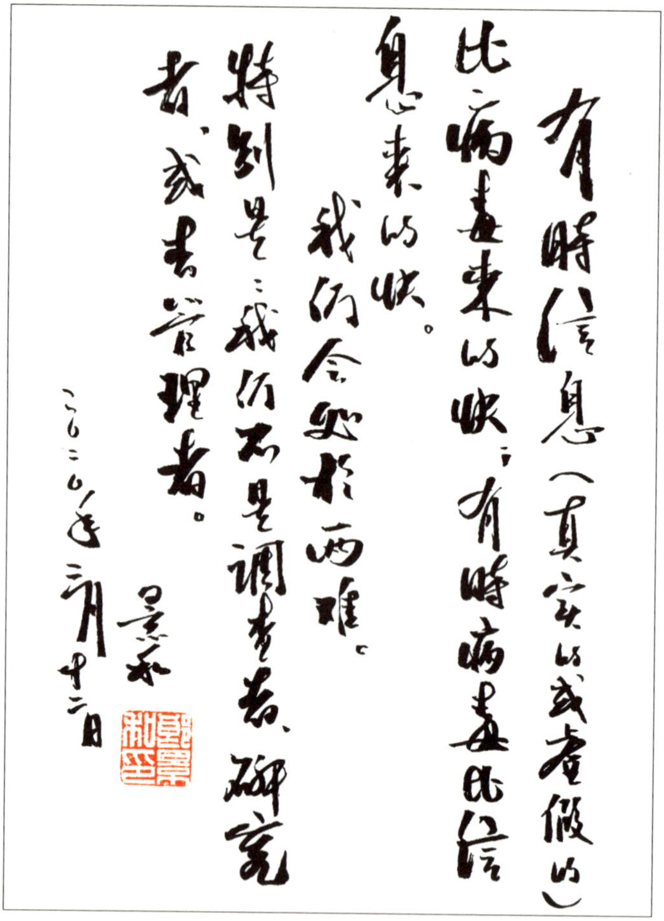

有时信息（真实的或虚假的）比病毒来的（得）快，有时病毒比信息来的（得）快。

我们会处于两难。

特别是：我们不是调查者、研究者，或者管理者。

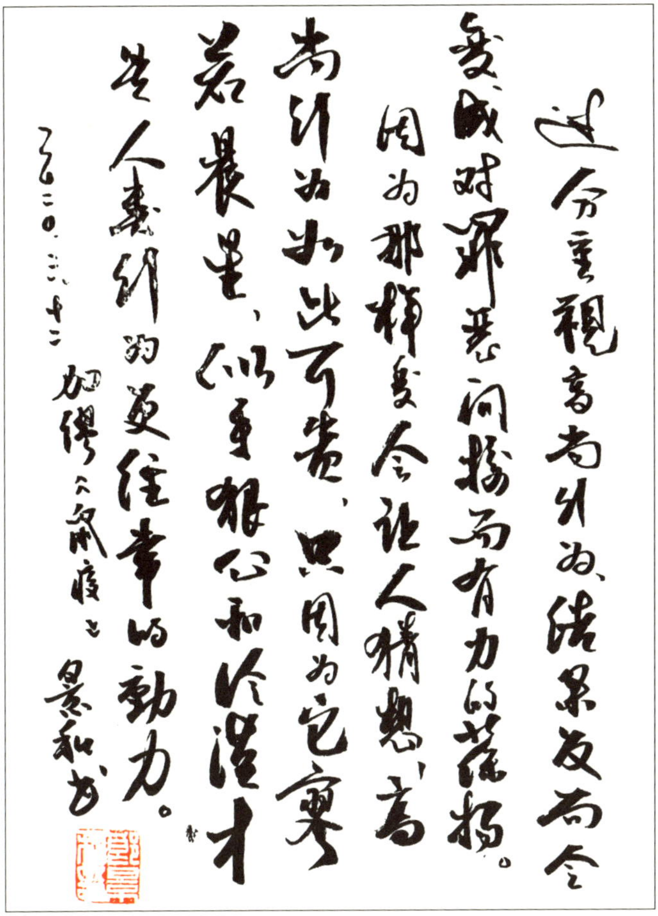

过分重视高尚行为，结果反而会变成对罪恶间接而有力的（地）葆扬。

因为那样，便会让人猜想，高尚行为如此可贵，只因它寥若晨星，似乎狠心和冷漠才是人类行为更经常的动力。

——加缪《鼠疫》

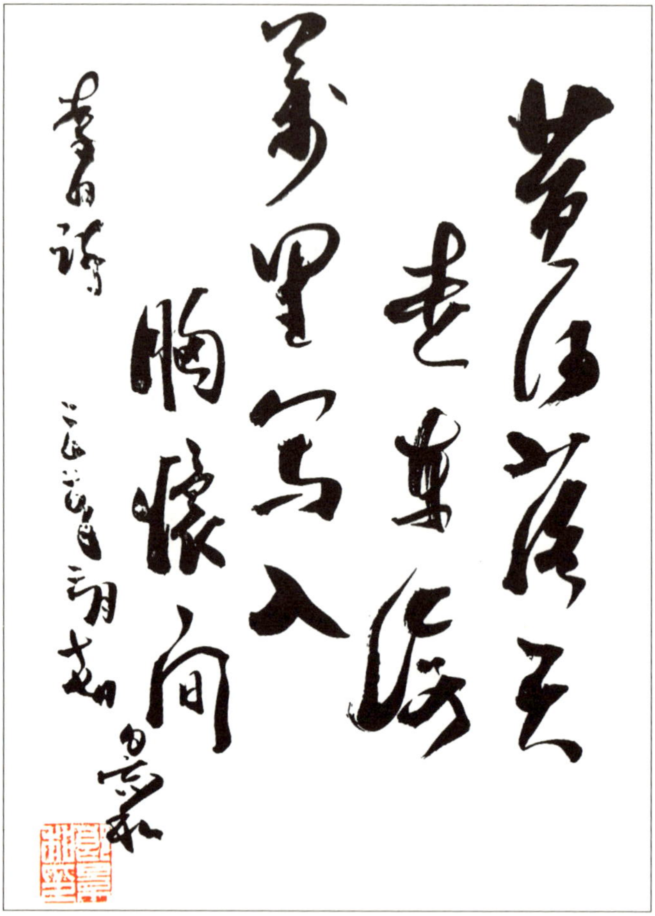

黄河落天走东海，
万里写入胸怀间。
——李白诗

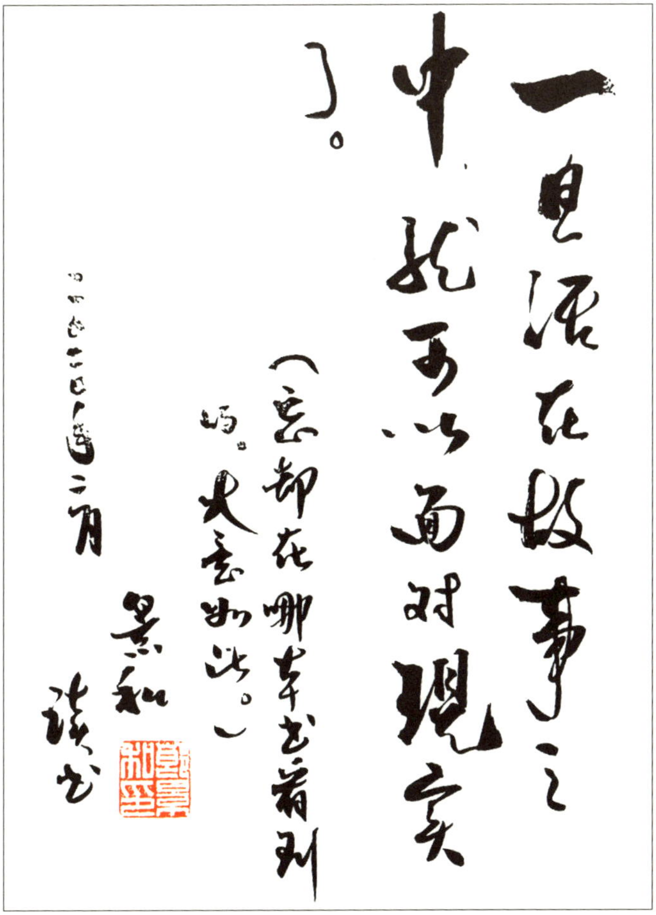
一旦活在故事之中，就可以面对现实了。
（忘却在哪本书看到的。大意如此。）

一旦活在故事之中，就可以面对现实了。
（忘却在哪本书看到的，大至如此）

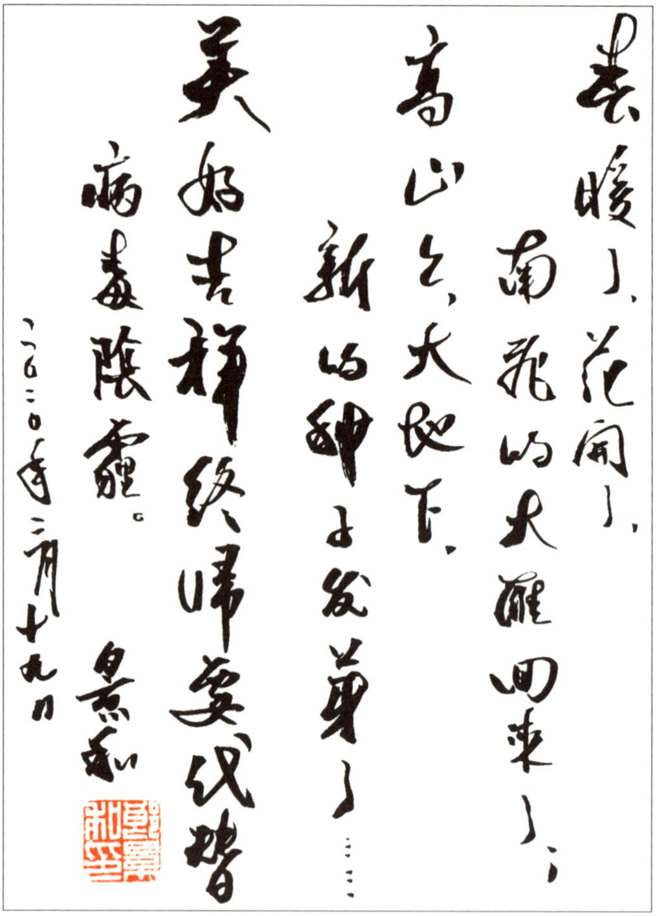
春暖了，花开了，
南飞的大雁回来了；
高山上，大地下，
新的种子发芽了……
美好吉祥终归要代替
病毒阴霾。
二〇二〇年二月十九日

春暖了，花开了，南飞的大雁回来了；
高山上，大地下，新的种子发芽了……
美好吉祥终归要代替病毒阴霾。

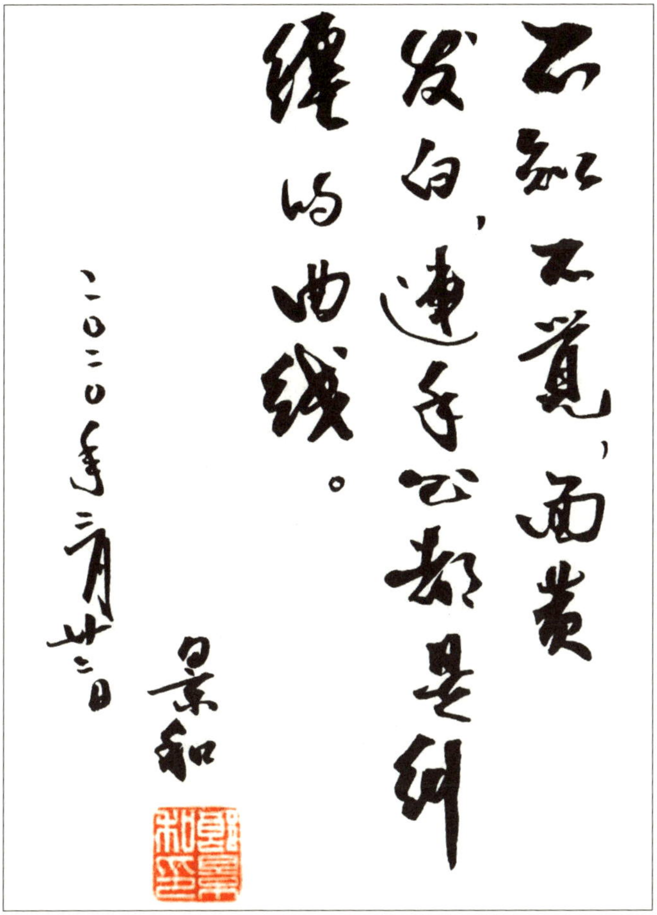

不知不觉，面黄发白，连手心都是纠缠的曲线。

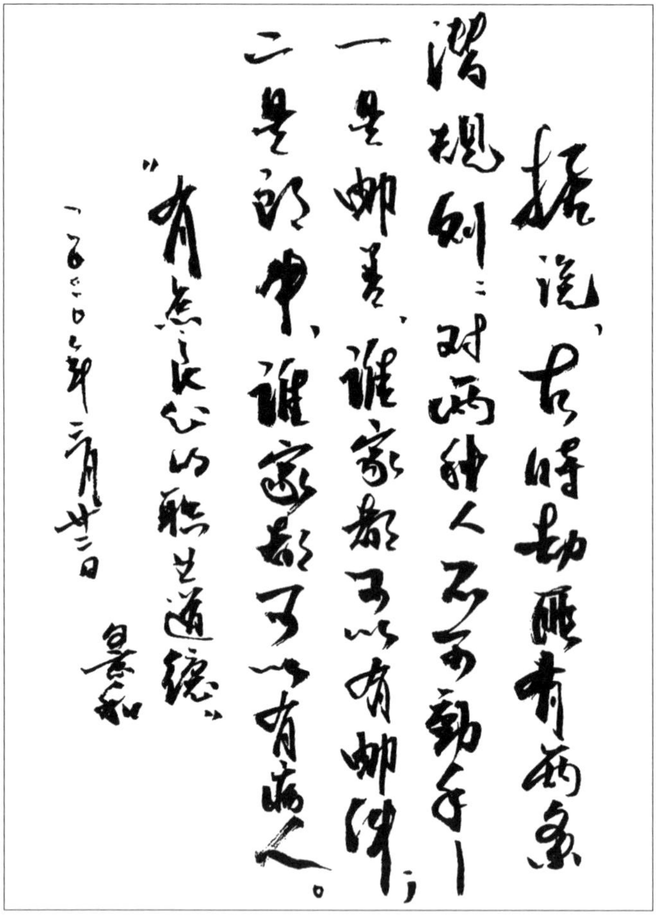

据说，古时候劫匪有两条潜规则：对两种人不可动手——一是邮差，谁家都可以有邮件；二是郎中，谁家都可以有病人。

“有点良心的职业道德”。

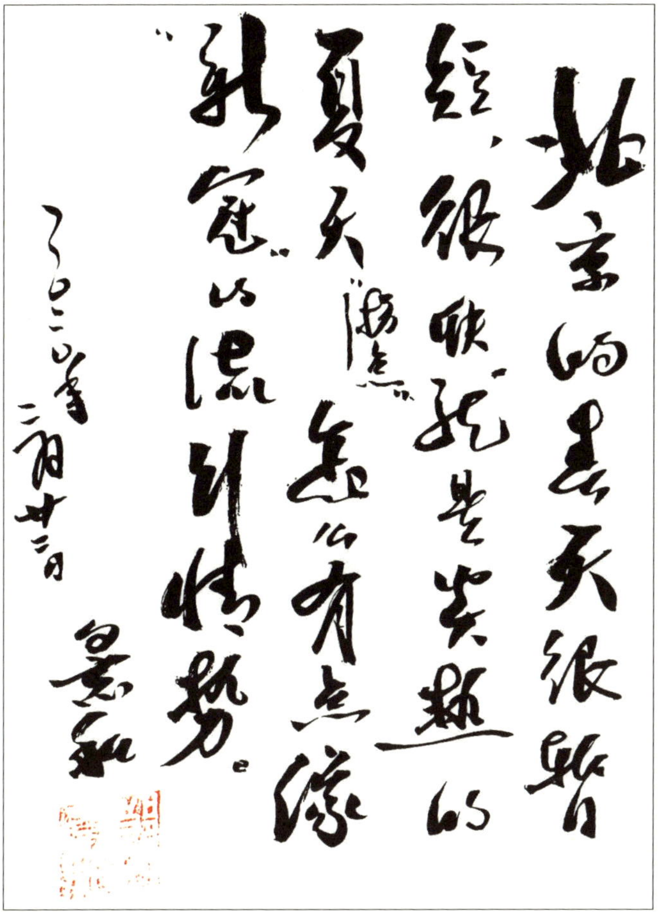

北京的春天很暂短，很快就是炎热的夏天“拐点”。
怎么有点像“新冠”的流行情势。

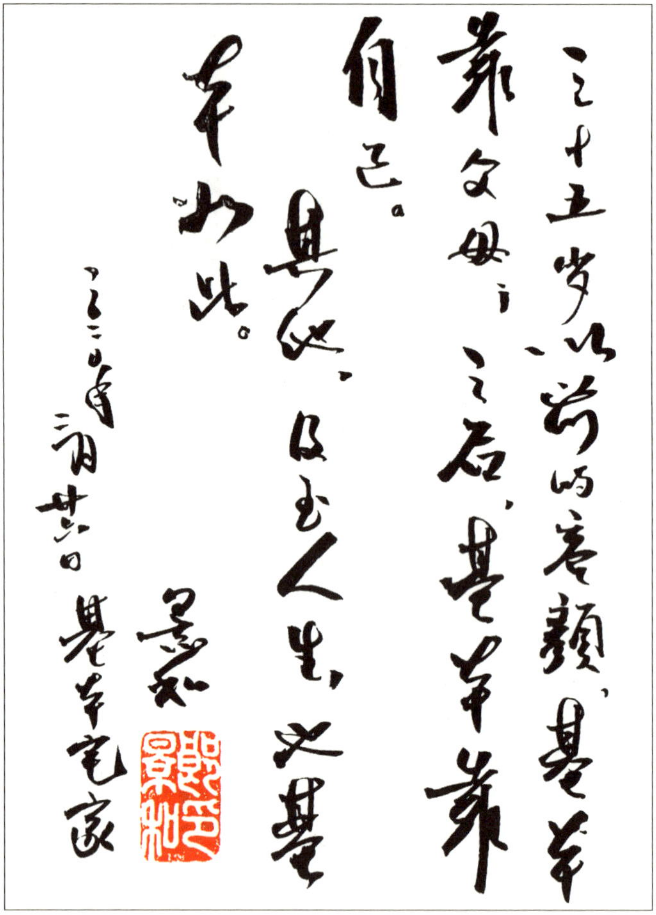
三十五岁以前的容颜，基本靠父母；之后，基本靠自己。
其他，及至人生，也基本如此。

三十五岁以前的容颜，基本靠父母；之后，基本靠自己。
其他，及至人生，也基本如此。

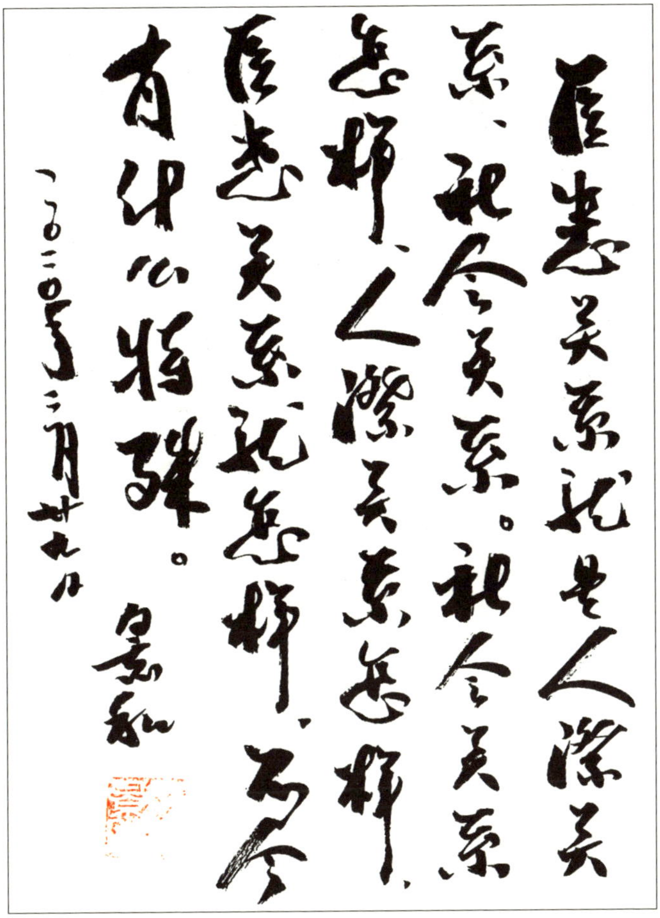
医患关系就是人际关系、社会关系。社会关系怎样、人际关系怎样、医患关系就怎样、不会有什么特殊。
二〇二〇年二月廿九日

医患关系就是人际关系、社会关系。社会关系怎样、人际关系怎样，医患关系就怎样，不会有什么特殊。

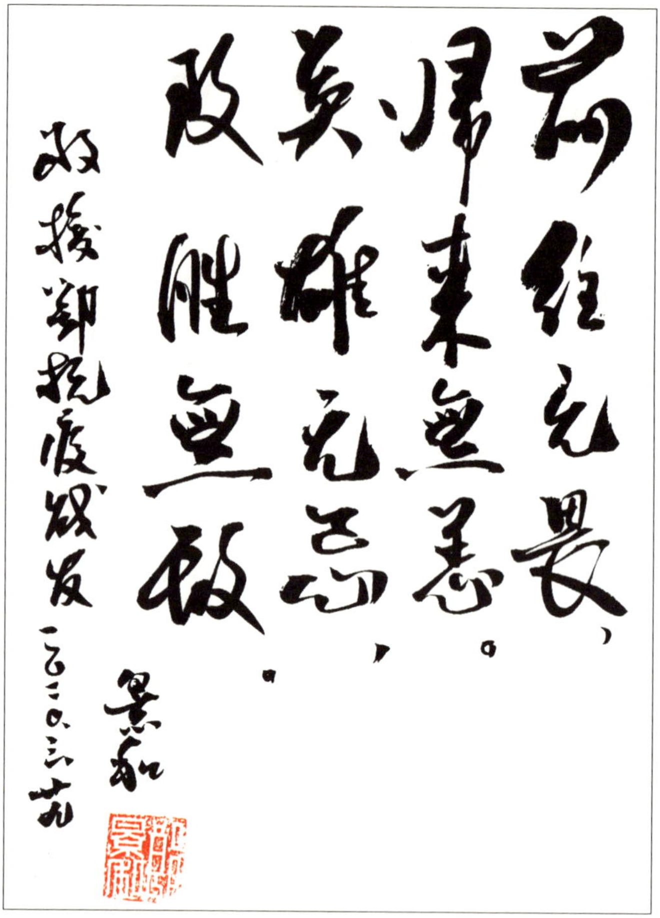
前往无畏，归来无恙。
英雄无忌，致胜无敌。
敬援鄂抗疫战友

前往无畏，归来无恙。
英雄无忌，致胜无敌。
——敬援鄂抗疫战友

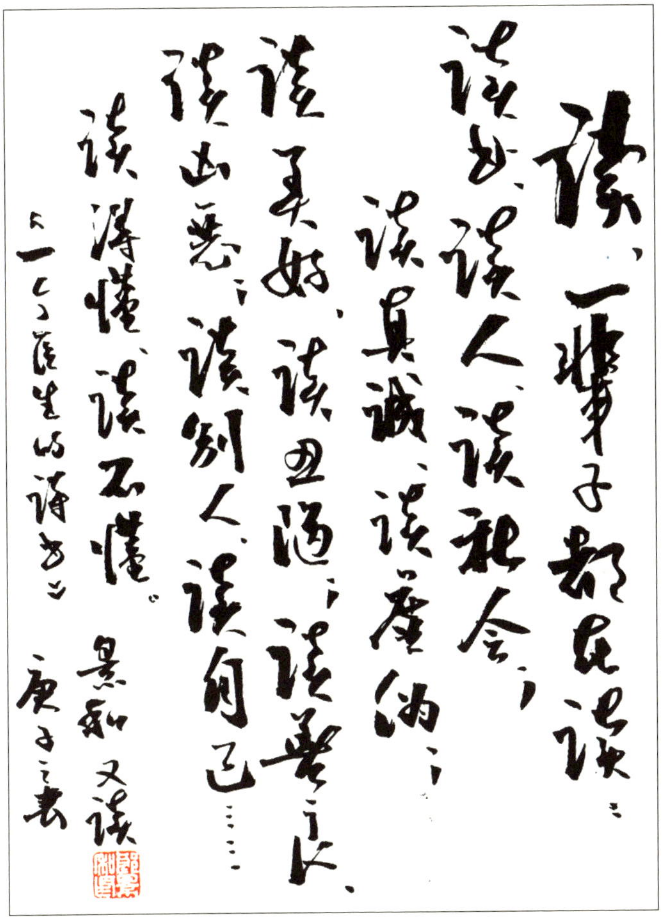

读，一辈子都在读：

读书、读人、读社会；读真诚、读虚伪；读美好、读丑陋；读善良、读凶恶；读别人、读自己……读得懂、读不懂。

——又读《一个医生的诗书》

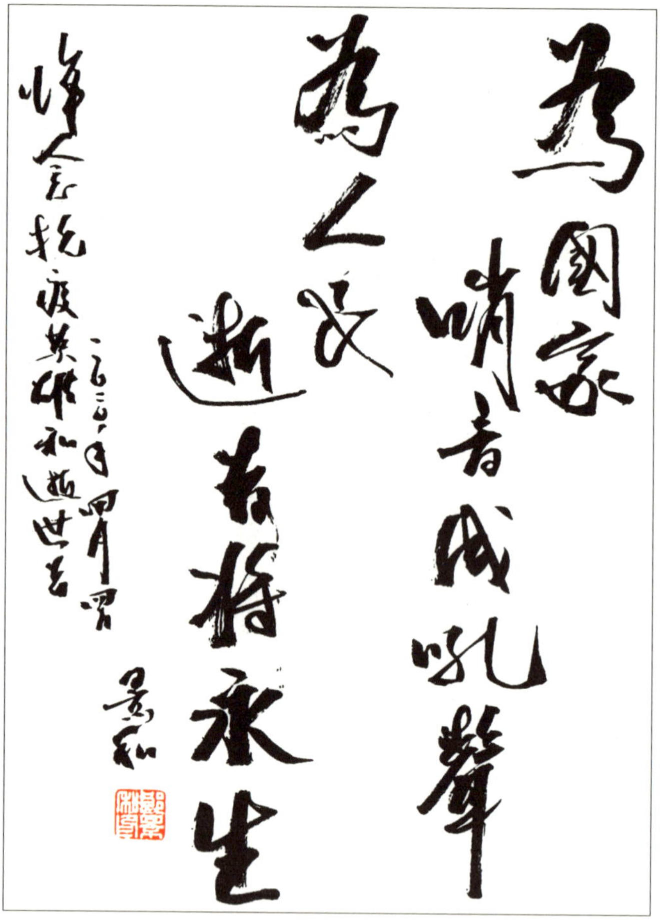

为国家，哨音成吼声。
为人民，逝者将永生。
——悼念抗疫英雄和逝世者

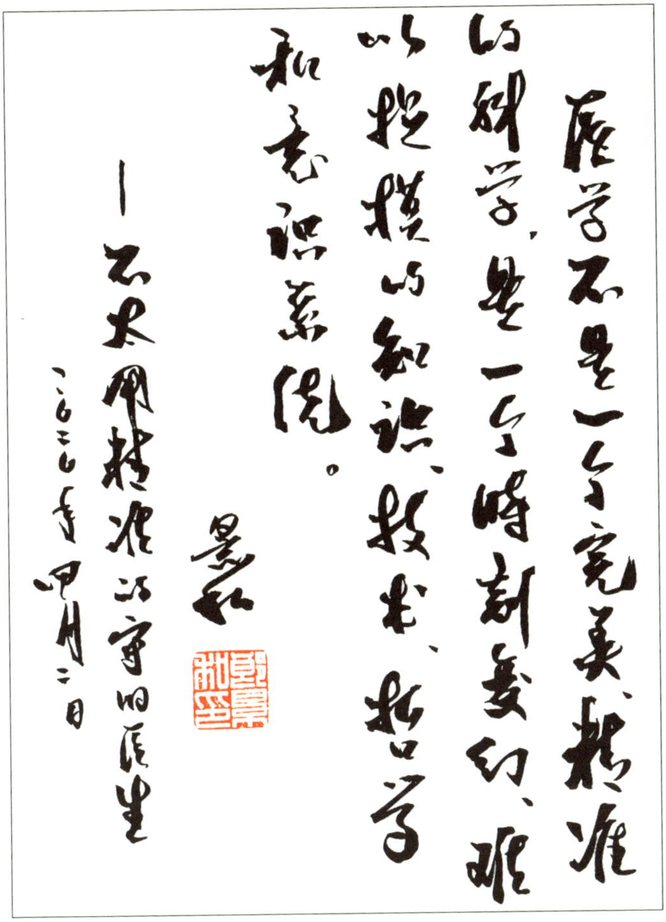

医学不是一个完美、精准的科学，是一个时刻变幻、难以捉摸的知识、技术、哲学和意识系统。

——不太用精准的守旧医生

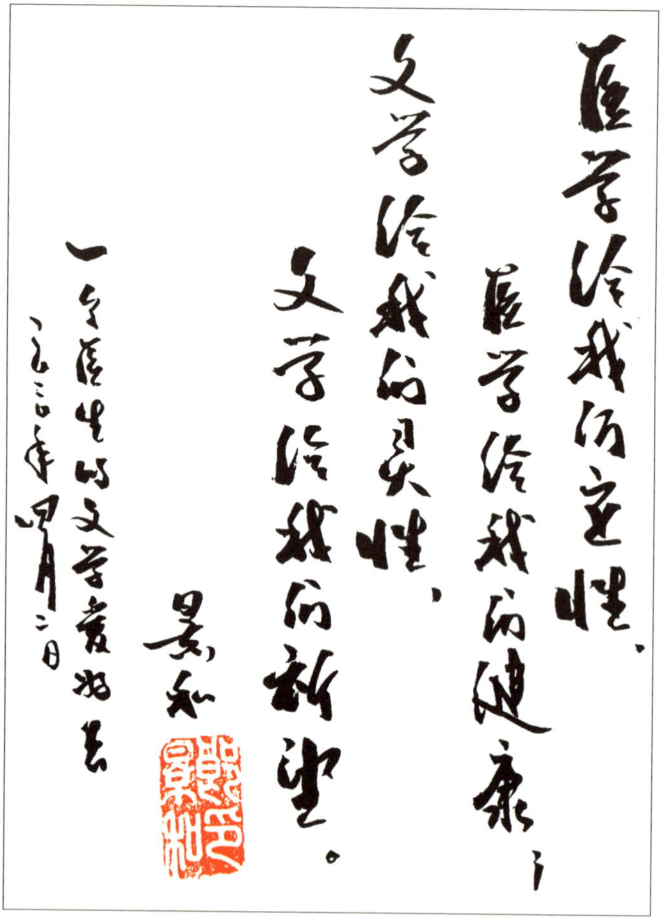
医学给我们定性，
医学给我们健康；
文学给我们灵性，
文学给我们祈望。
景和

医学给我们定性，医学给我们健康；
文学给我们灵性，文学给我们祈望。

——一个医生的文学爱好矣

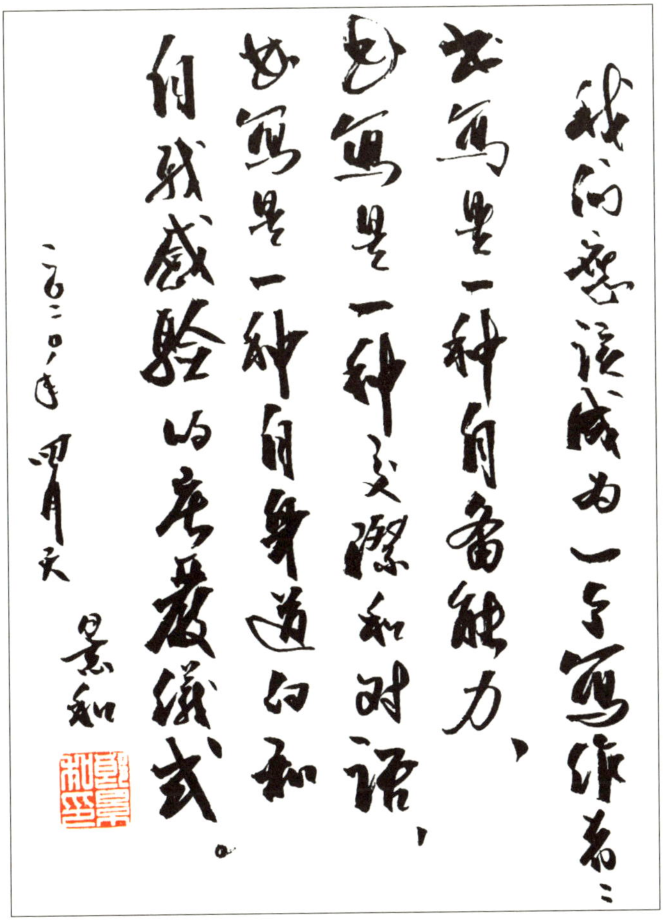

我们应该成为一个写作者：

书写是一种自备能力，

书写是一种交际和对话，

书写是一种自身道白和自我感验的庄严仪式。

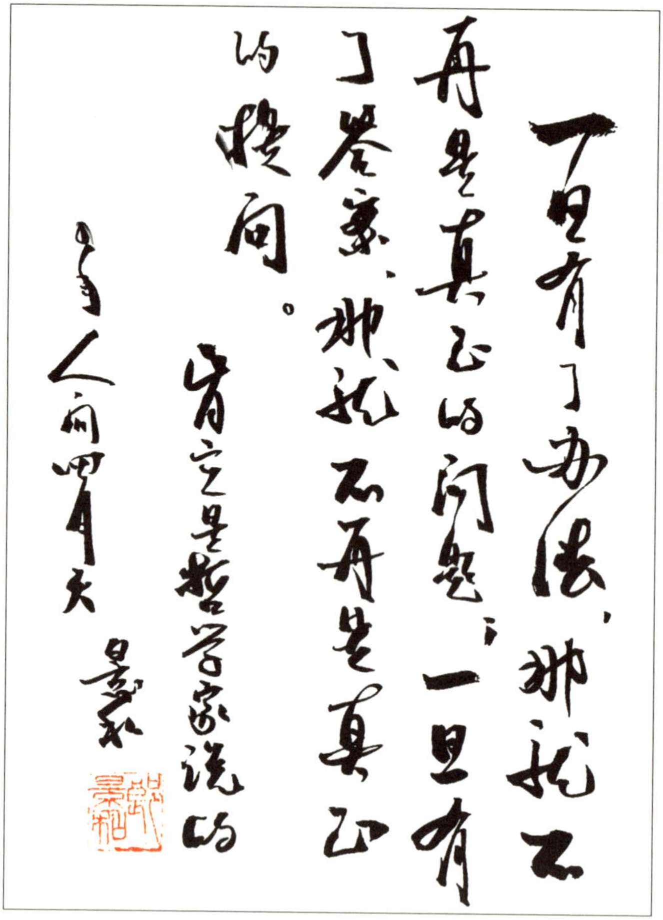
一旦有了办法，那就不再是真正的问题，一旦有了答案，那就不再是真正的提问。
肯定是哲学家说的
人间四月天

一旦有了办法，那就不再是真正的问题；一旦有了答案，那就不再是真正的提问。

——肯定是哲学家说的

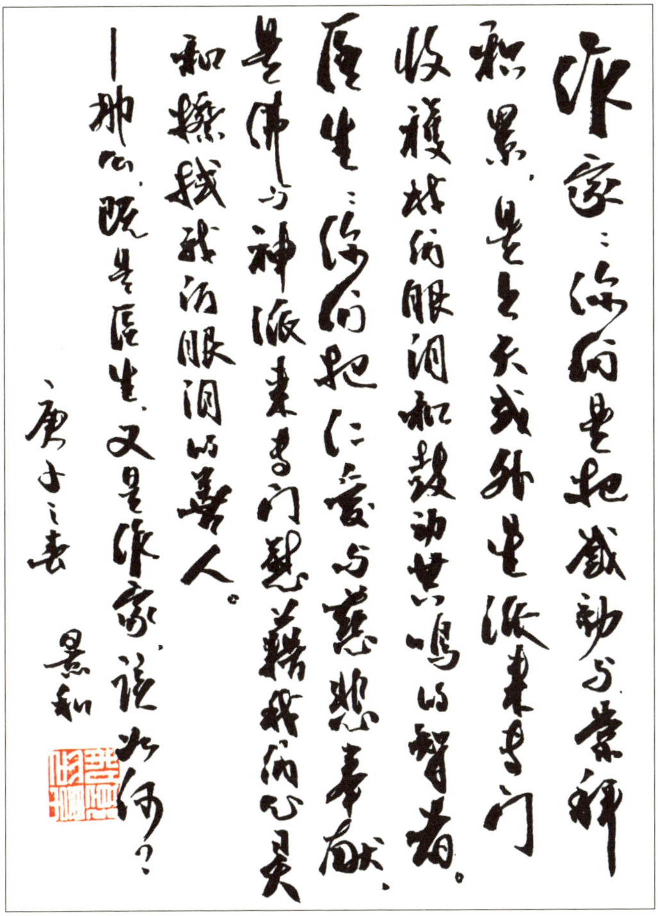
作家：你们是把感动与崇拜积累，是上天或外星派来专门收获我们眼泪和鼓动共鸣的智者。
医生：你们把仁爱与慈悲奉献，是佛与神派来专门慰藉我们心灵和擦拭我们眼泪的善人。
——那么，既是医生，又是作家，该如何？
庚子之春
景和

作家：你们是把感动与崇拜积累，是上天或外星派来专门收获我们眼泪和鼓动共鸣的智者。

医生：你们把仁爱与慈悲奉献，是佛与神派来专门慰藉我们心灵和擦拭我们眼泪的善人。

——那么，既是医生，又是作家，该如何？

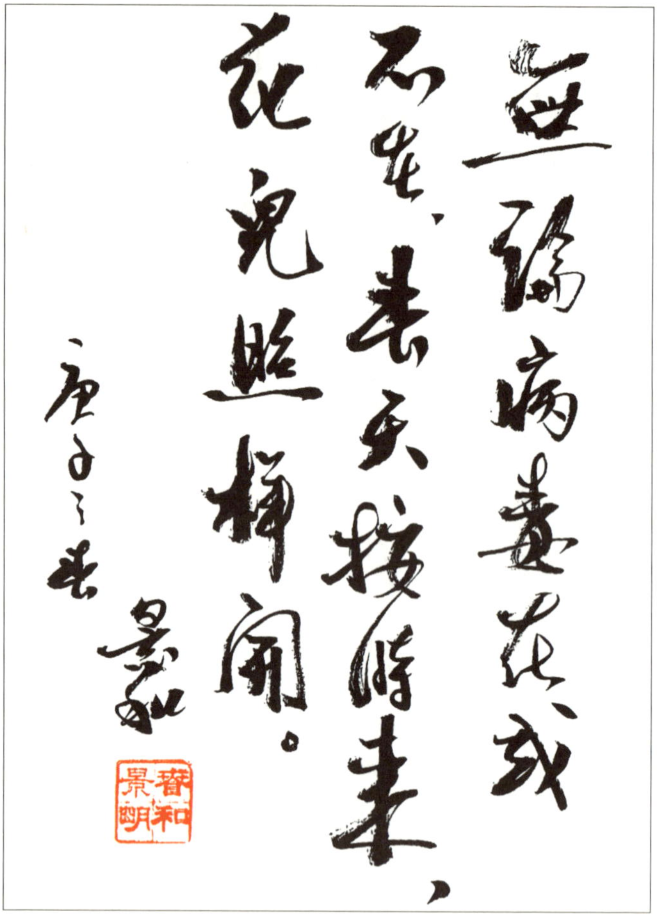

无论病毒在或不在，春天按时来，花儿照样开。

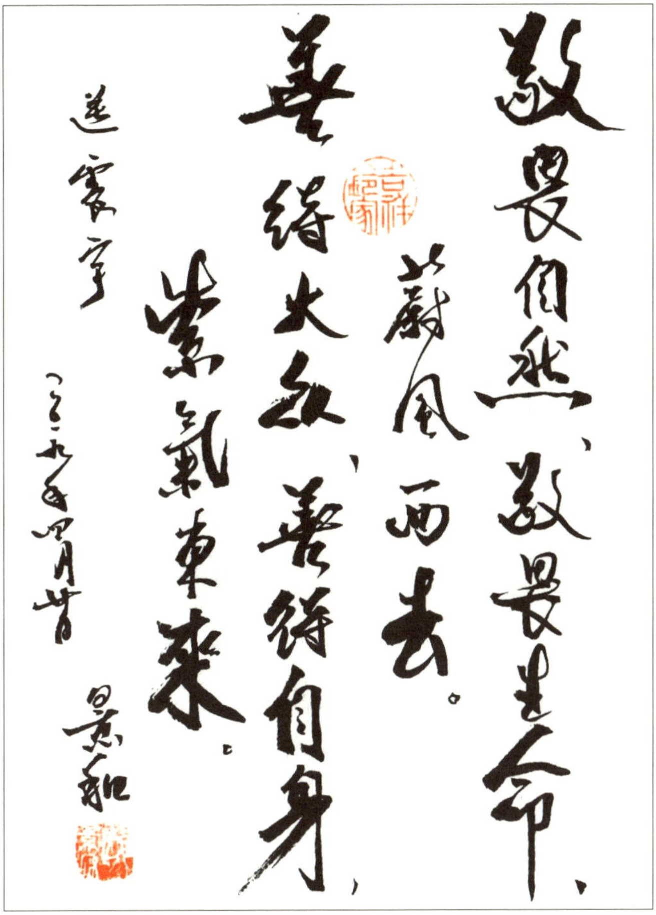
敬畏自然、敬畏生命、蔚風西去。
善待大众、善待自身、紫氣東來。
送震宇

敬畏自然，敬畏生命，蔚风西去。
善待大众，善待自身，紫气东来。
——送震宇

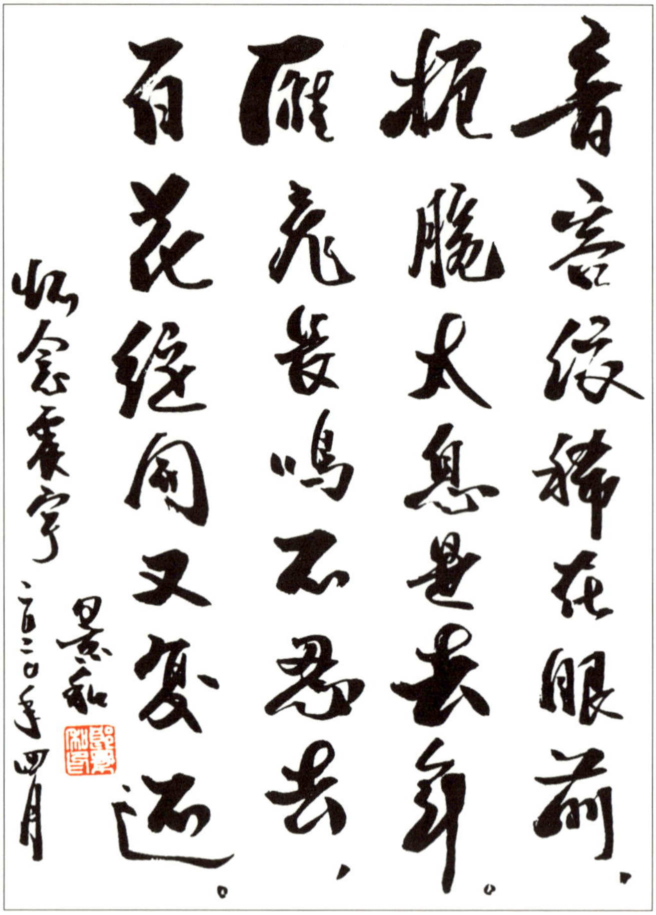

音容依稀在眼前，
扼腕太息是去年。
雁飞长鸣不忍去，
百花绽开又复还。
——怀念震宇

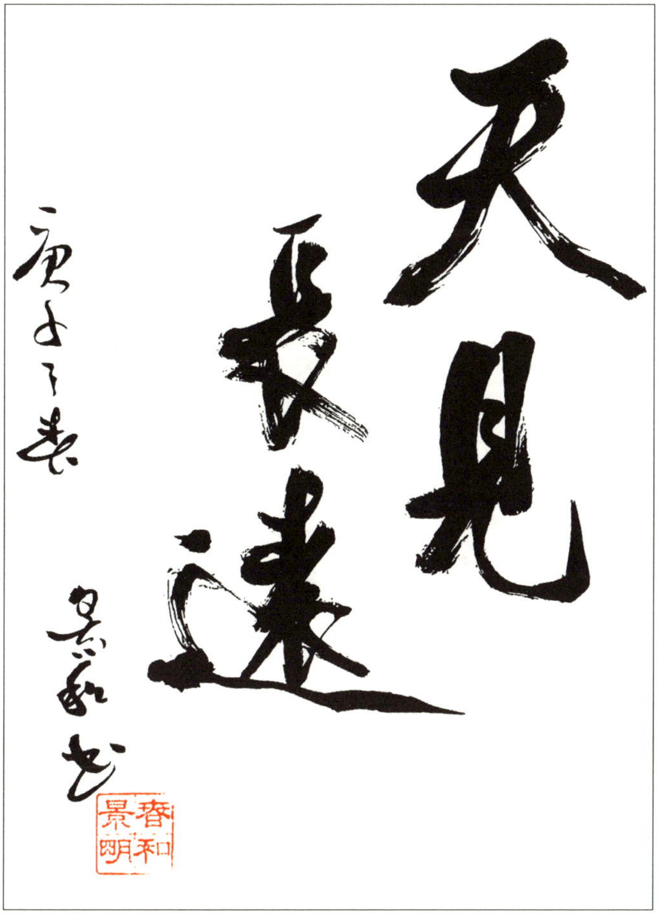

天见长远。

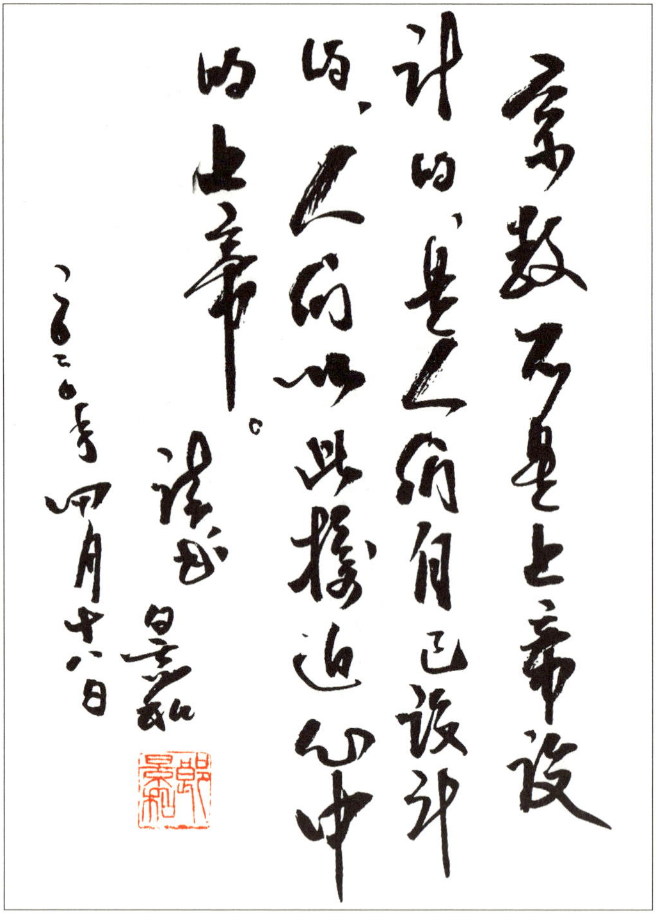
宗教不是上帝设计的，是人们自己设计的，人们以此接近心中的上帝。

宗教不是上帝设计的，是人们自己设计的，人们以此接近心中的上帝。

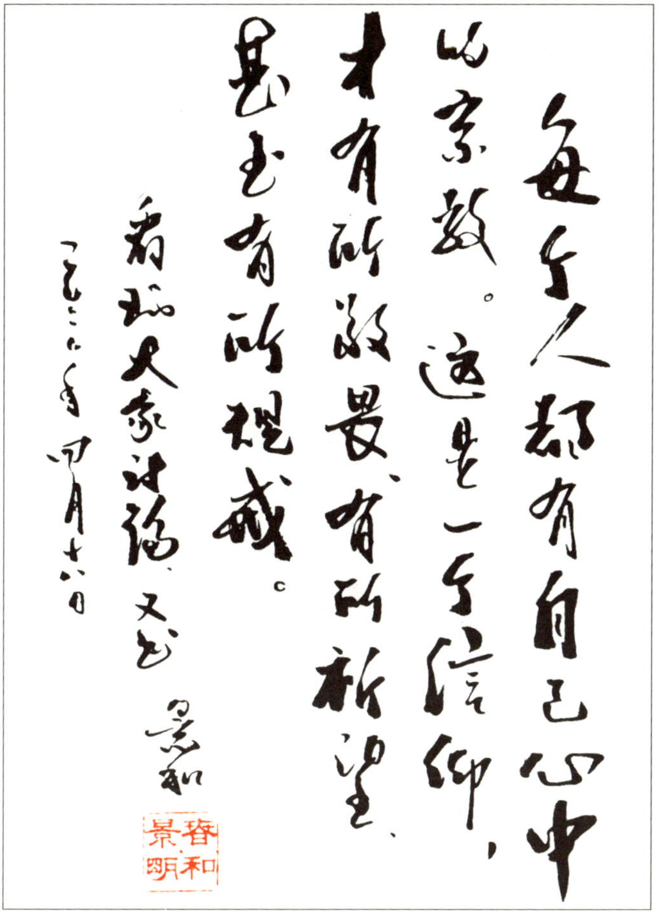
每个人都有自己心中
的宗教。这是一个信仰，
才有所敬畏、有所祈望、
甚至有所规戒。
看到大家讨论、又书
春和
景明

每个人都有自己心中的宗教。这是一个信仰，才有所敬畏、有所祈望，甚至有所规戒。

看到大家讨论，又书。

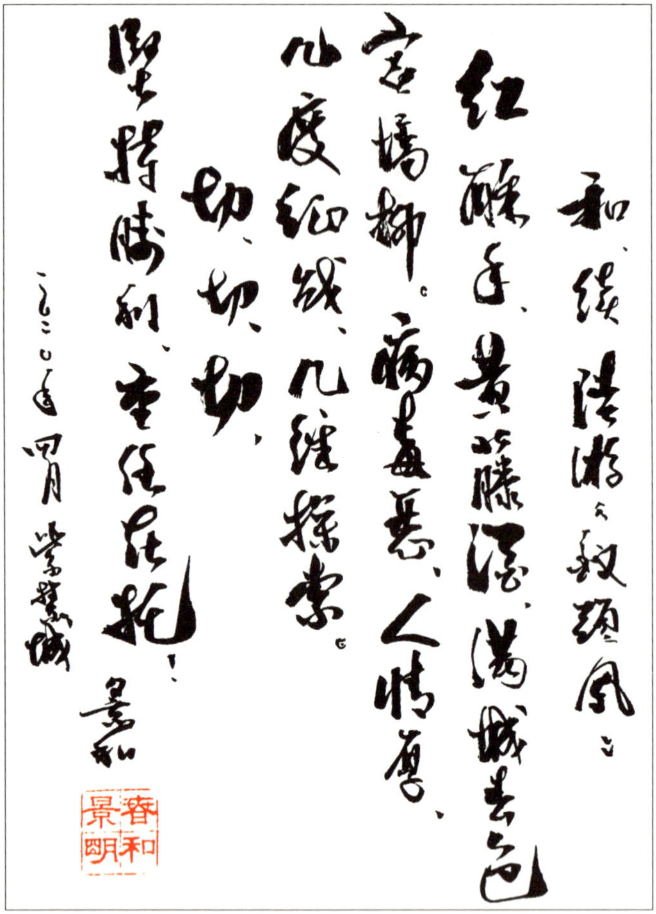

和、续陆游《钗头凤》

红酥手、黄藤酒，满城春色宫墙柳。病毒恶、人情厚，几度征战，几经探索。

切、切、切，坚持胜利，重任在托！

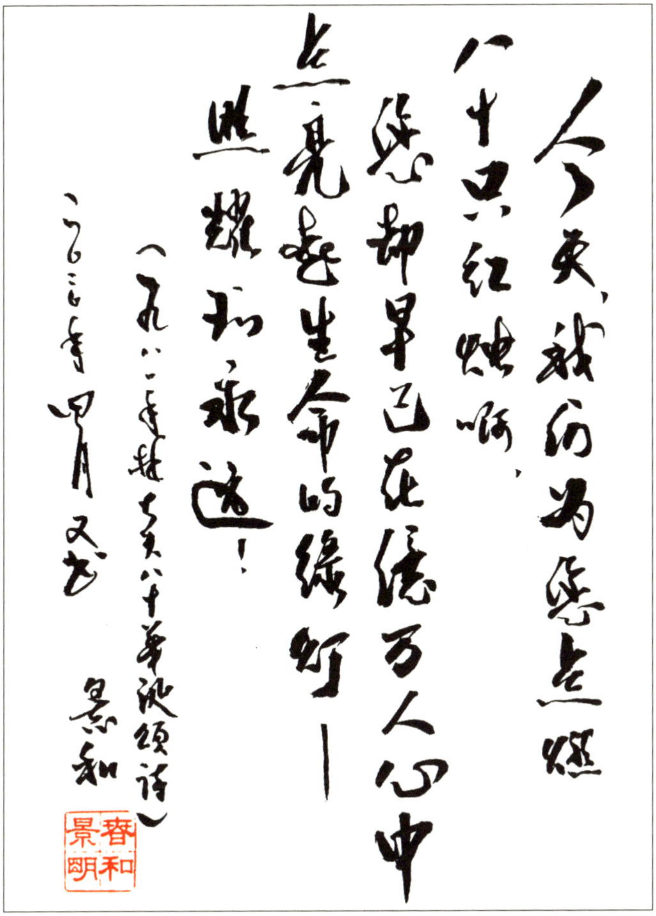

今天，我们为您点燃八十只（支）红烛啊，
您却早已在亿万人心中点亮起生命的绿灯
——照耀到永远！
（一九八一年林大夫八十华诞颂诗）

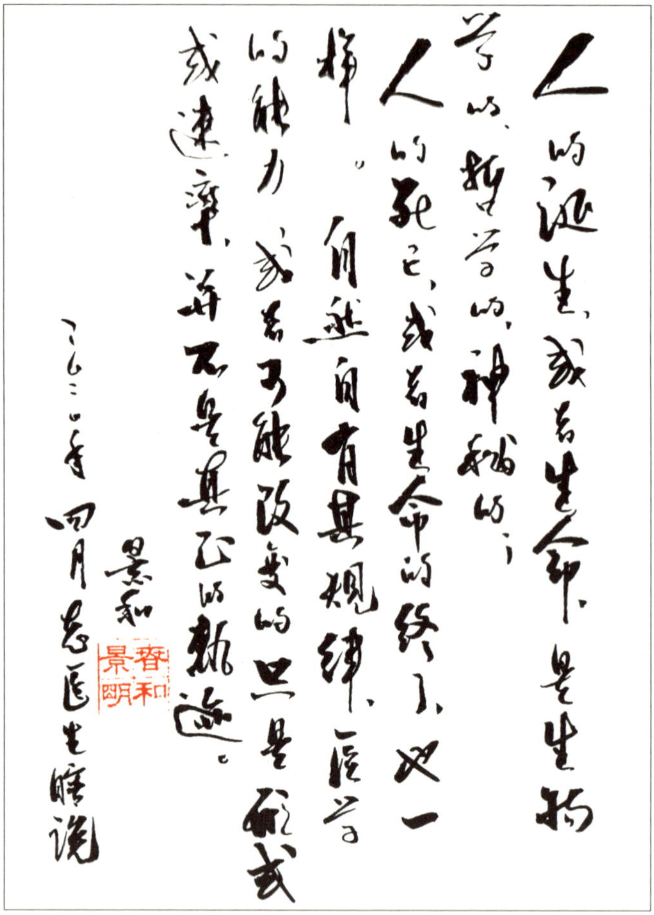
人的诞生，或者生命，是生物学的、哲学的、神秘的，人的死亡，或者生命的终了，也一样。自然自有其规律，医学的能力，或者可能改变的只是形式或速率，并不是真正的轨迹。
景和
春和景明

人的诞生，或者生命，是生物学的、哲学的、神秘的；人的死亡，或者生命的终了，也一样。自然自有其规律，医学的能力，或者可能改变的只是形式或速率，并不是真正的轨迹。

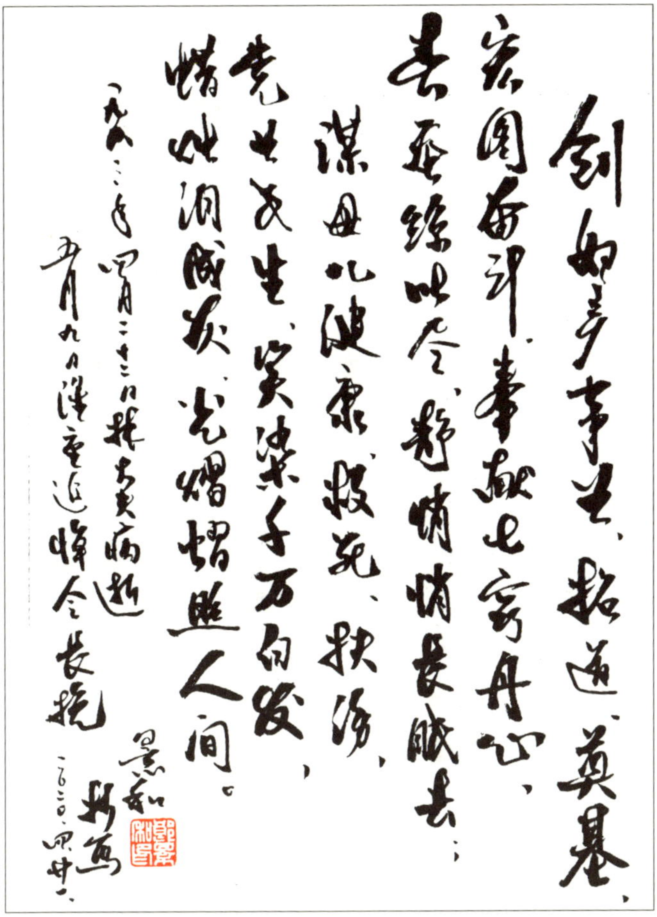

创妇产事业，拓道、奠基，宏图奋斗，奉献七窍丹心，春蚕丝吐尽，静悄悄长眠去；

谋母儿健康，救死、扶伤，党业民生，笑染千万白发，蜡烛泪成灰，光熠熠照人间。

（一九八三年四月二十二日林大夫病逝五月九日隆重追悼会长挽）

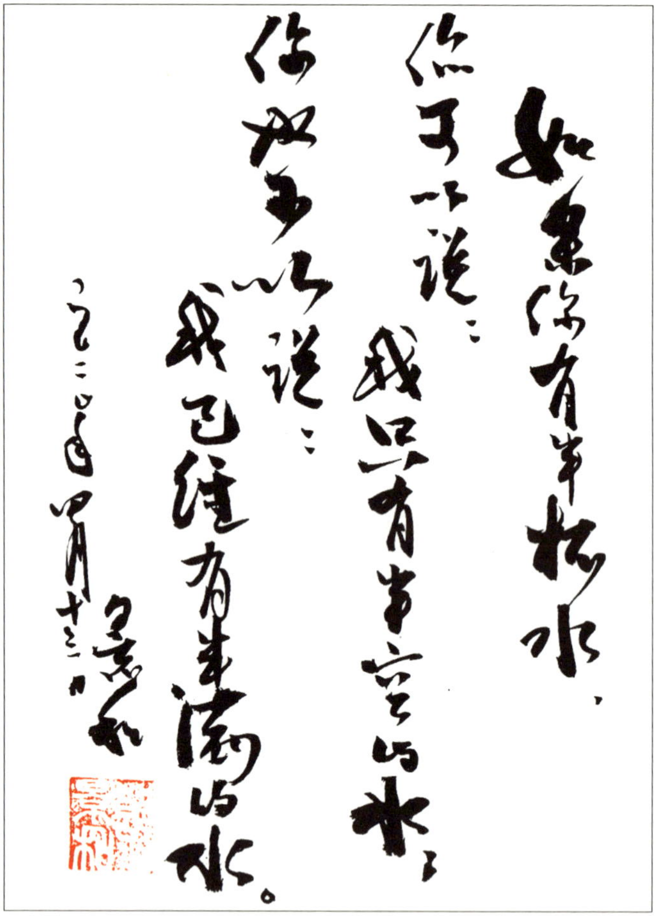

如果你有半杯水，

你可以说：我只有半空的水；你也可以说：我已经有半满的水。

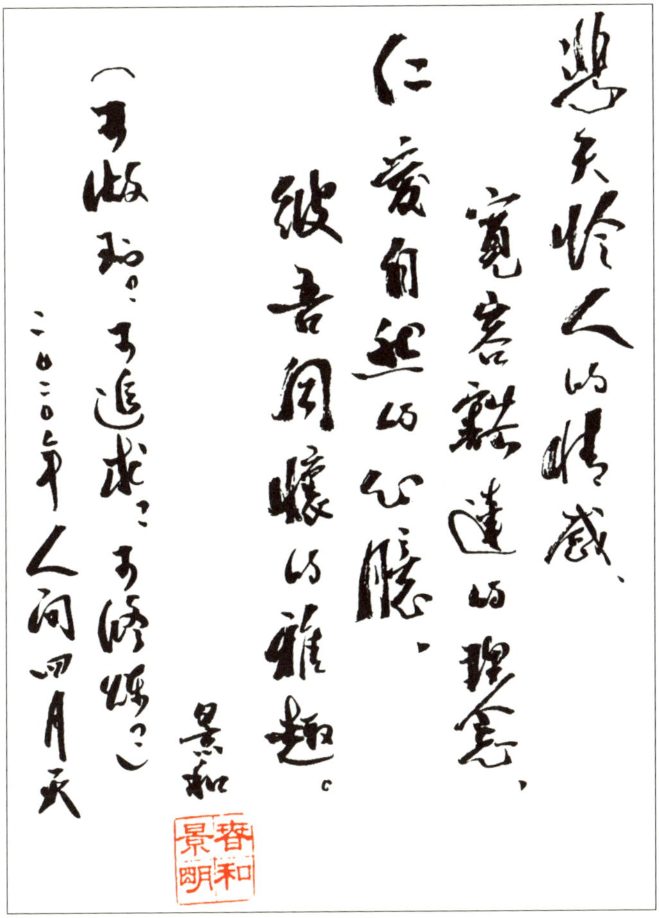
悲天怜人的情感、
寬容豁達的理念、
仁爱自然的心臆、
彼吾同懷的雅趣。
景和
（可做到、可追求、可修炼）
二〇二〇年人间四月天
睿和
景明

悲天怜人的情感，宽容豁达的理念，
仁爱自然的心臆，彼吾同怀的雅趣。
可做到？可追求？可修炼？

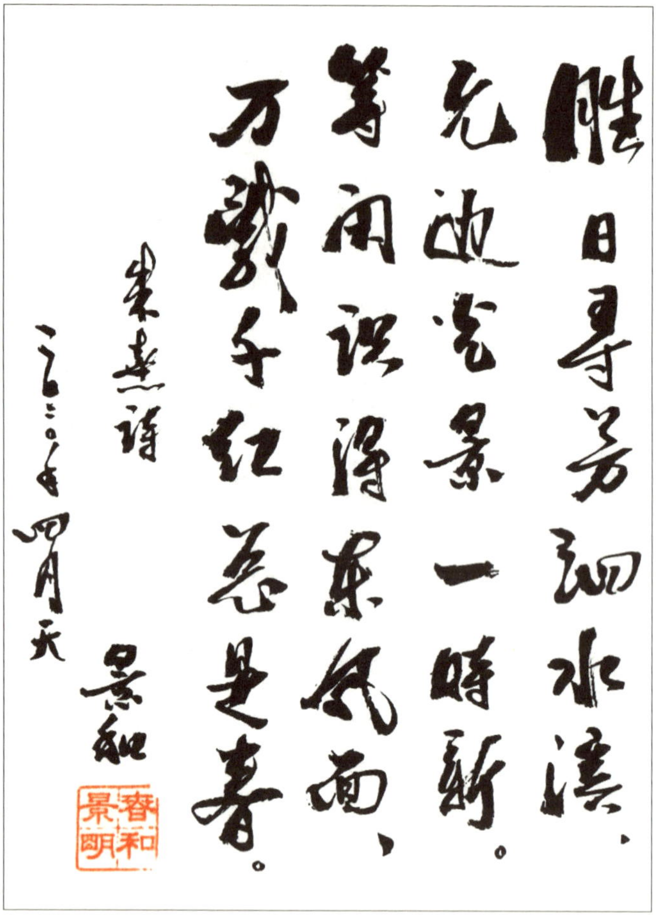
胜日寻芳泗水滨，
无边光景一时新。
等闲识得东风面，
万紫千红总是春。
朱熹诗
二〇二〇年四月天
景和
春和景明

胜日寻芳泗水滨，无边光景一时新。
等闲识得东风面，万紫千红总是春。
朱熹诗。

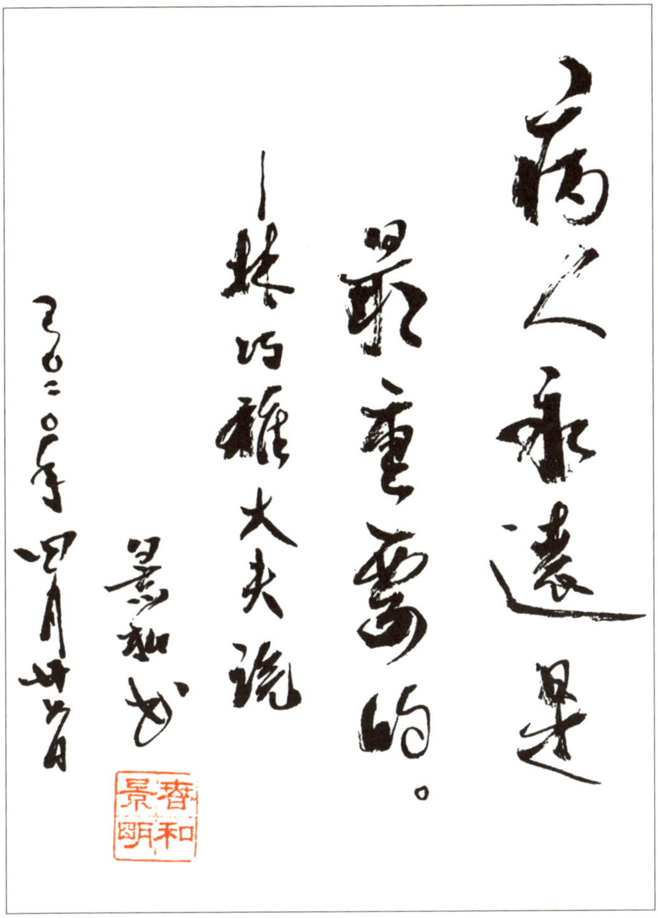
病人永远是最重要的。
——林巧稚大夫说
春和景明

病人永远是最重要的。

——林巧稚大夫说

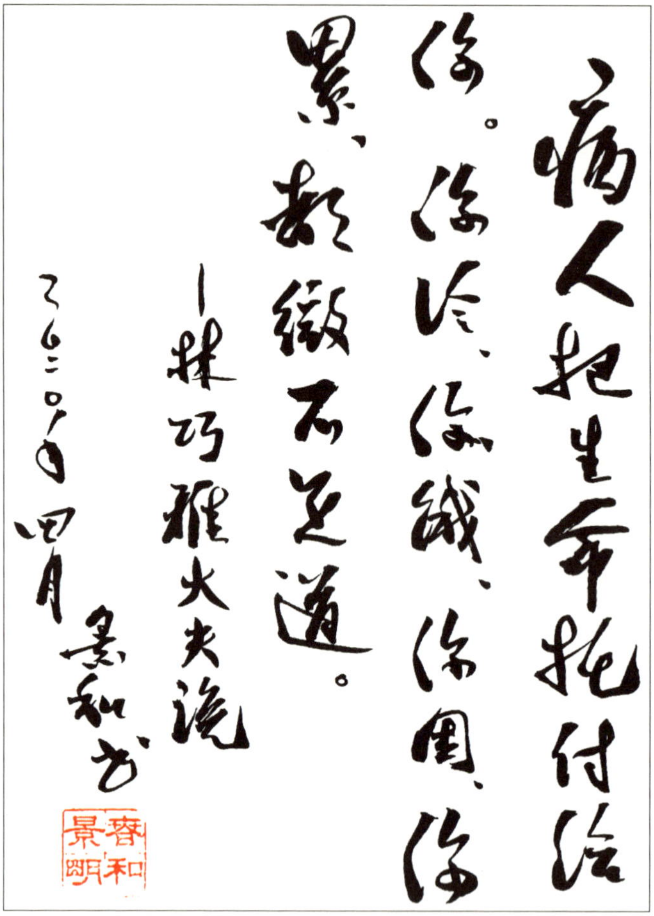

病人把生命托付给你。你冷、你饿、你困、你累，都微不足道。

——林巧稚大夫说

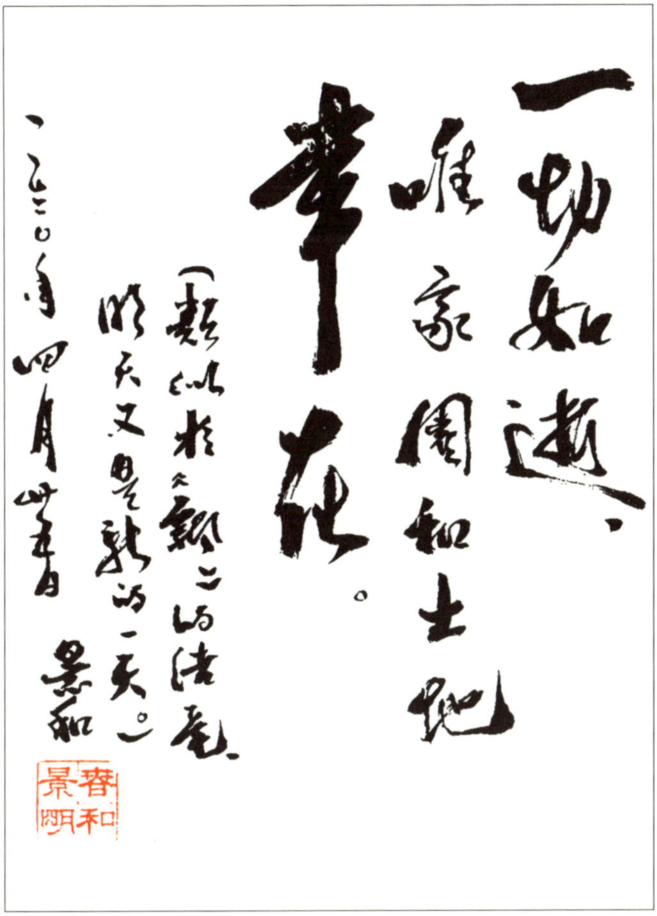

一切如逝，唯家园和土地常在。

（类似于《飘》的结尾：明天又是新的一天。）

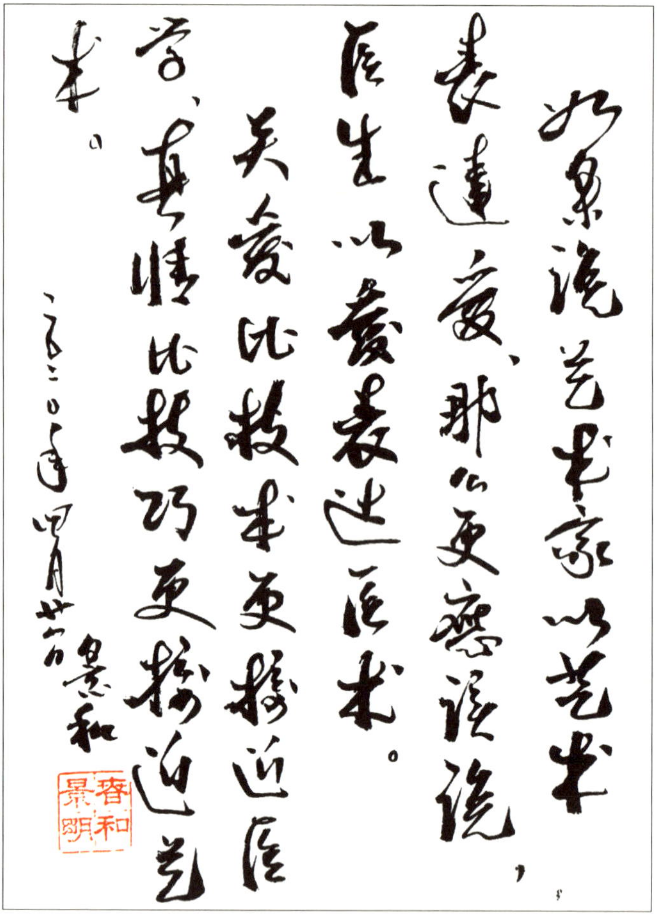

如果说艺术家以艺术表达爱，那么更应该说，医生以爱表达医术。关爱比技术更接近医学，真情比技巧更接近艺术。

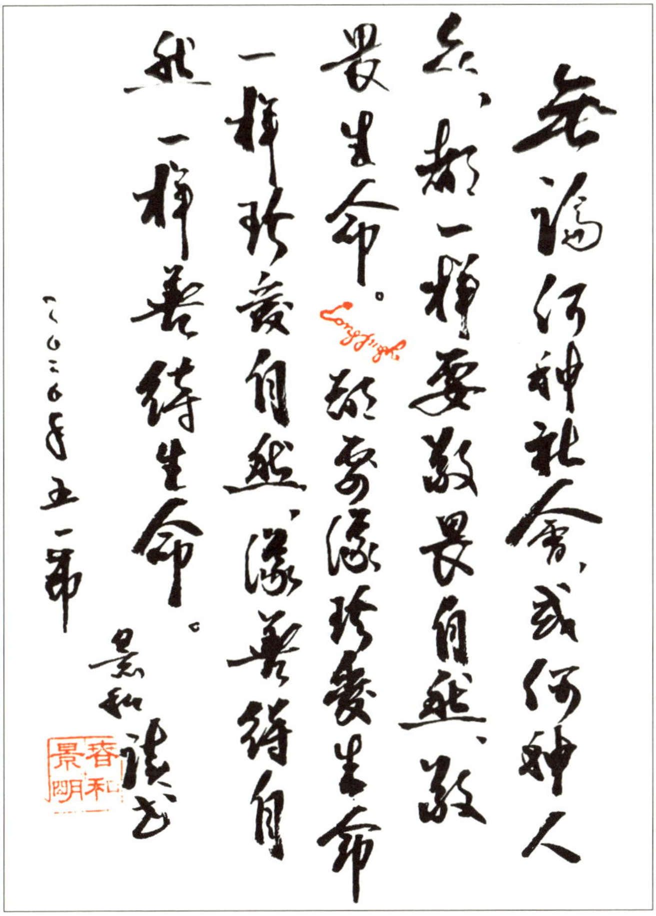

无论何种社会，或何种人众，都一样要敬畏自然、敬畏生命。都要像珍爱生命一样珍爱自然，像善待自然一样善待生命。

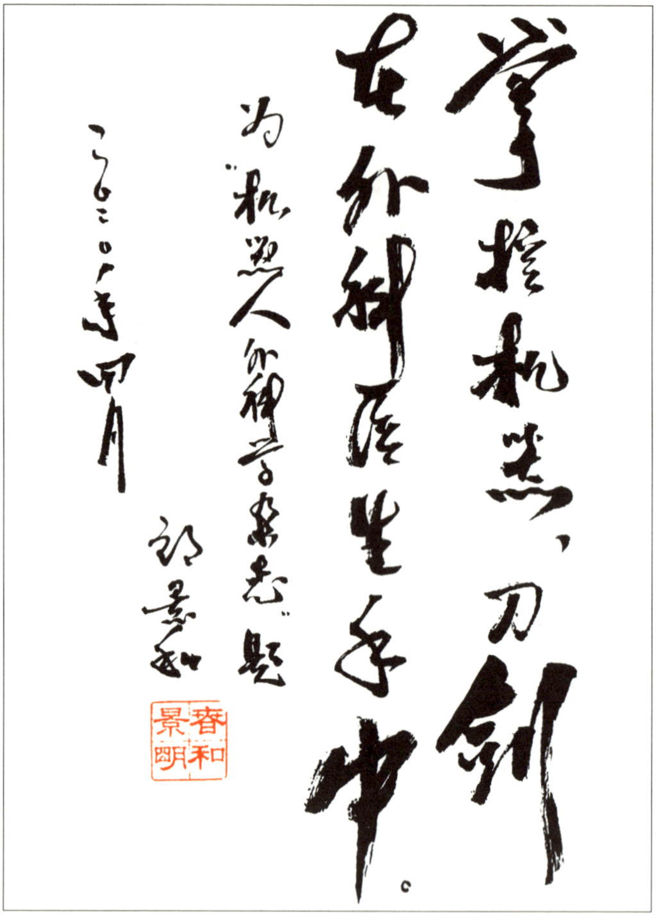

掌控机器，刀剑在外科医生手中。

——为《机器人外科学杂志》题

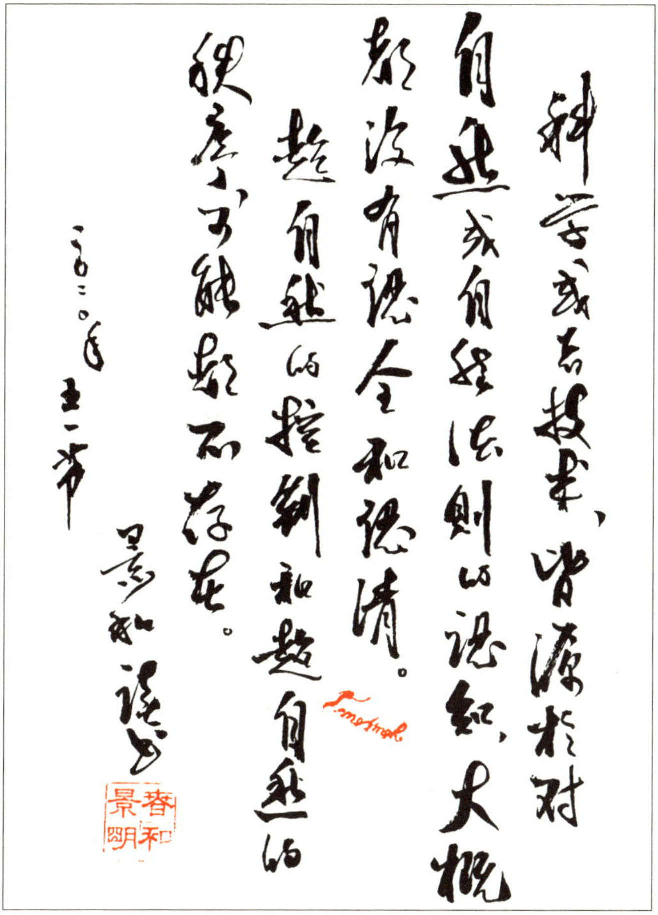

科学或者技术，皆源于对自然或自然法则的认知，大概都没有认全和认清。

超自然的控制和超自然的秩序，可能都不存在。

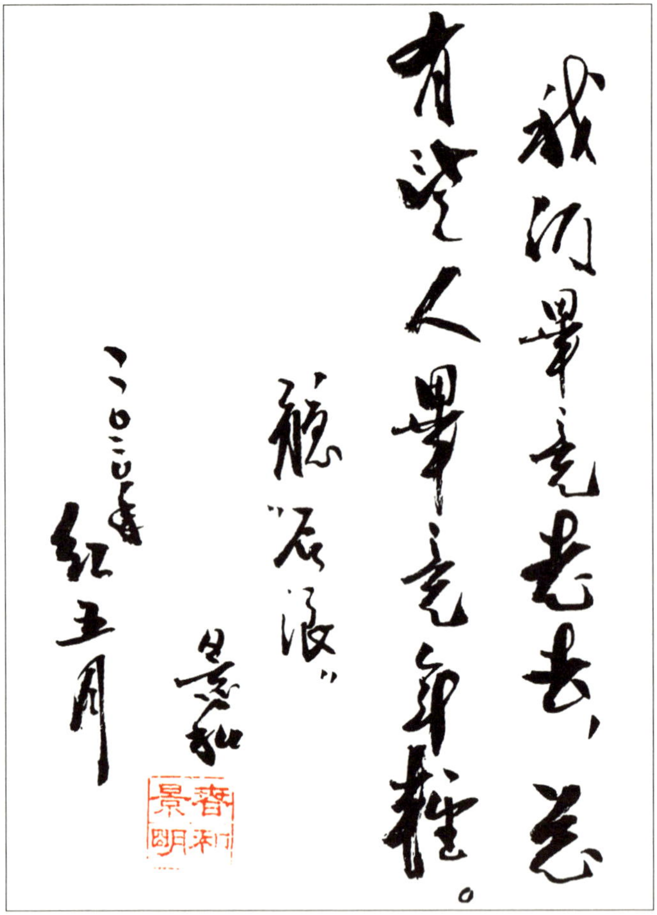
我们毕竟老去，总有些人毕竟年轻。
听"后浪"
景和
二〇二〇年五月

我们毕竟老去，总有些人毕竟年轻。

——听“后浪”

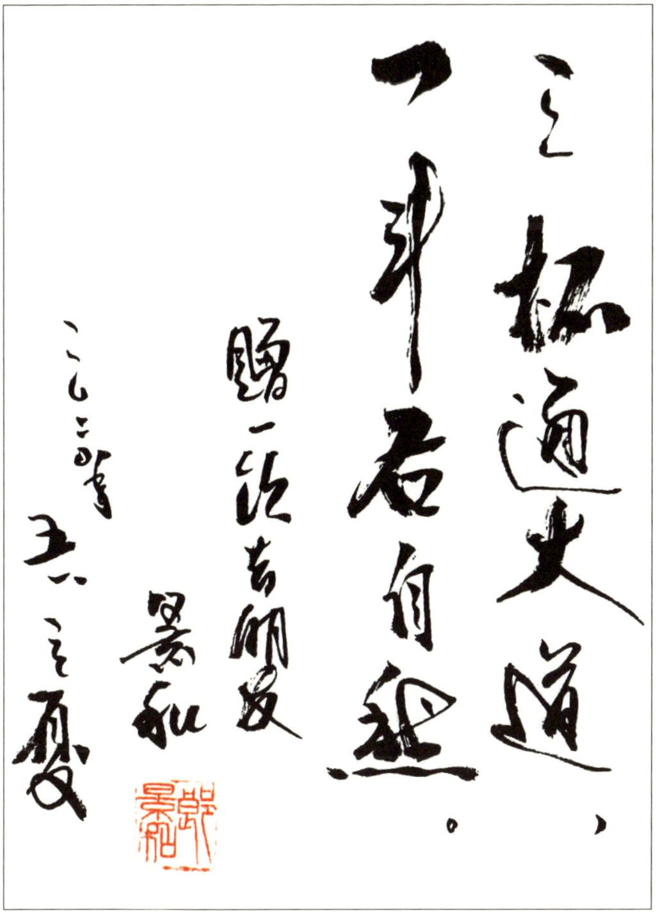

三杯通大道，

一斗合自然。

——赠一位老朋友

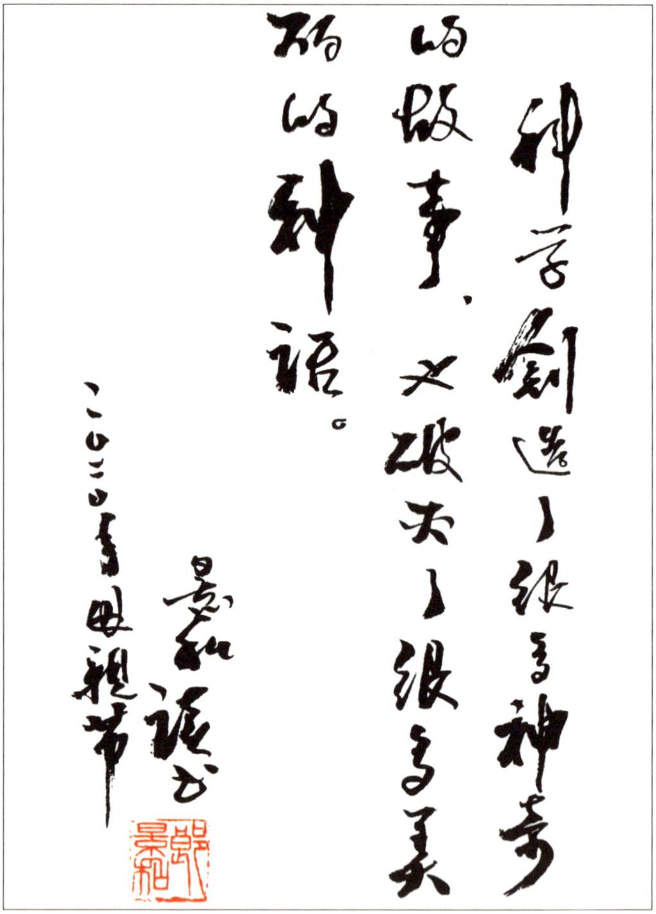

科学创造了很多神奇的故事，也破灭了很多美丽的神话。

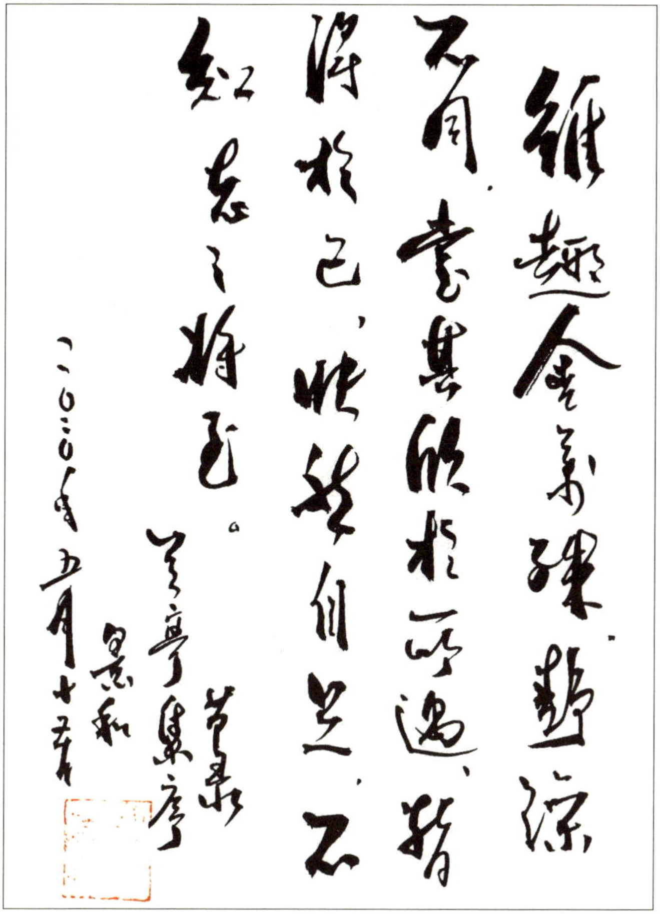

虽趣舍万殊，静躁不同，当其欣于所遇，暂得于己，快然自足，不知老之将至。

——节录《兰亭集序》

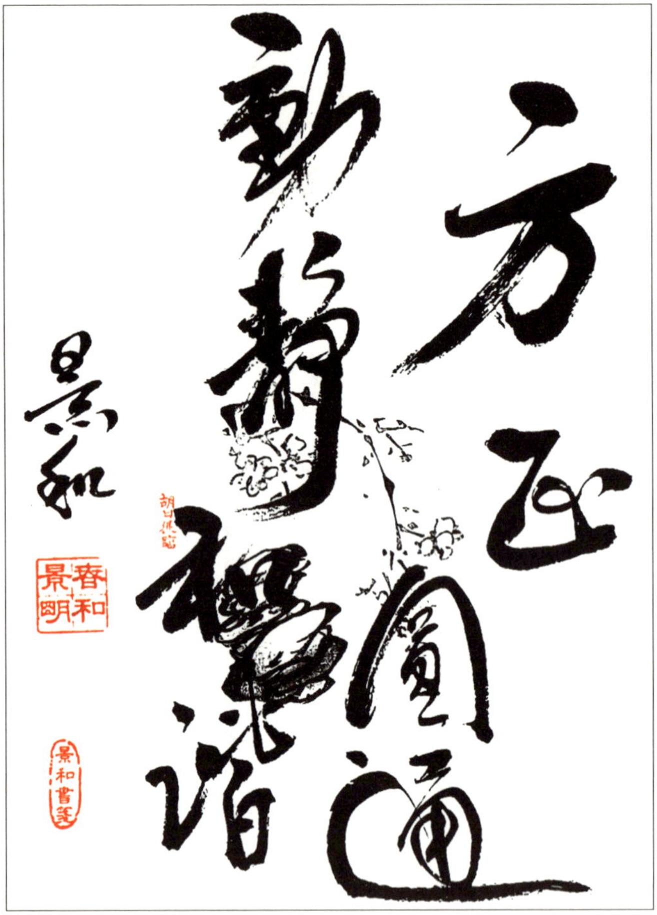

方正圆通，
动静和谐。

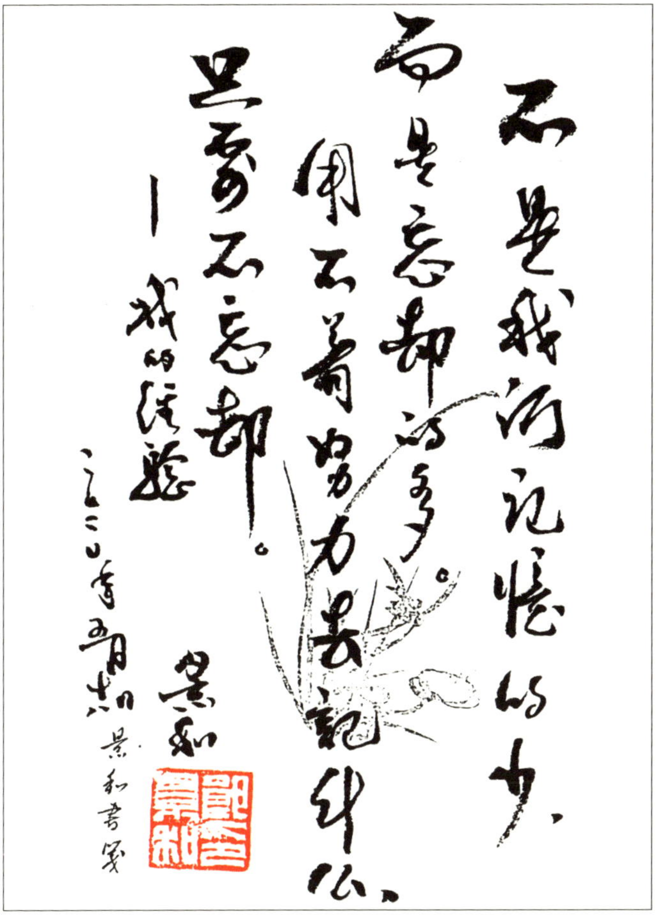
不是我们记忆的少，
而是忘却的多。
用不着努力去记什么。
只要不忘却。
——我的经验

不是我们记忆的（得）少，而是忘却的（得）多。
用不着努力去记什么，只要不忘却。

——我的经验

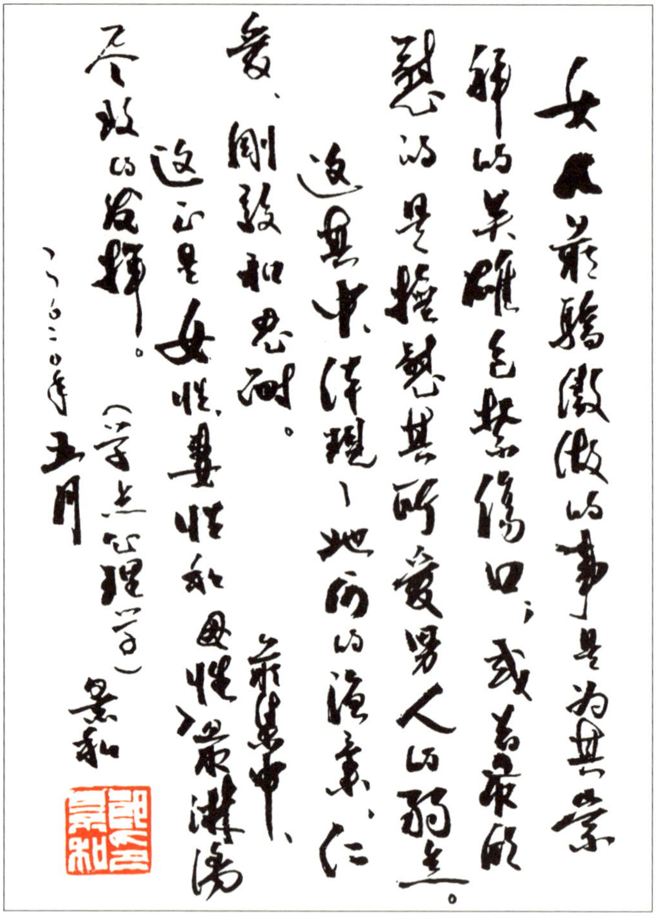
女人最骄傲做的事是为其崇拜的英雄包扎伤口，或者最欣慰的是抚慰其所爱男人的弱点。
这其中，体现了她们的温柔、仁爱、刚毅和忍耐。
这正是女性、妻性和母性最集中、最淋漓尽致的发挥。
（学点心理学）
景和

女人最骄傲做的事是为其崇拜的英雄包扎伤口，或者最欣慰的是抚慰其所爱男人的弱点。

这其中，体现了她们的温柔、仁爱、刚毅和忍耐。

这正是女性、妻性和母性最集中、最淋漓尽致的发挥。

——学点心理学

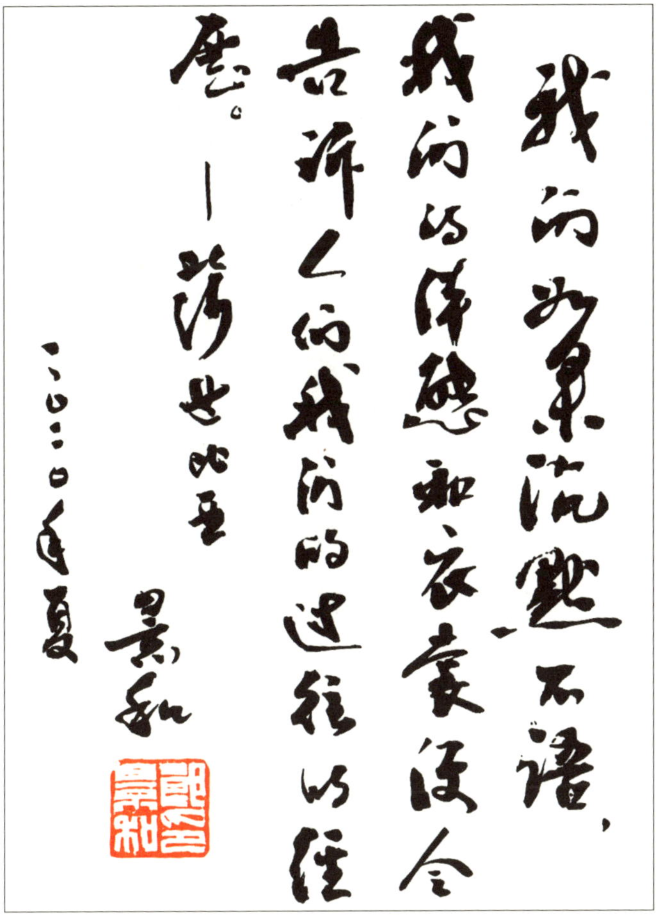

我们如果沉默不语，我们的体态和衣裳便会告诉人们我们的过往的经历。

——莎士比亚

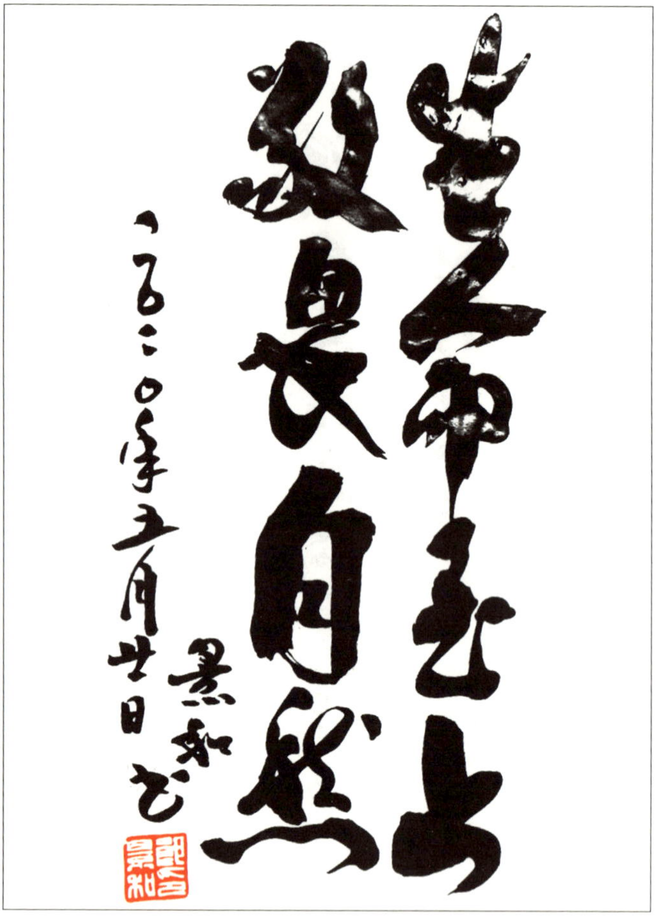

生命至上，

敬畏自然。

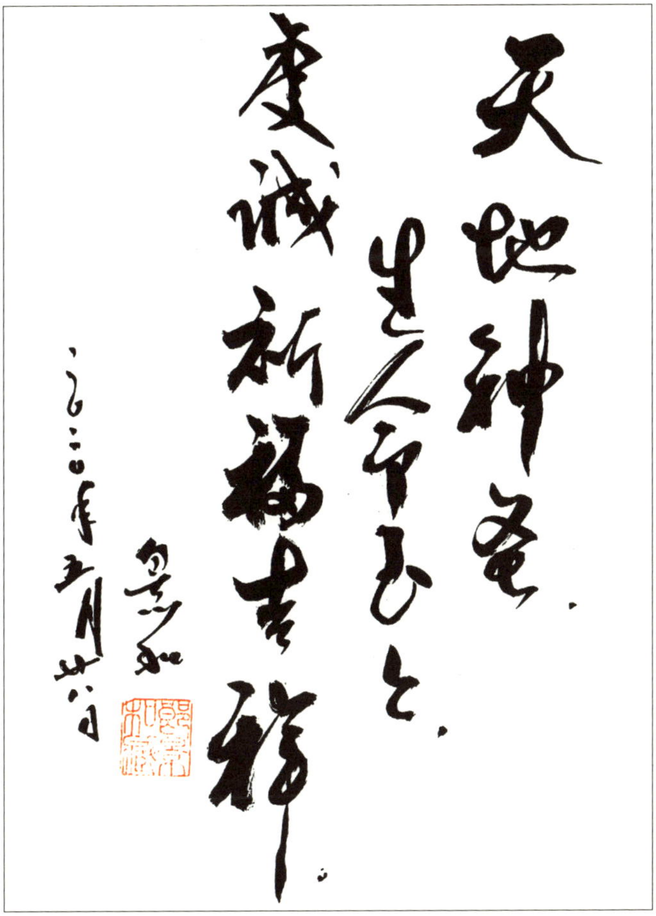

天地神圣，
生命至上，
虔诚祈福吉祥。

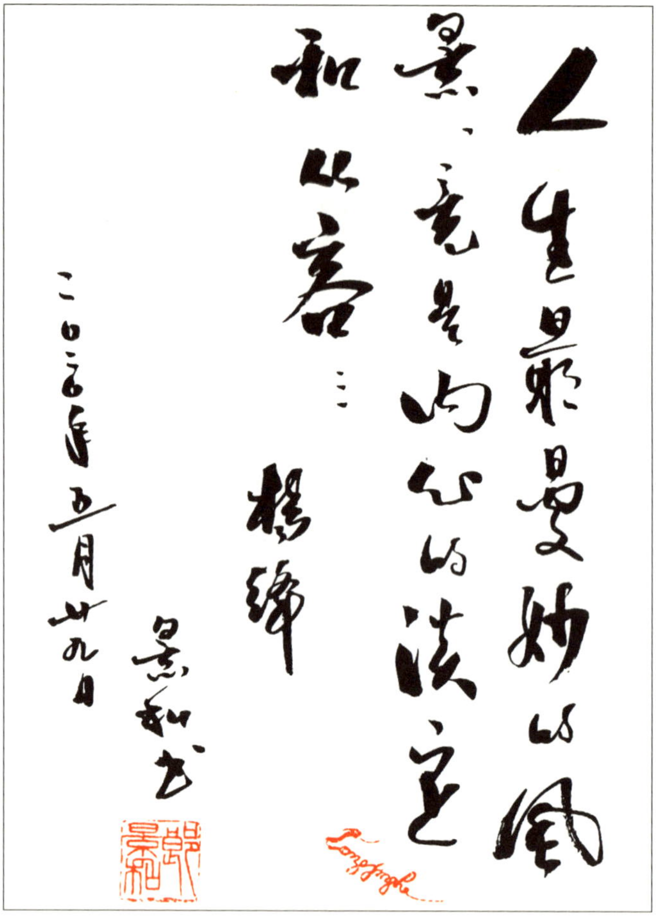
人生最曼妙的风景、竟是内心的淡定和从容
杨绛
景和书

人生最曼妙的风景，竟是内心的淡定和从容……

——杨绛

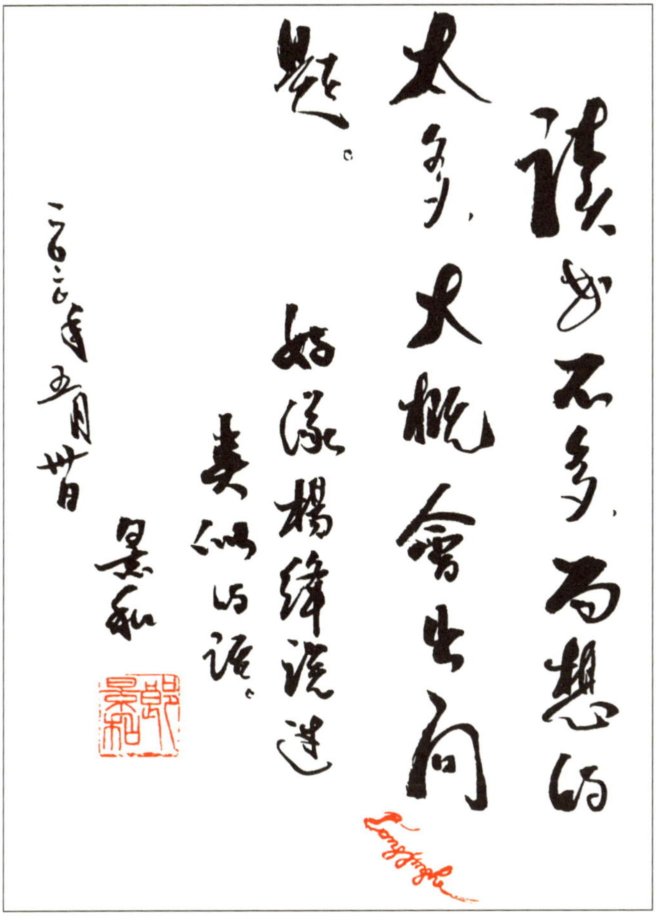
讀書不多而想的太多大概會出問題。
好像楊絳說過類似的話。
二〇〇六年五月廿日

读书不多，而想的太多，大概会出问题。

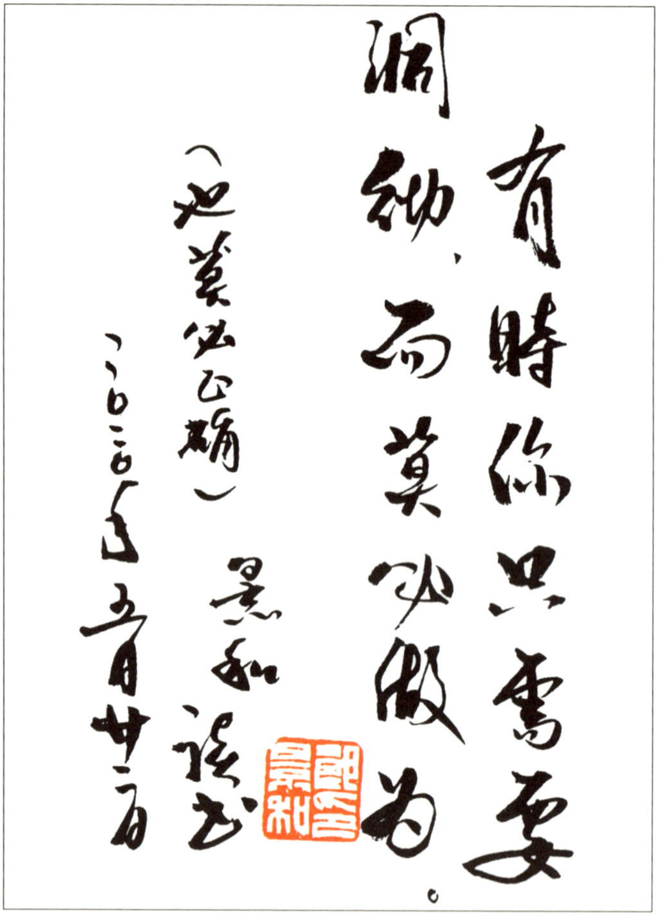
有時你只需要
洞彻、而莫必做為。
（也莫必正確）

有时你只需要洞彻，而莫必做（作）为。
（也莫必正确）

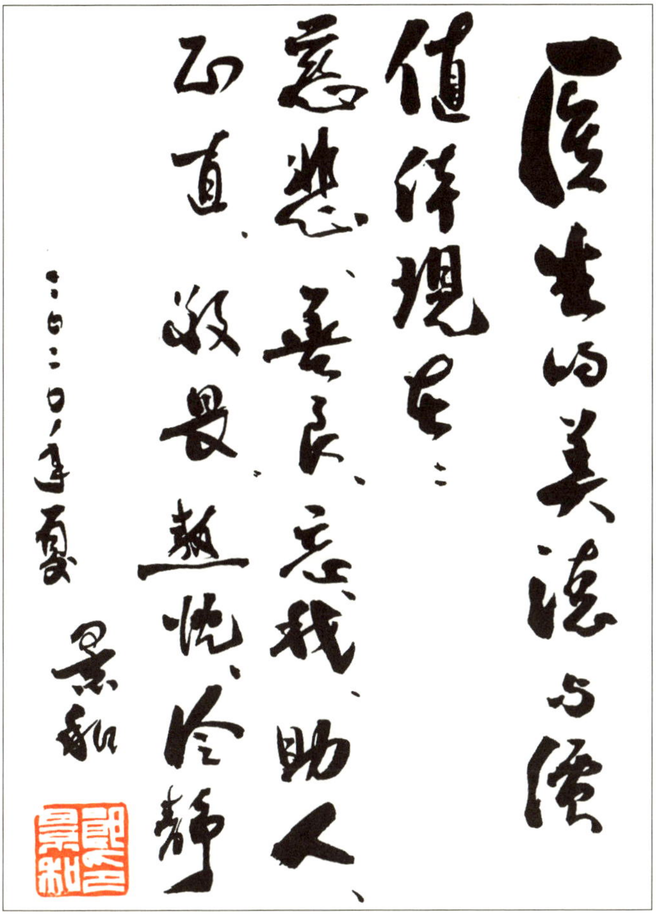
医生的美德与价值体现在：
慈悲、善良、忘我、助人、正直、敬畏、热忱、冷静
二〇二〇年夏
景和
郎景和

医生的美德与价值体现在：
慈悲、善良、忘我、助人、正直、敬畏、热忱、冷静。

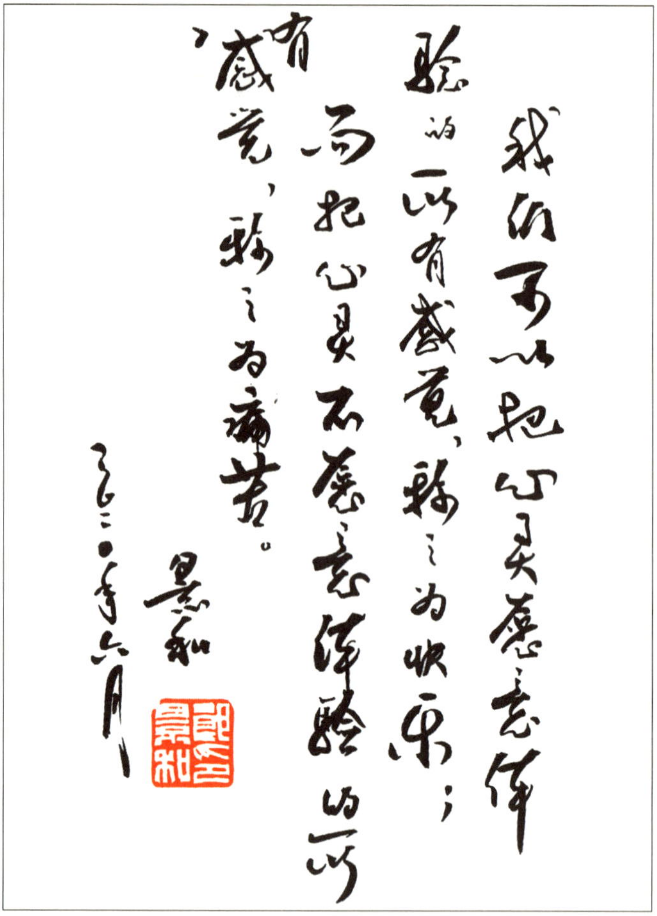
我们可以把心灵愿意体验的所有感觉，称之为快乐；而把心灵不愿意体验的所有感觉，称之为痛苦。
景和

我们可以把心灵愿意体验的所有感觉，称之为快乐；
而把心灵不愿意体验的所有感觉，称之为痛苦。

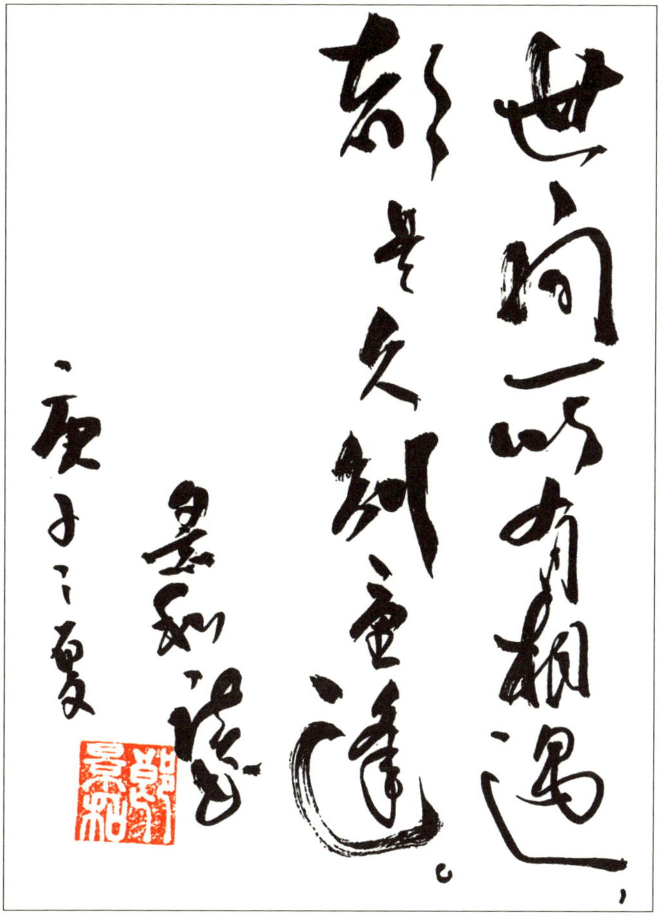
世间所有相遇，
都是久别重逢。
庚子之夏

世间所有相遇，
都是久别重逢。

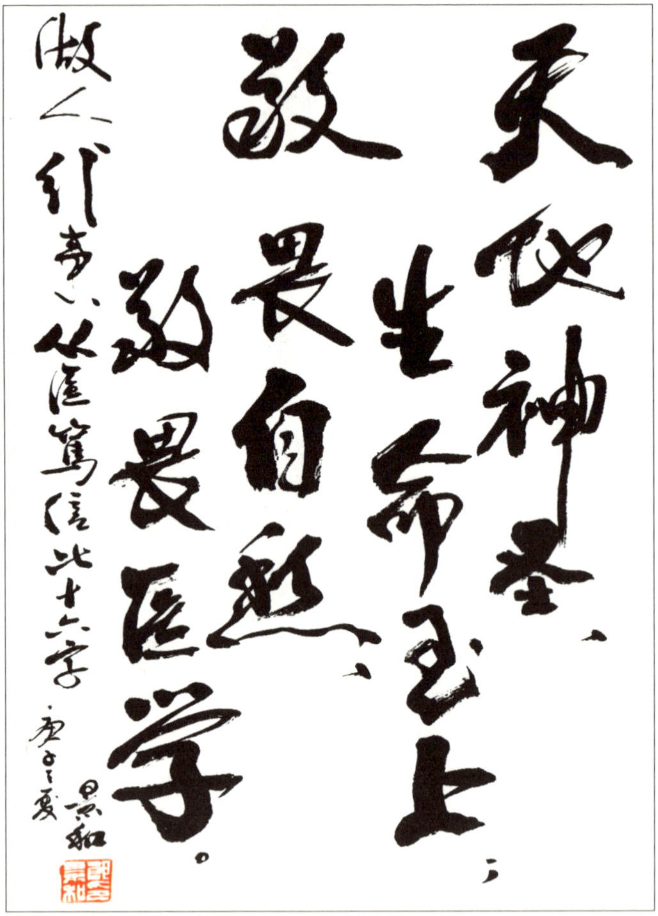

天地神圣，生命至上；
敬畏自然，敬畏医学。
做人、行事、从医，笃信此十六字。

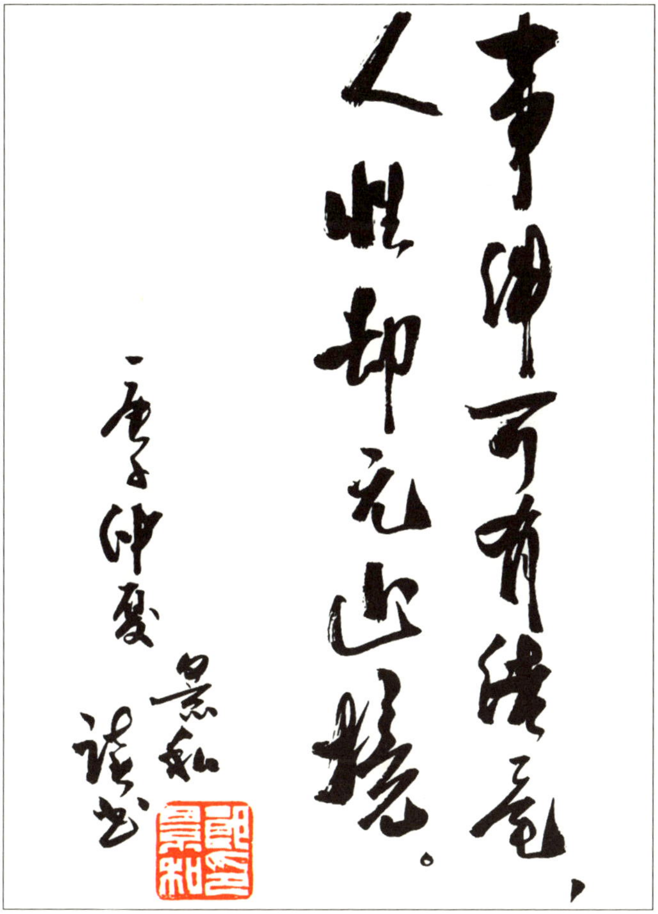
事件可有结尾，
人性却无止境。

事件可有结尾，
人性却无止境。

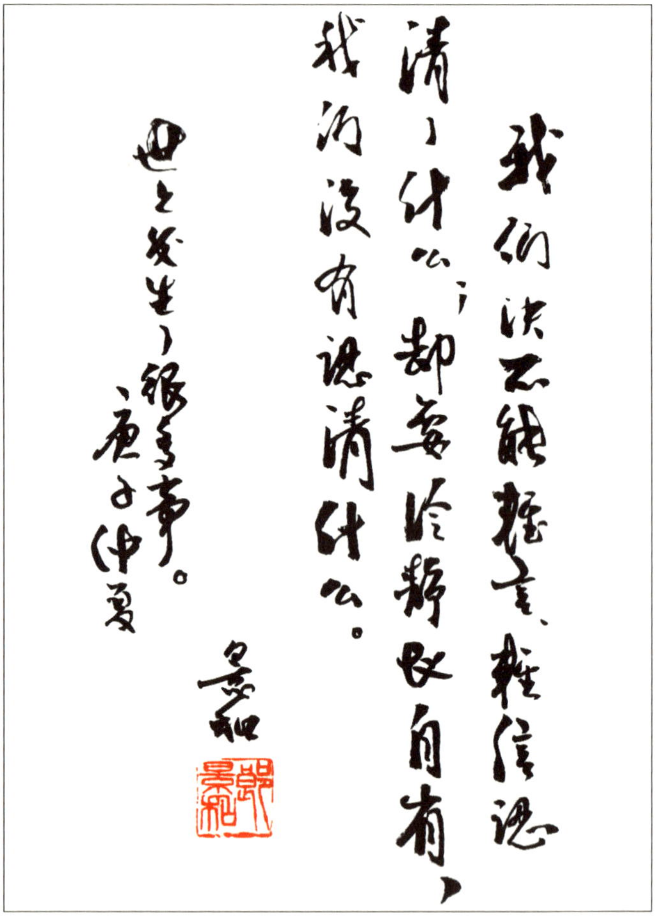
我们决不能轻言、轻信认清了什么；却要冷静地自省，我们没有认清什么。
世上发生了很多事。
庚子仲夏

我们决不能轻言、轻信认清了什么；却要冷静地自省，我们没有认清什么。

世上发生了很多事。

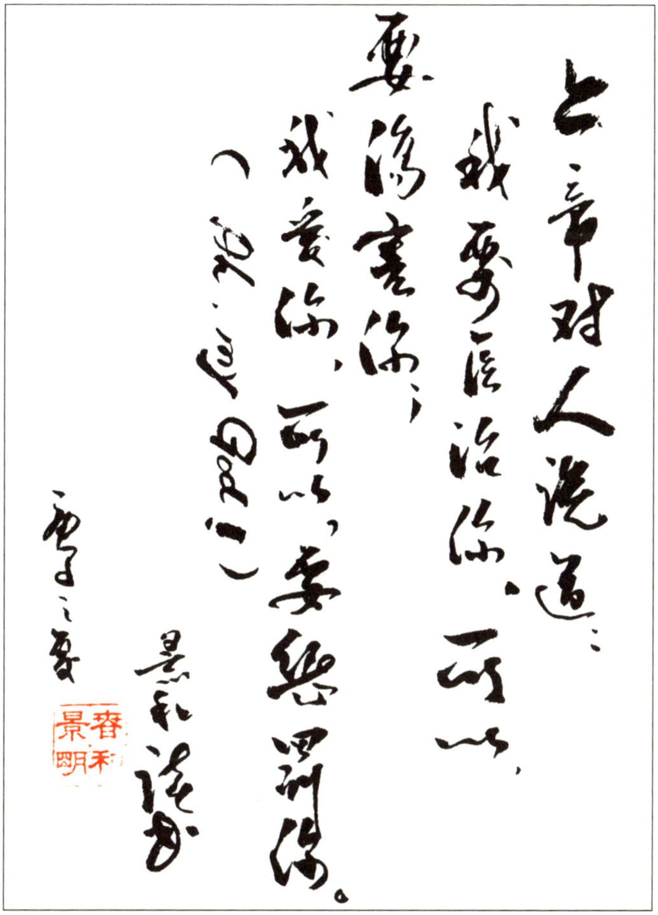

上帝对人说道：我要医治你，所以，要伤害你；我爱你，所以，要惩罚你。

（Oh my God!）

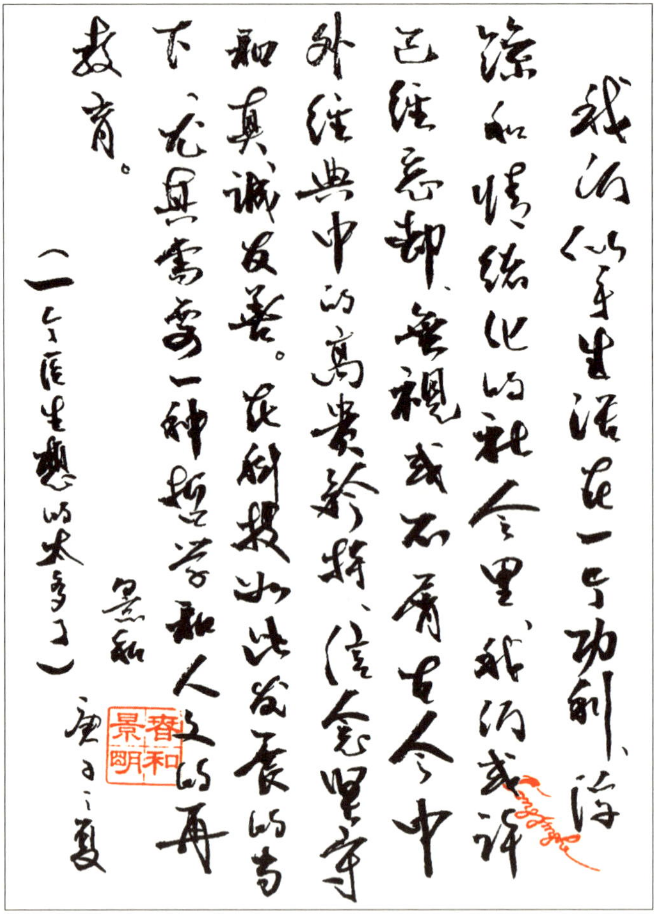
我们似乎生活在一个功利、浮躁和情绪化的社会里，我们或许已经忘却、无视或不屑古今中外经典中的高贵矜持、信念坚守和真诚友善。在科技如此发展的当下，尤其需要一种哲学和人文的再教育。
（一个医生想的太多了）

我们似乎生活在一个功利、浮躁和情绪化的社会里，我们或许已经忘却、无视或不屑古今中外经典中的高贵矜持、信念坚守和真诚友善。在科技如此发展的当下，尤其需要一种哲学和人文的再教育。

（一个医生想的太多了）

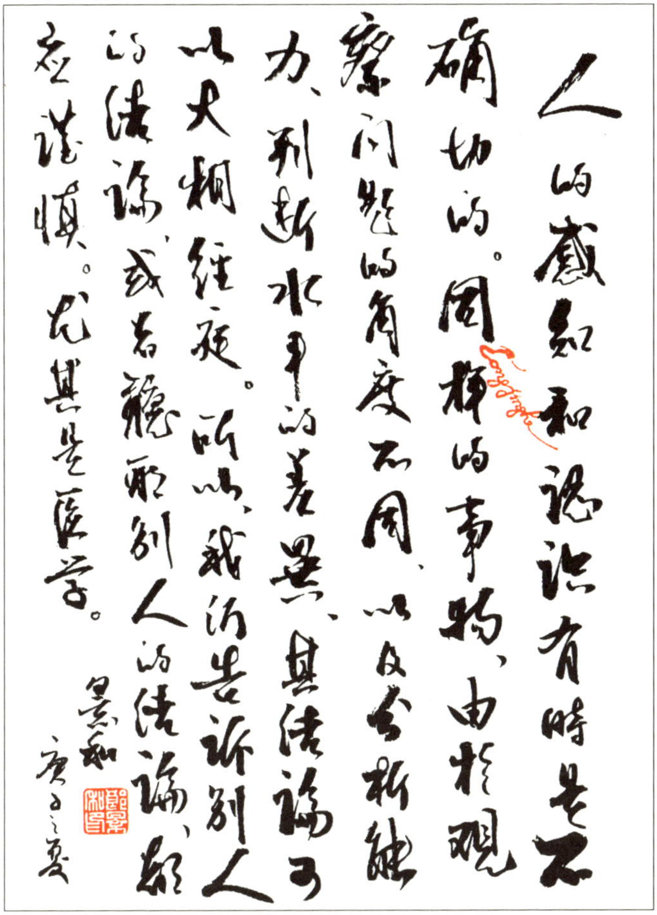

人的感知和认识有时是不确切的。同样的事物，由于观察问题的角度不同，以及分析能力、判断水平的差异，其结论可以大相径庭。所以，我们告诉别人的结论，或者听取别人的结论，都应谨慎。尤其是医学。

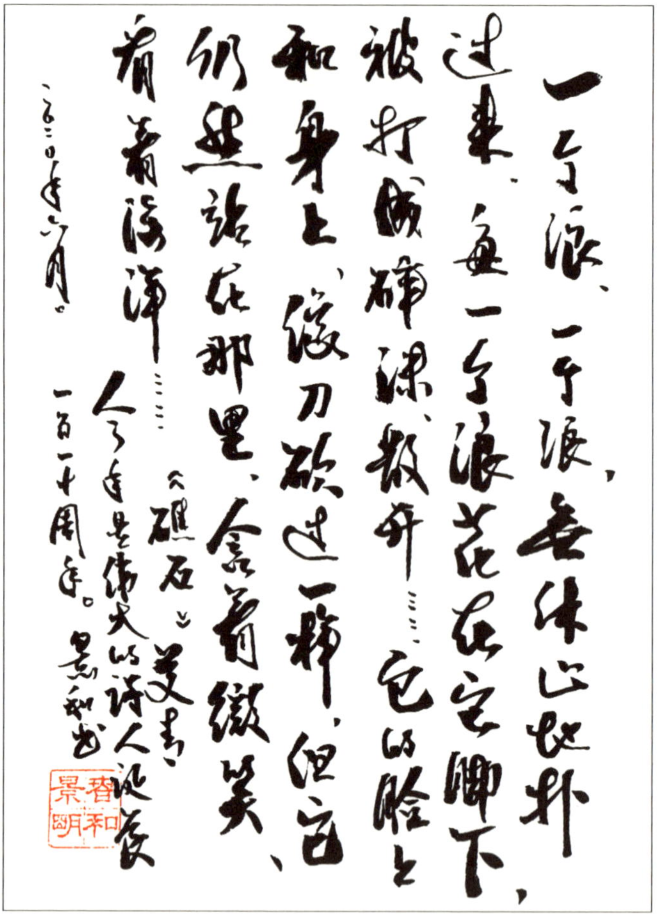

一个浪、一个浪，无休止地扑过来，每一个浪花（都）在它脚下，被打成碎沫、散开……它的脸上和身上，像刀砍过（的）一样，但它仍（依）然站在那里，含着微笑、看着海洋……

——《礁石》艾青

（今年是伟大的诗人诞辰一百一十周年）

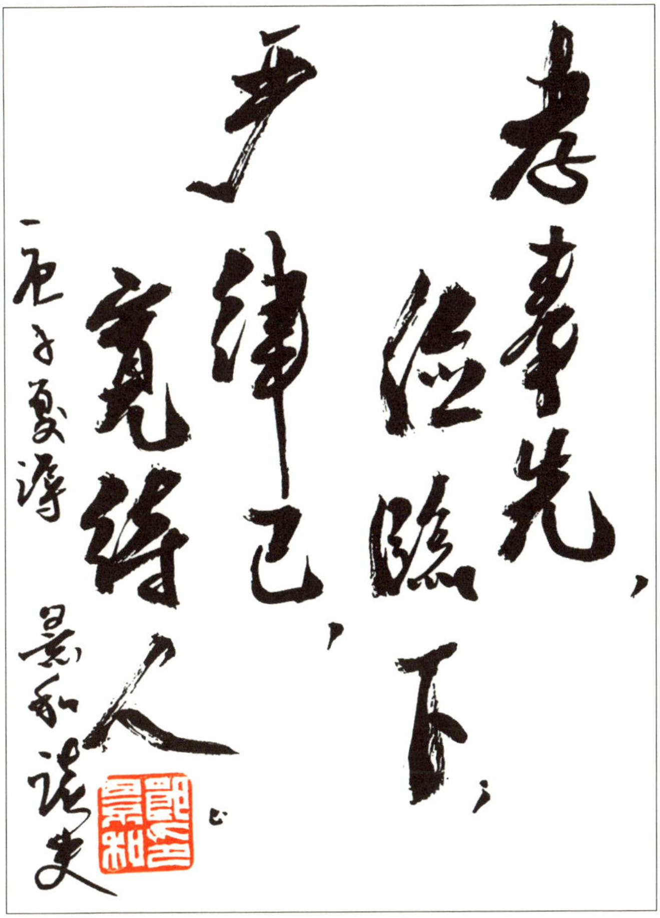
孝事先，俭临下；严律己，宽待人。

孝事先，俭临下；严律己，宽待人。

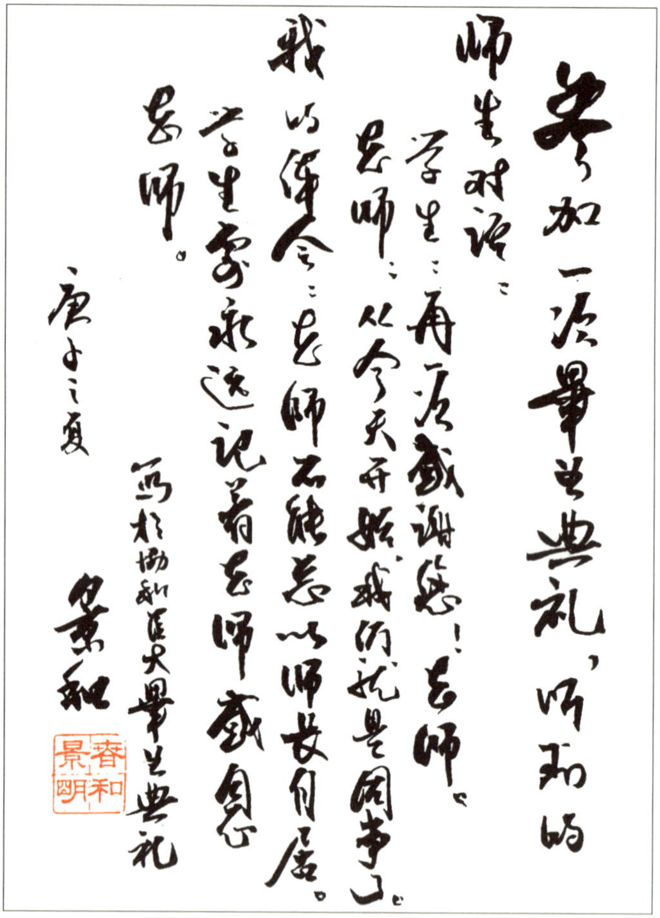
参加一次毕业典礼，听到的师生对话：
学生：再一次感谢您！老师。
老师：从今天开始，我们就是同事了。
我的体会：老师不能总以师长自居。
学生要永远记着老师、感恩老师。
写于协和医大毕业典礼
庚子之夏
景和

参加一次毕业典礼，听到的师生对话。

学生：再一次感谢您！老师。

老师：从今天开始，我们就是同事了。

我的体会：老师不能总以师长自居。学生要永远记着老师、感恩老师。

——写于协和医大毕业典礼

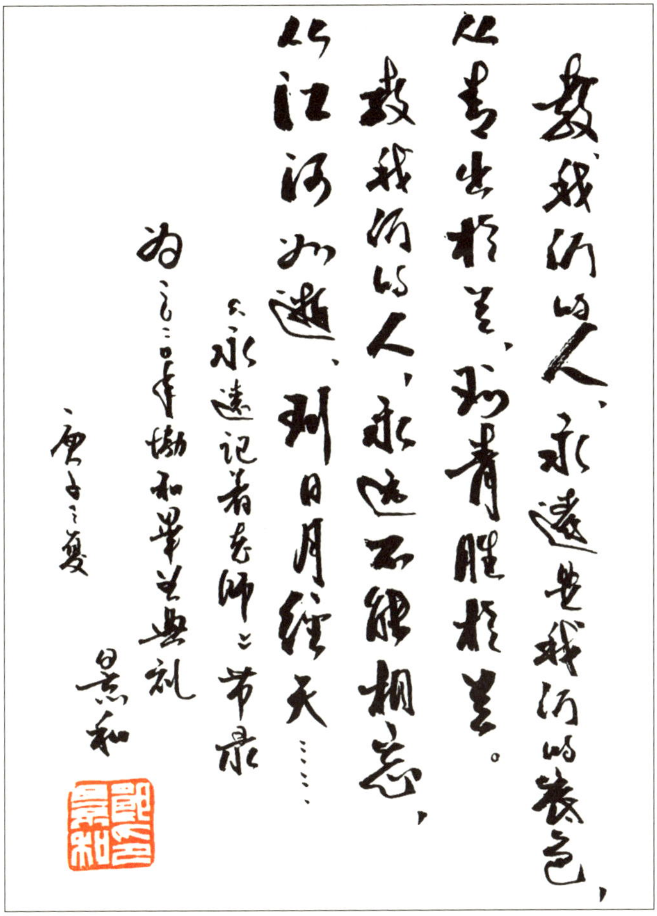
教我们的人，永远是我们的底色，
从青出于兰，到青胜于兰。
教我们的人，永远不能相忘，
从江河如逝，到日月经天……
永远记着老师节录
为二〇二〇年协和毕业典礼
庚子之夏
景和

教我们的人，永远是我们的底色，从青出于兰（蓝），到青胜于兰（蓝）。

教我们的人，永远不能相忘，从江河如逝，到日月经天……

——《永远记着老师》节录

（为二〇二〇年协和毕业典礼）

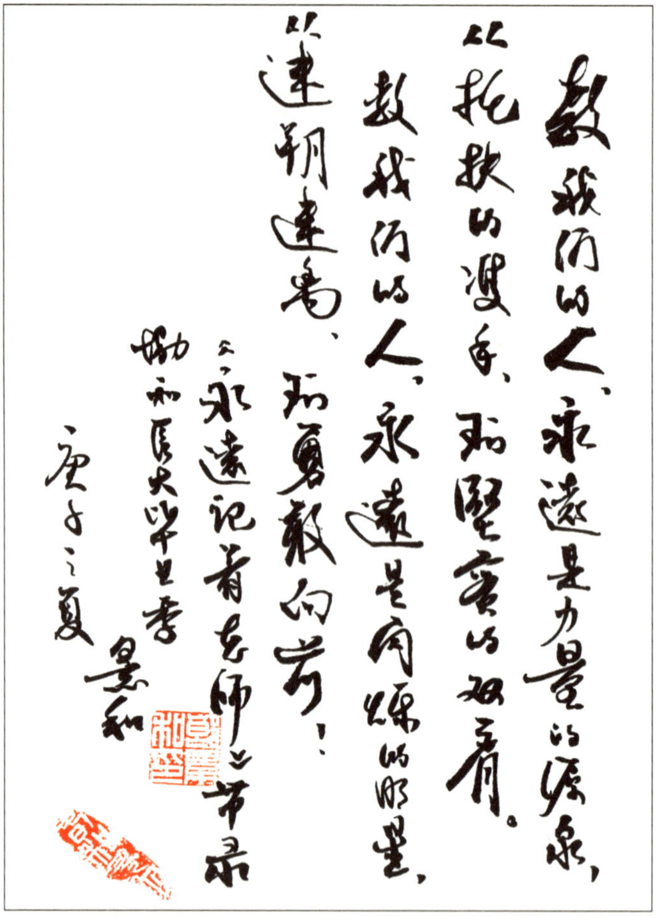

教我们的人，永远是力量的源泉，从托扶的双手，到坚实的双肩。
教我们的人，永远是闪烁的明星，从迷朔迷离，到勇敢向前。

——《永远记着老师》节录

（协和医大毕业季）

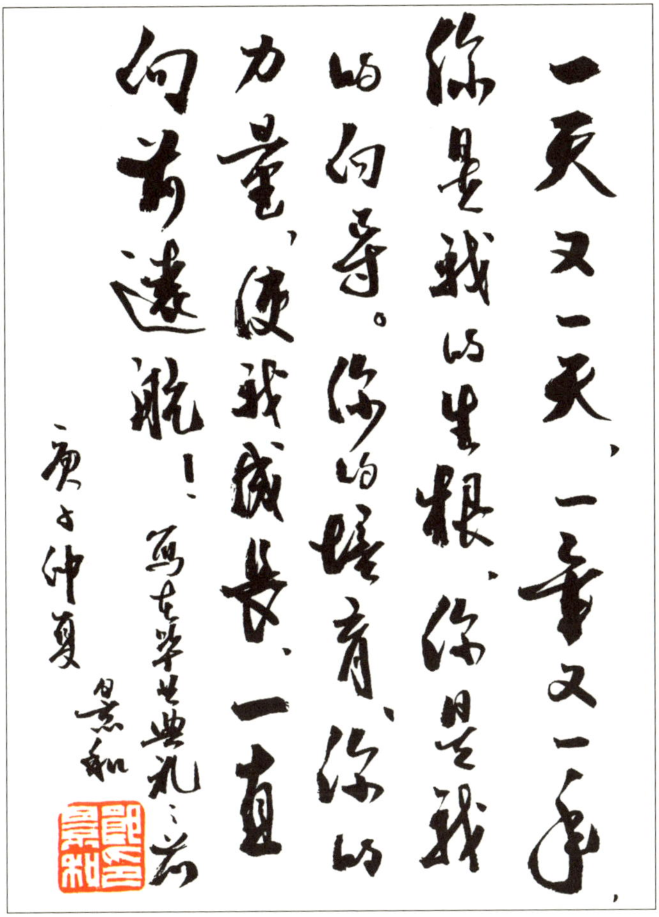
一天又一天，一年又一年，你是我的生根，你是我的向导。你的培育、你的力量，使我成长，一直向前远航！
写在毕业典礼之前
庚子仲夏
景和

一天又一天，一年又一年，你是我的生根，你是我的向导。你的培育、你的力量，使我成长，一直向前远航！

写在毕业典礼之前。

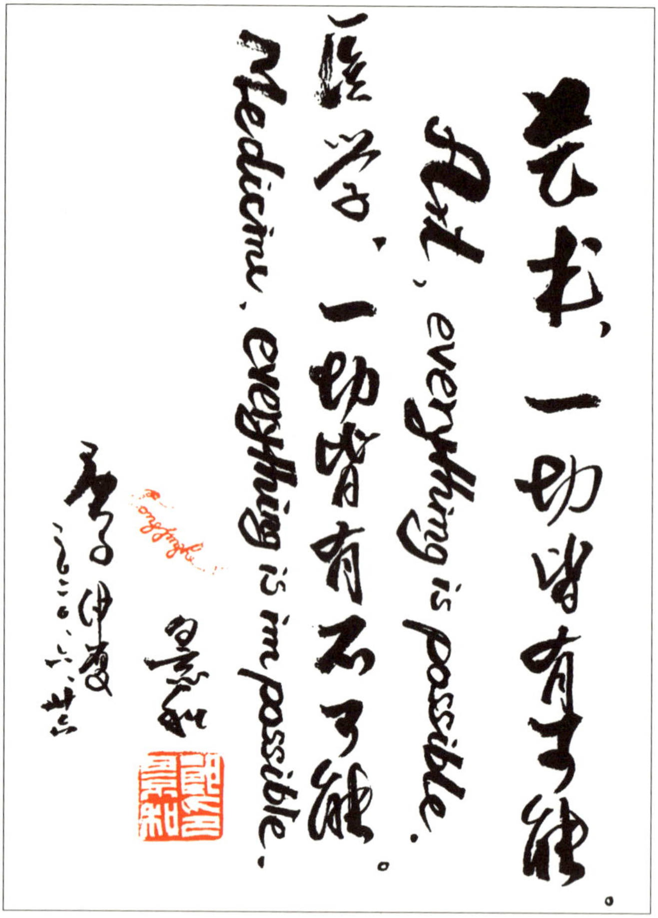
艺术，一切皆有可能。
Art, everything is possible.
医学，一切皆有不可能。
Medicine, everything is impossible.

艺术，一切皆有可能。Art，everything is possible.

医学，一切皆有不可能。Medicine，everything is impossible.

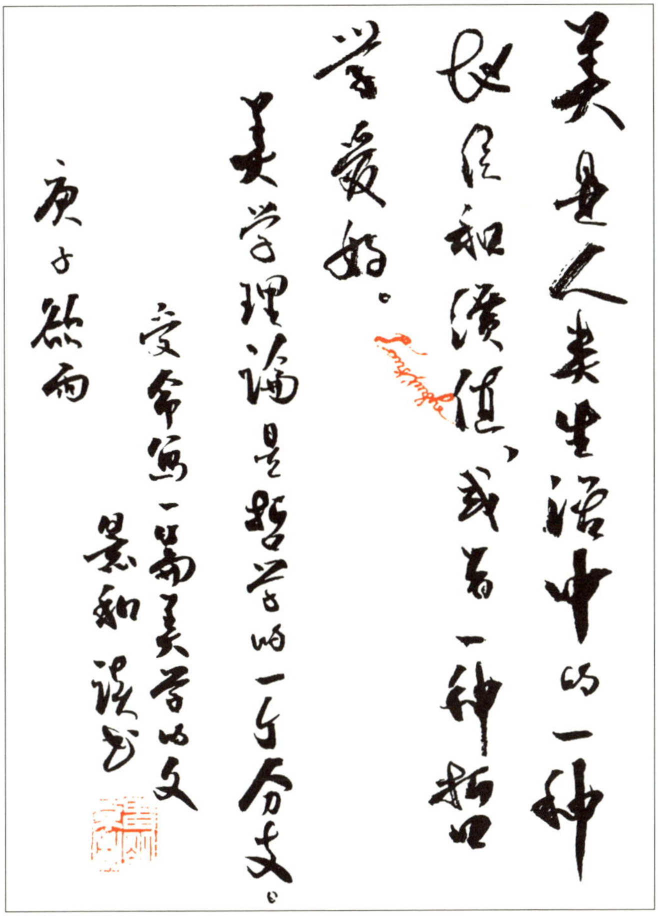

美是人类生活中的一种地位和价值，或者一种哲学爱好。

美学理论是哲学的一个分支。

受命写一篇美学的文。

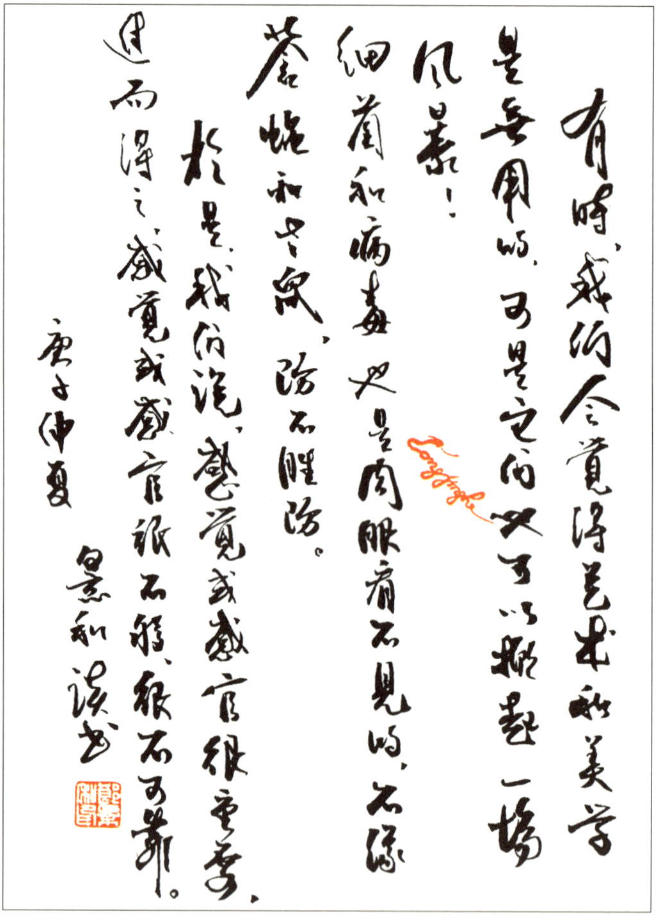

有时，我们会觉得艺术和美学是无用的，可是它们也可以掀起一场风暴！

细菌和病毒也是肉眼看不见的，不像苍蝇和老鼠，防不胜防。

于是，我们说，感觉或感官很重要，进而得之，感觉或感官很不够、很不可靠。

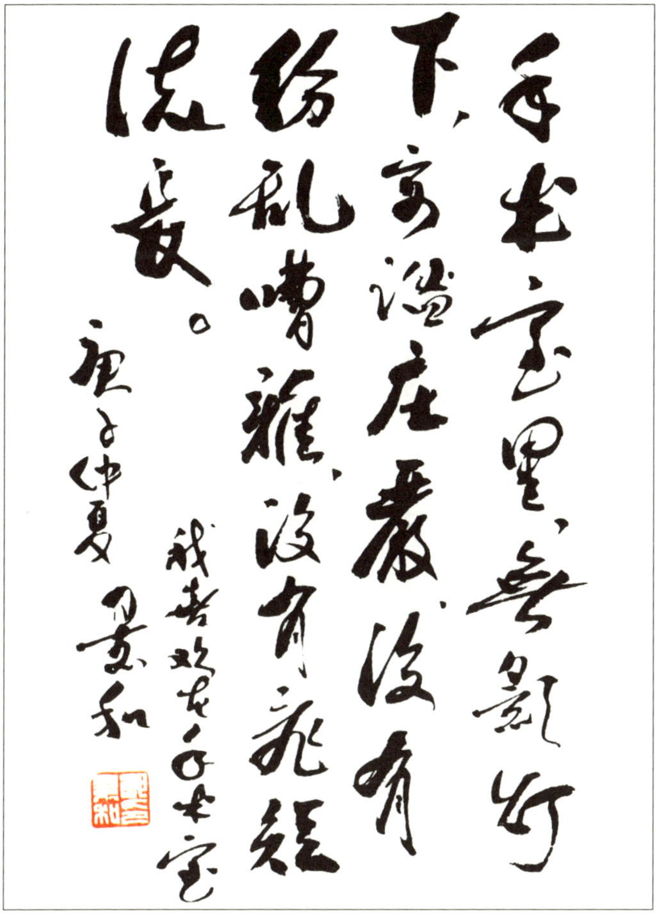
手术室里、无影灯下、安谧庄严、没有纷乱嘈杂、没有飞短流长。
我喜欢在手术室
庚子仲夏

手术室里，无影灯下，安谧庄严，没有纷乱嘈杂，没有飞短流长。

我喜欢在手术室。

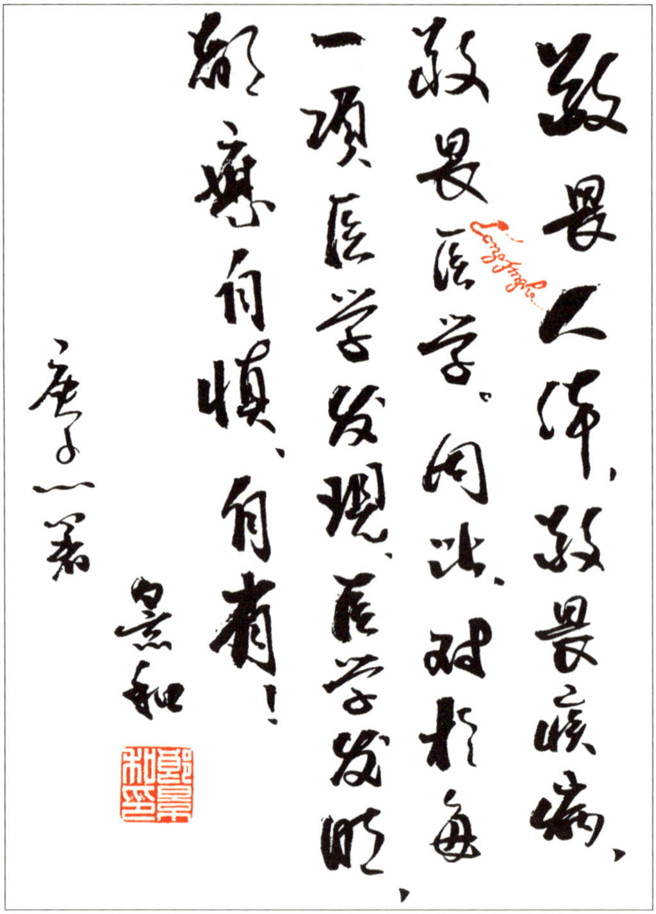
敬畏人体、敬畏疾病、
敬畏医学。因此、对于每
一项医学发现、医学发明、
都应自慎、自省！
景和

敬畏人体，敬畏疾病，敬畏医学。因此，对于每一项医学发现、医学发明，都应自慎、自省！

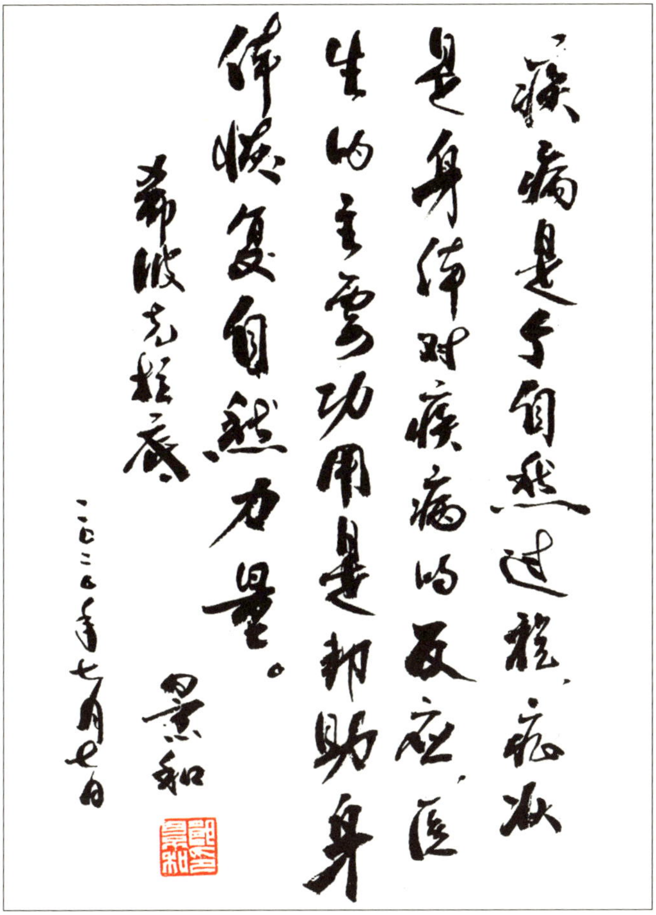
疾病是个自然过程，症状是身体对疾病的反应，医生的主要功用是帮助身体恢复自然力量。
希波克拉底
二〇二〇年七月七日
景和

疾病是个自然过程，症状是身体对疾病的反应，医生的主要功用是帮助身体恢复自然力量。

——希波克拉底

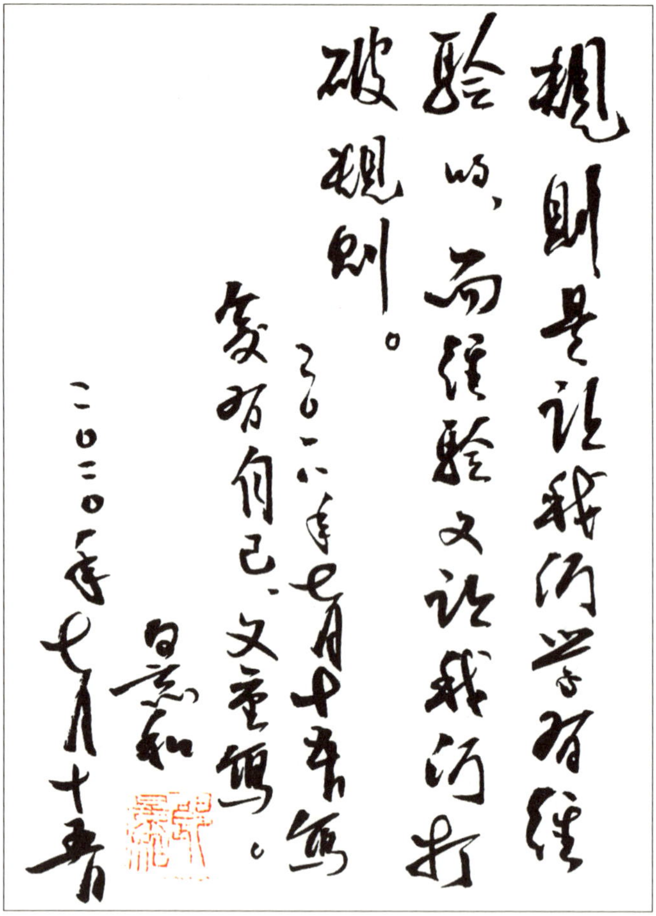

规则是让我们学习经验的，而经验又让我们打破规则。

二〇一八年七月十五日写，

复习自己，又重写。

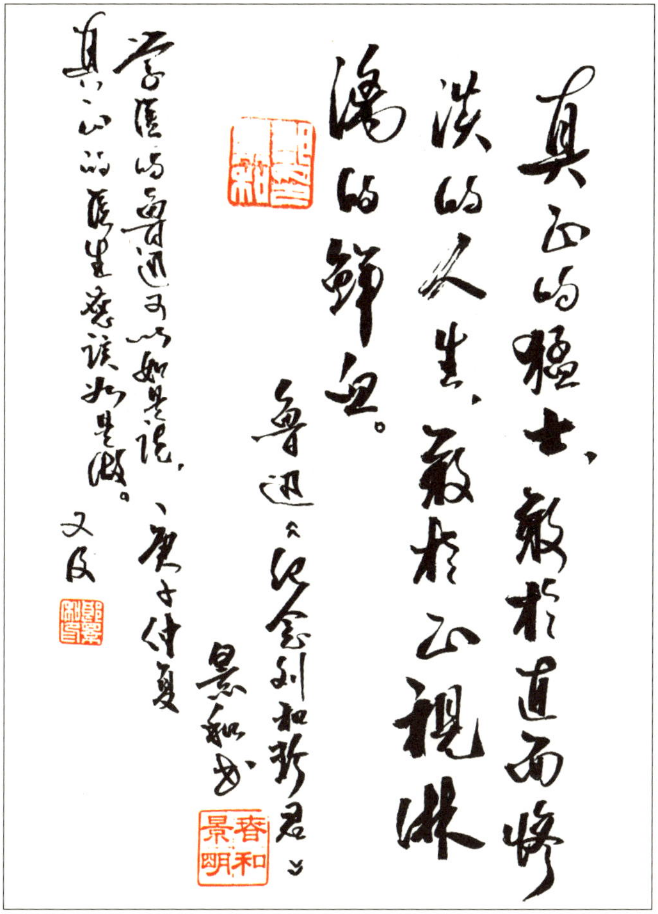
真正的猛士，敢于直面惨淡的人生，敢于正视淋漓的鲜血。
鲁迅之纪念刘和珍君之
学医的鲁迅可以如是说，真正的医生应该如是做。
庚子仲夏
春和景明

真正的猛士，敢于直面惨淡的人生，敢于正视淋漓的鲜血。

——鲁迅《纪念刘和珍君》

（学医的鲁迅可以如是说，真正的医生应该如是做。）

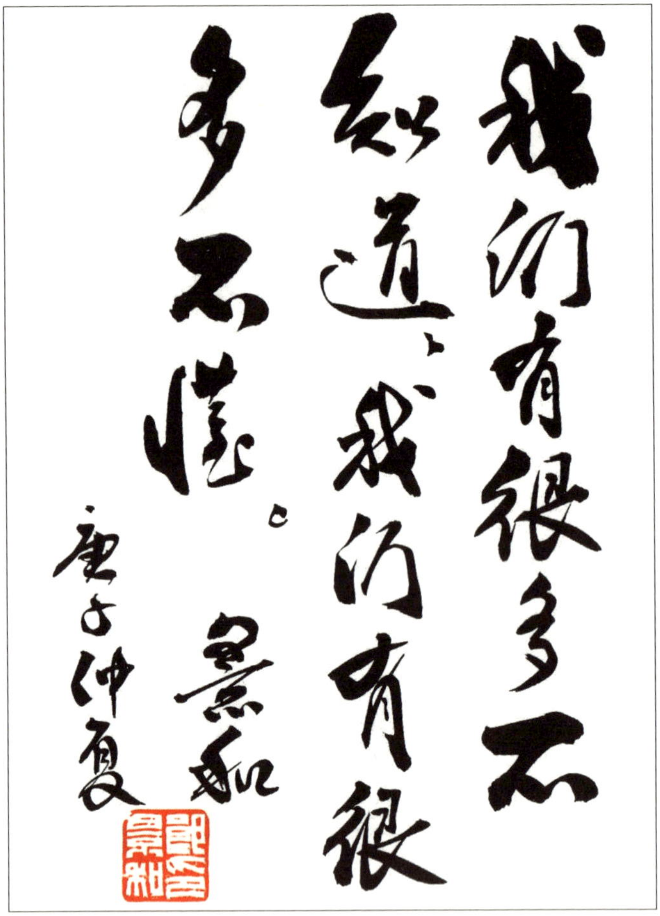
我们有很多不知道，我们有很多不懂。
景和
庚子仲夏

我们有很多不知道，我们有很多不懂。

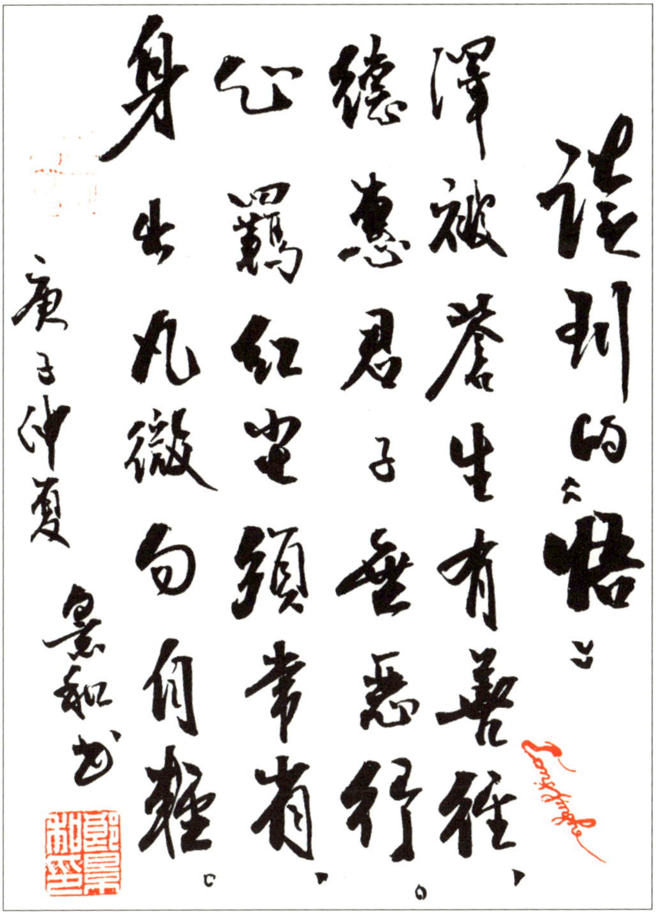
读到的悟
泽被苍生有善经，
德惠君子无恶行。
心羁红尘须常省，
身出凡微勿自轻。
庚子仲夏

读到的《悟》

泽被苍生有善经，德惠君子无恶行。

心羁红尘须常省，身出凡微勿自轻。

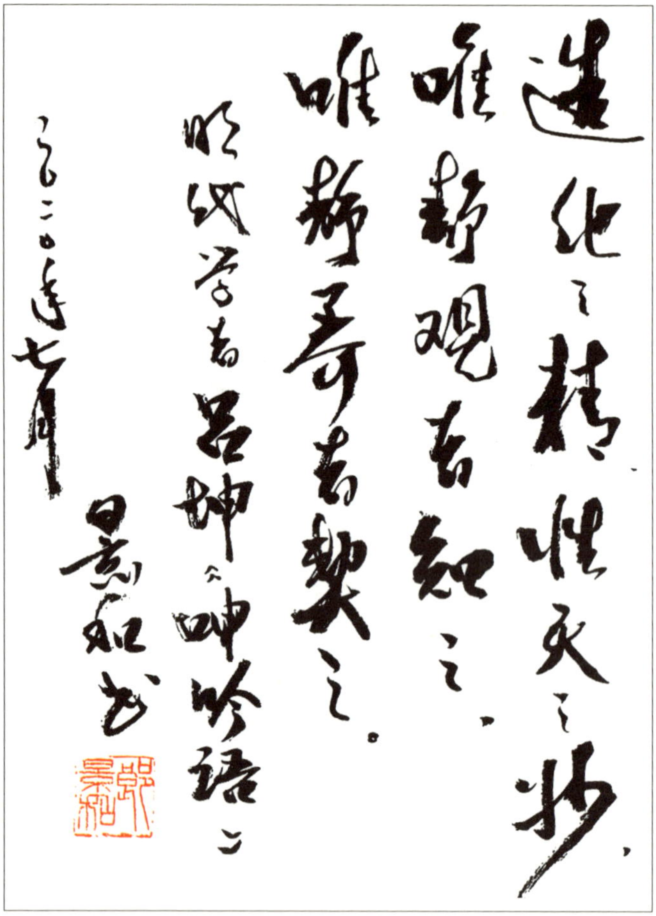

造化之精、性天之妙，唯静观者知之，唯静养者契之。

——明代学者吕坤《呻吟语》

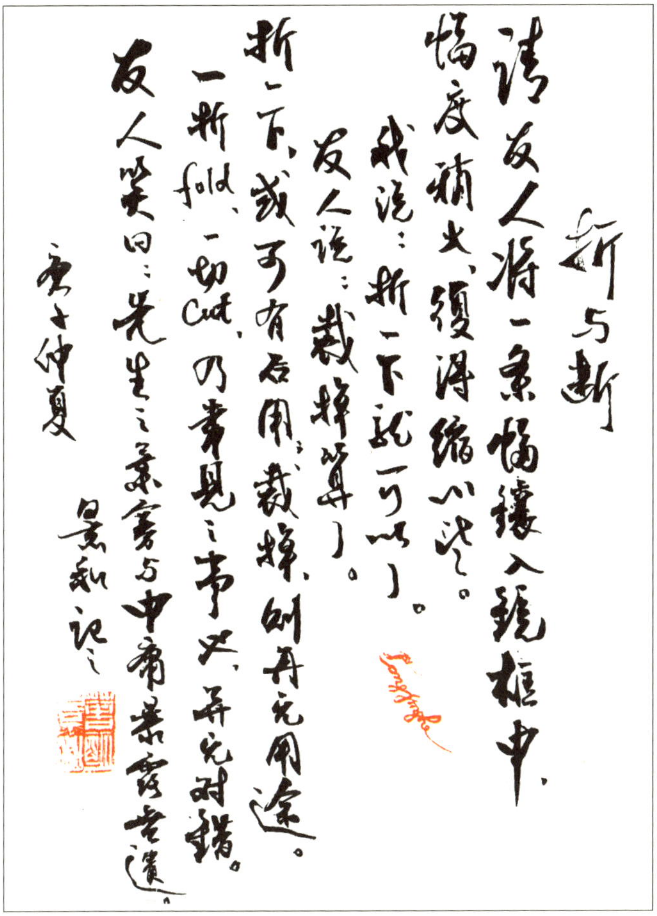
折与断
请友人将一条幅镶入镜框中，幅度稍大，须得缩小些。
我说：折一下就可以了。
友人说：裁掉算了。
折一下，或可有后用；裁掉，则再无用途。
一折fold、一切cut，乃常见之事也，并无对错。
友人笑曰：先生之实务与中庸暴露无遗。
庚子仲夏
景和记之

折与断

请友人将一条幅镶入镜框中，幅度稍大，须得缩小些。

我说：折一下就可以了。友人说：裁掉算了。

折一下，或可有后用；裁掉，则再无用途。一折fold，一切cut，乃常见之事也，并无对错。友人笑曰：先生之实务与中庸暴露无遗。

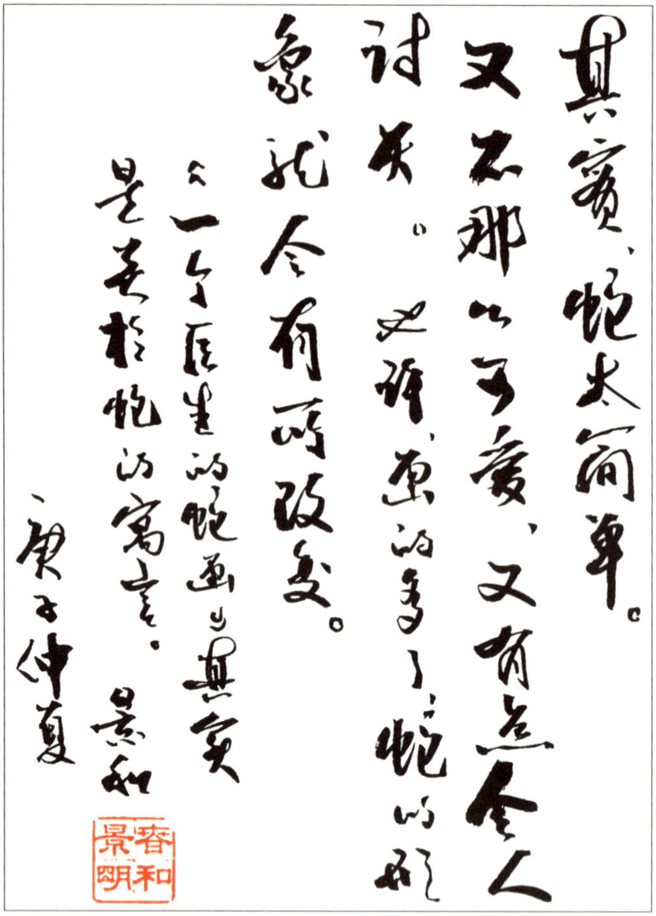
其实，蛇太简单。又不那么可爱，又有点令人讨厌。也许，画的多了，蛇的形象就会有所改变。
一个医生的蛇画 其实是基于蛇的寓言。
景和
庚子仲夏
春和
景明

其实，蛇太简单。又不那么可爱，又有点令人讨厌。也许，画的（得）多了，蛇的形象就会有所改变。

《一个医生的蛇画》其实是基于蛇的寓言。

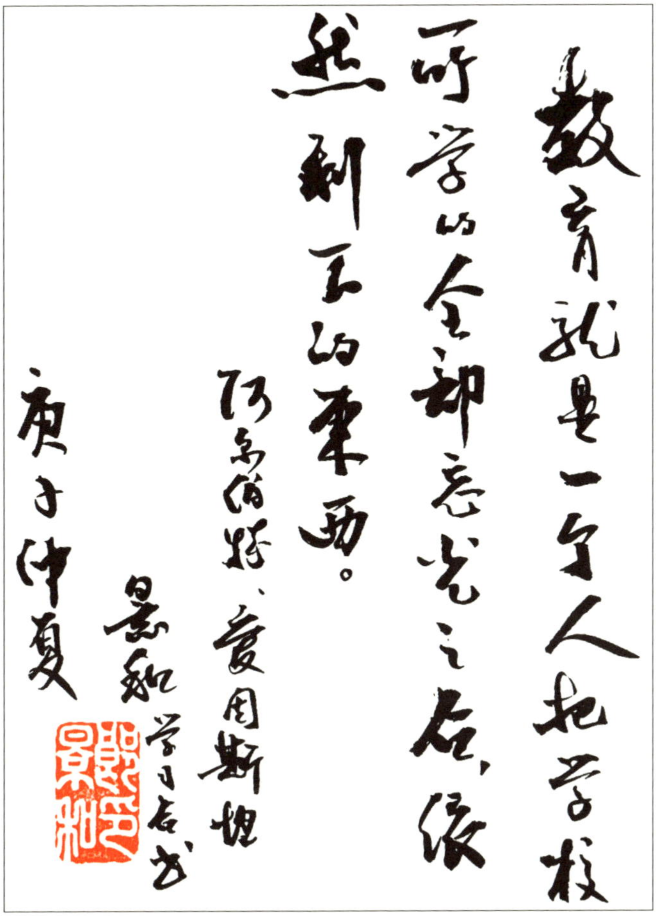

教育就是一个人把（在）学校所学的全部忘光之后，依然剩下的东西。

——阿尔伯特·爱因斯坦

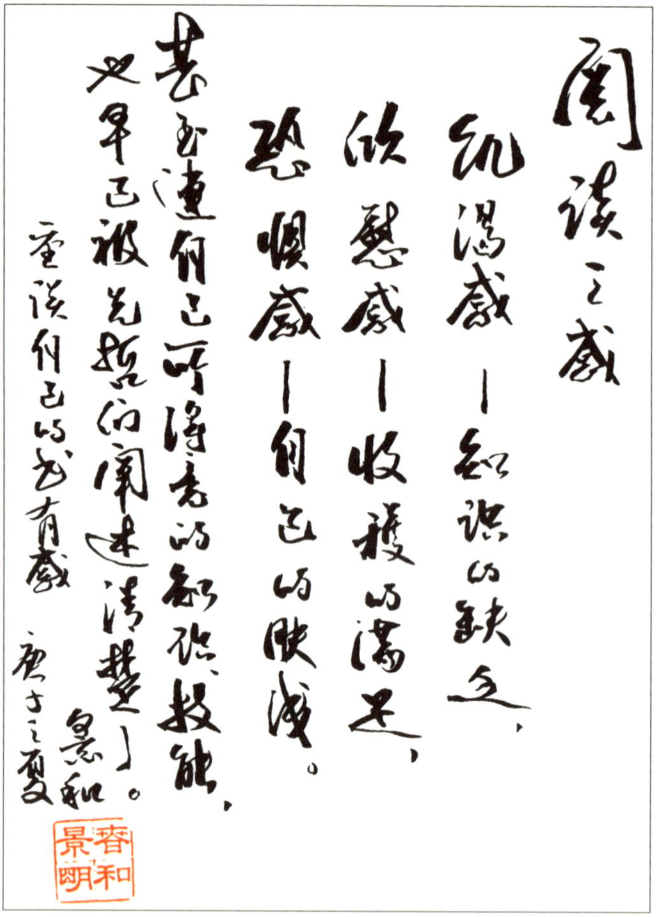

阅读三感

饥渴感——知识的缺乏，

欣慰感——收获的满足，

恐惧感——自己的肤浅。

甚至连自己所得意的知识、技能，也早已被先哲们阐述清楚了。

（重读自己的书有感）

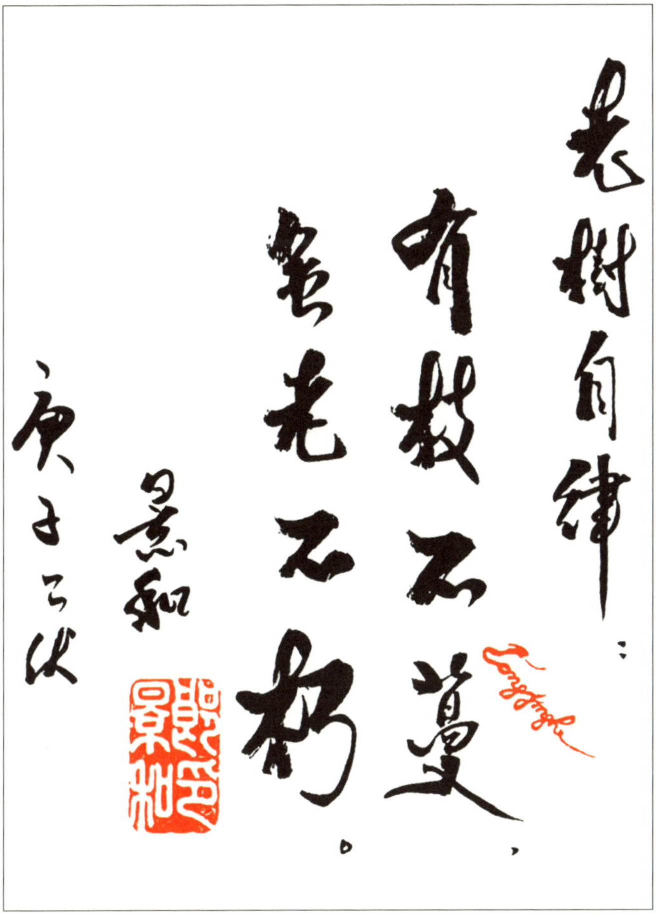
老樹自律：
有枝不蔓，
雖老不朽。
景和

老树自律：有枝不蔓，虽老不朽。

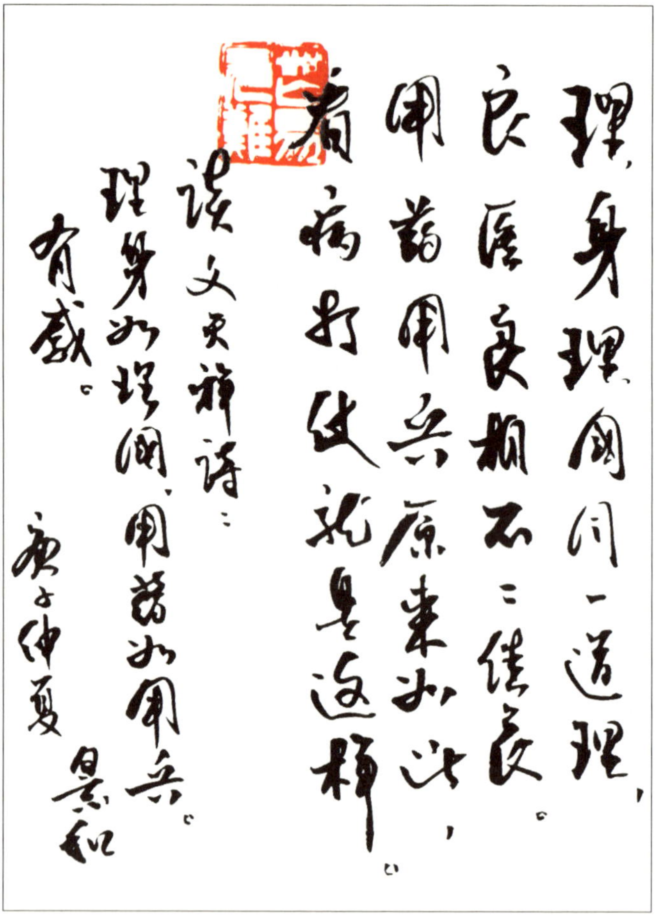
理身理国同一道理，良医良相不二佳良。用药用兵原来如此，看病打仗就是这样。
读文天祥诗：
理身如理国，用药如用兵。
有感。

理身理国同一道理，良医良相不二佳良。

用药用兵原来如此，看病打仗就是这样。

读文天祥诗：

理身如理国，用药如用兵。

有感。

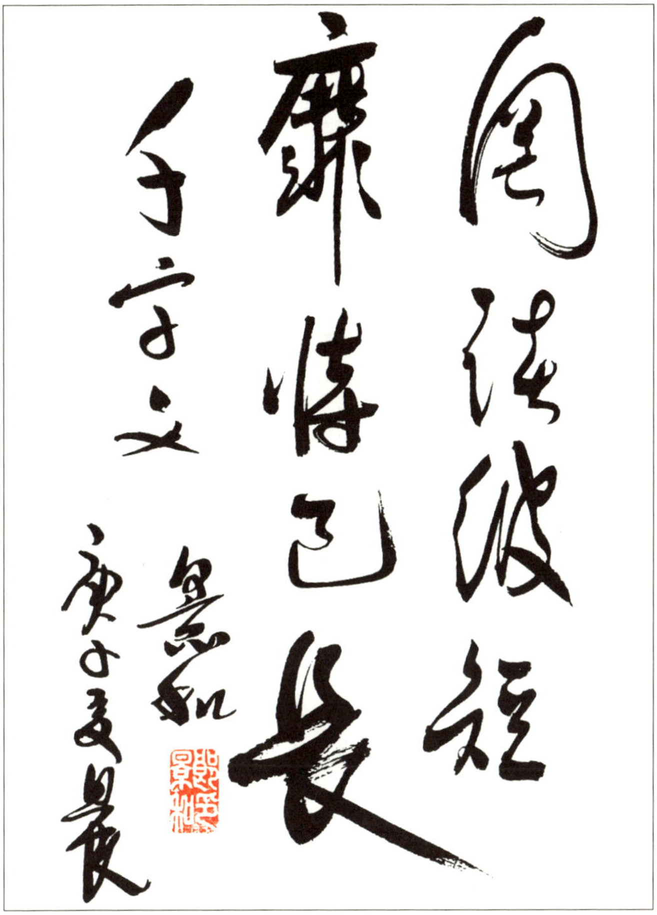

罔谈彼短，
靡恃己长。
——《千字文》

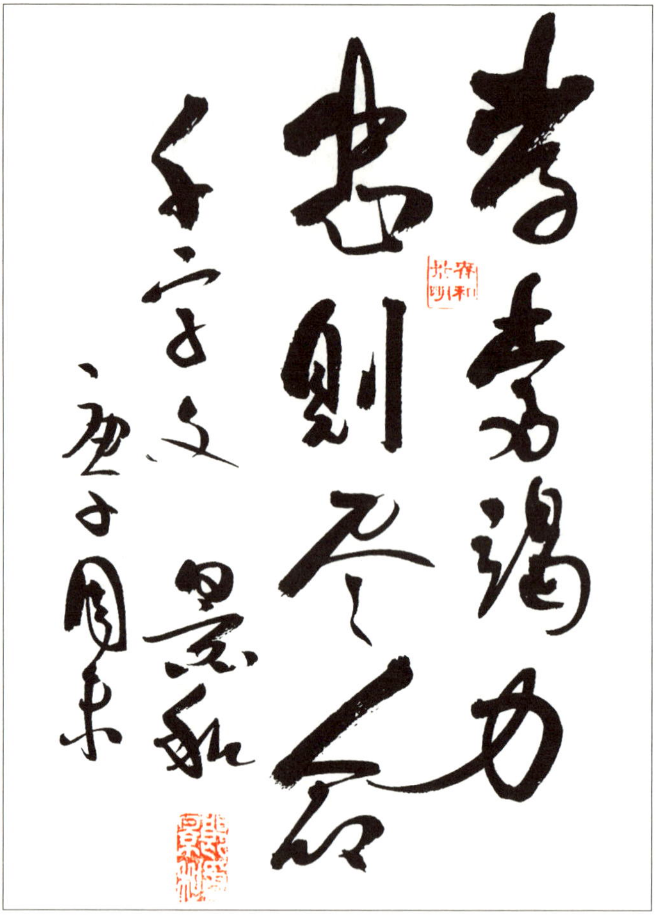

孝当竭力，
忠则尽命。
——《千字文》

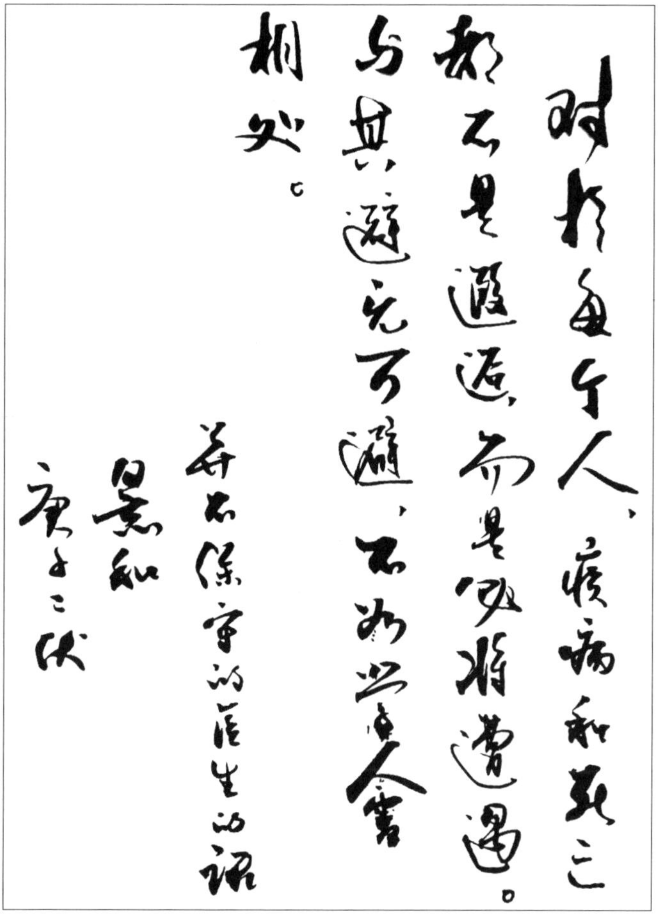
对于每个人，疾病和死亡都不是邂逅，而是必将遭遇。
与其避无可避，不如学会相处。
并不保守的医生的话
晨知

对于每个人，疾病和死亡都不是遐（邂）逅，而是必将遭遇。
与其避无可避，不如学会相处。

——并不保守的医生的话

心静自然凉。

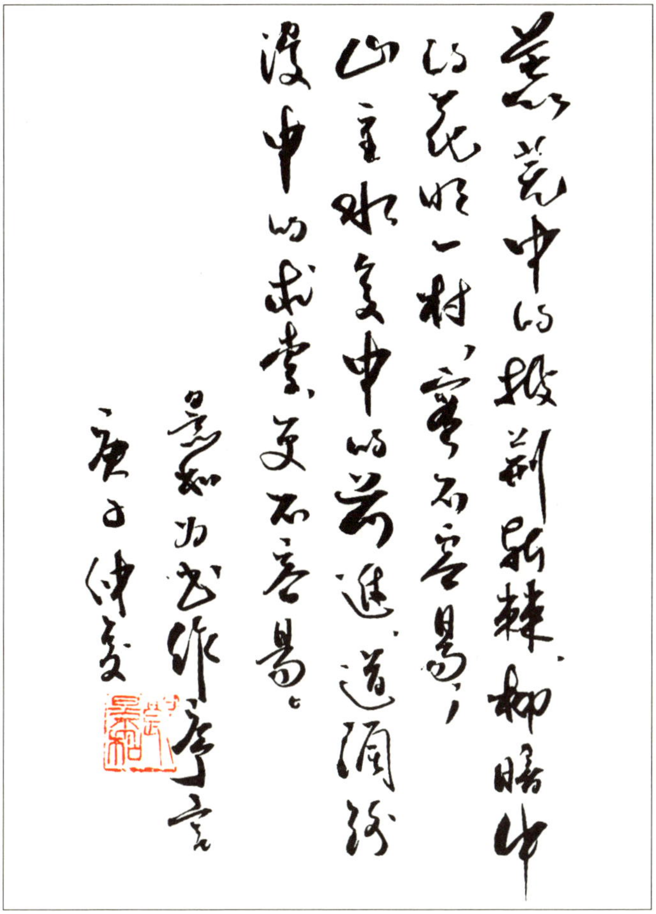

荒芜中的披荆斩棘，柳暗中的花明一村，实不容易；
山重水复中的前进，道阔路漫中的求索，更不容易。

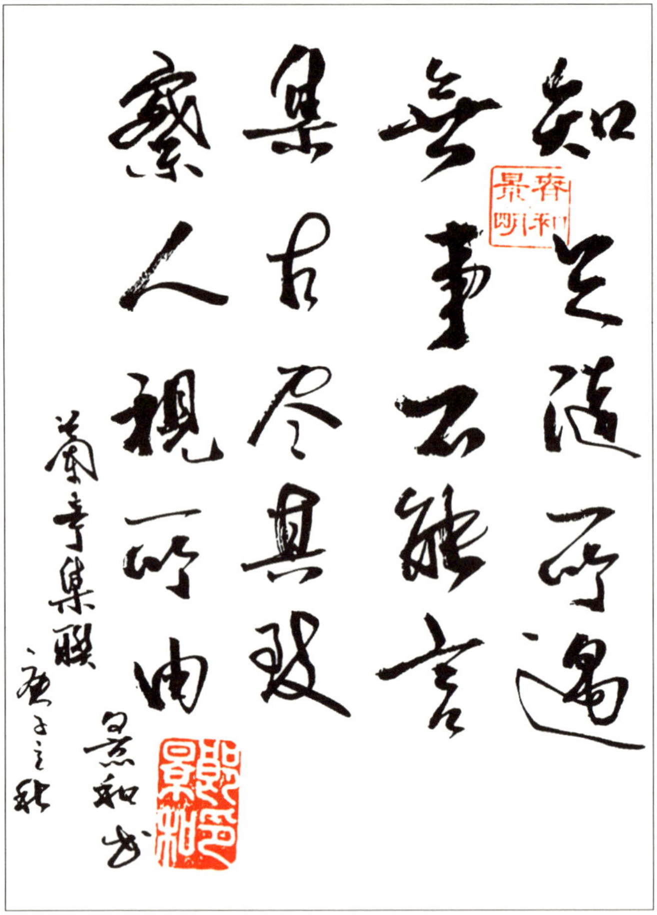

知足随所遇，无事不能言。集古尽其致，察人视所由。

——《兰亭序集联》

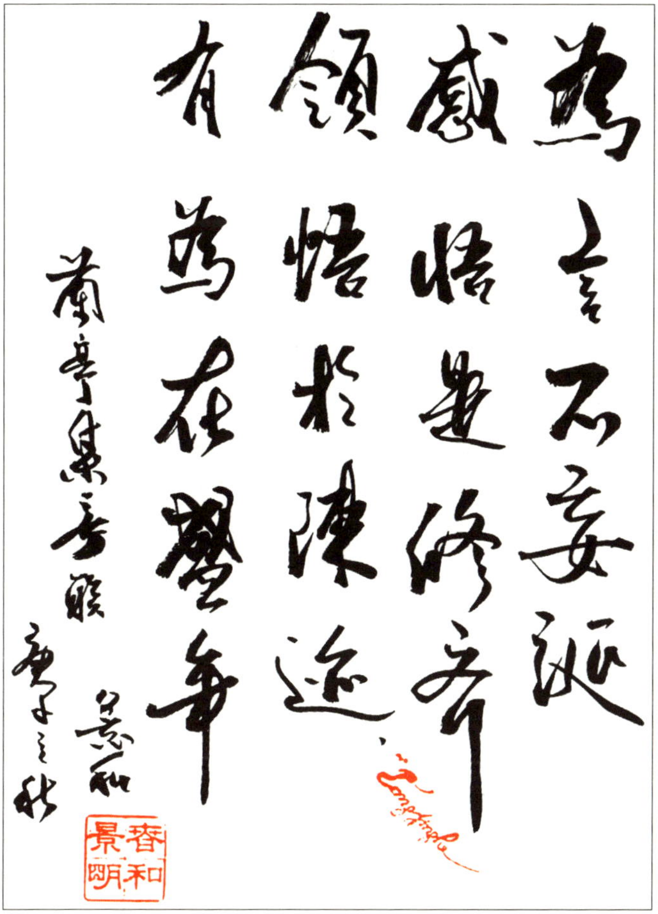

为言不妄诞，感悟是修齐。
领悟于陈迹，有为在盛年。
——《兰亭序集联》

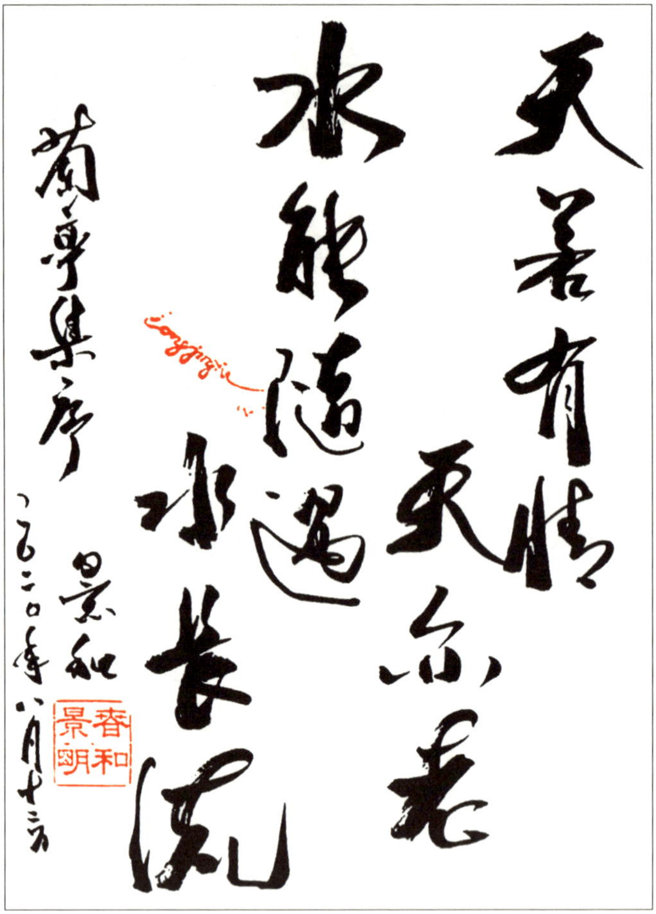

天若有情天亦老，
水能随遇水长流。
——《兰亭序集联》

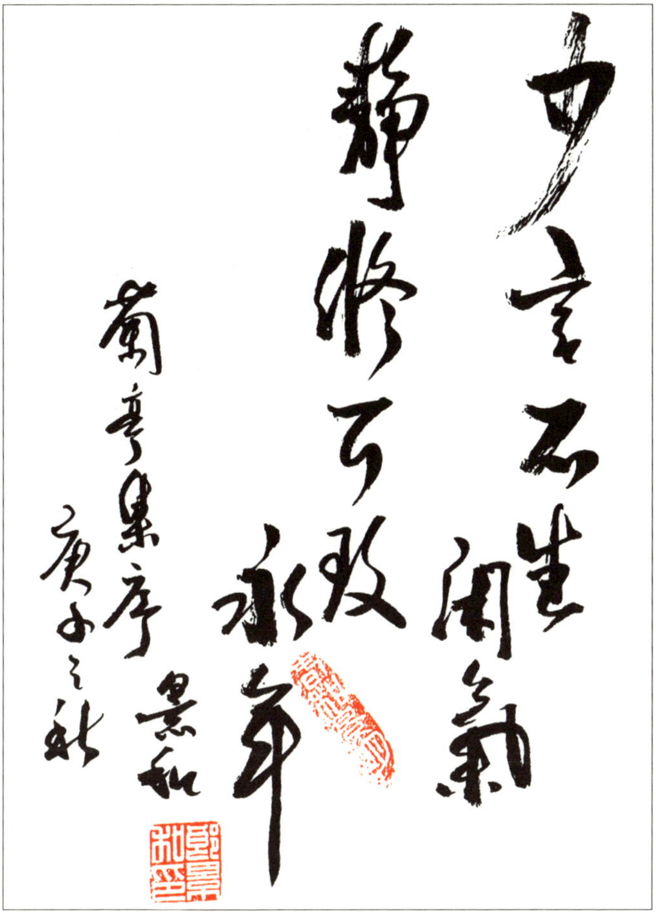

少言不生闲气，静修可致永年。
——《兰亭序集联》

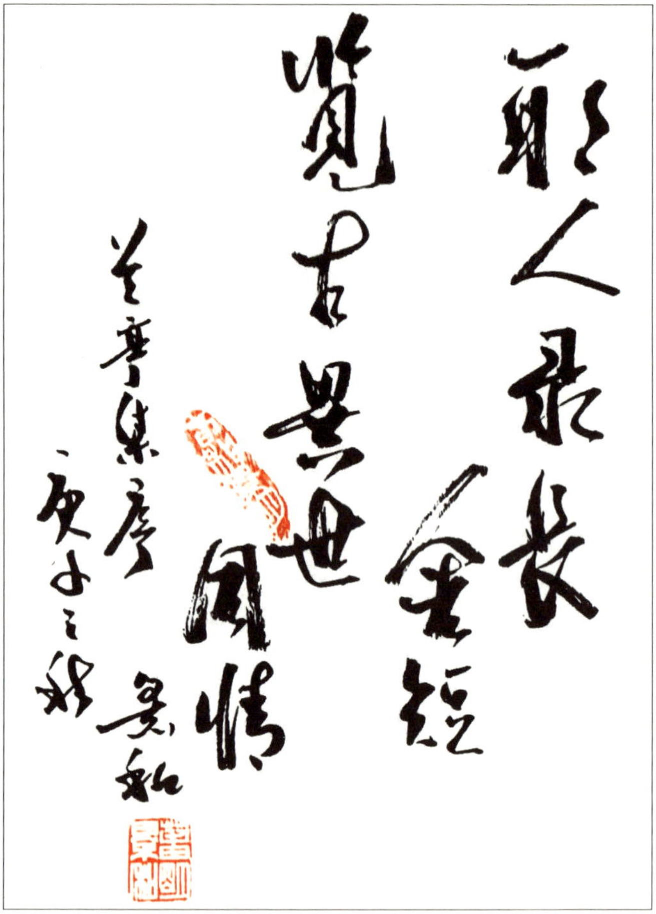

取人录长舍短

览古异世同情

——《兰亭序集联》

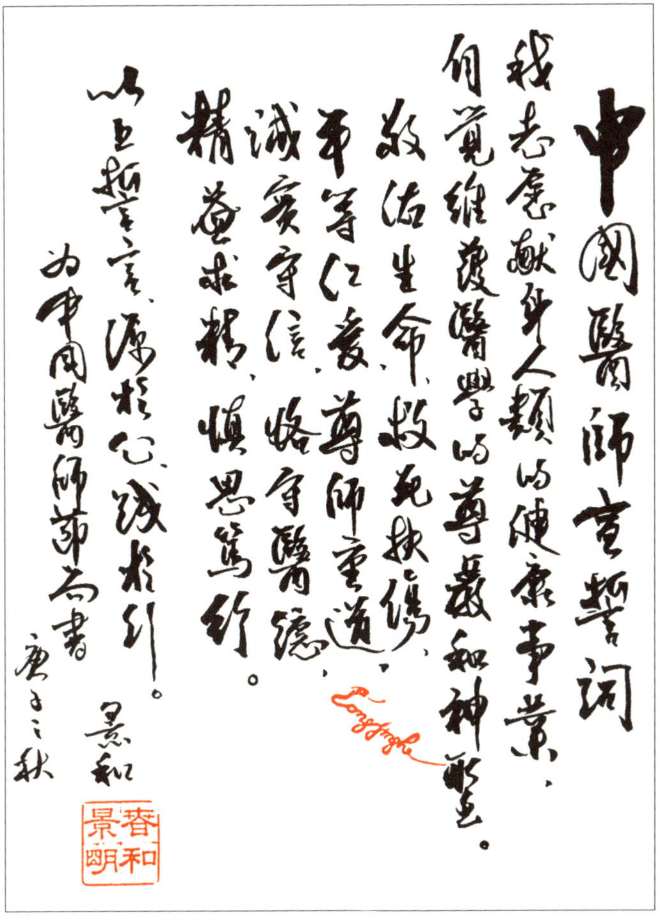
中國醫師宣誓詞
我志願獻身人類的健康事業、
自覺維護醫學的尊嚴和神聖。
敬佑生命、救死扶傷、
平等仁愛、尊師重道、
誠實守信、恪守醫德、
精益求精、慎思篤行。
以上誓言、源於心、踐於行。
為中國醫師節而書
景和
庚子之秋

【中国医师宣誓词】

我志愿献身人类的健康事业；

自觉维护医学的尊严和神圣；

敬佑生命，救死扶伤，平等仁爱，尊师重道；

诚实守信，恪守医德，精益求精，慎思笃行；

以上誓言，源于心，践于行。

——为中国医师节而书

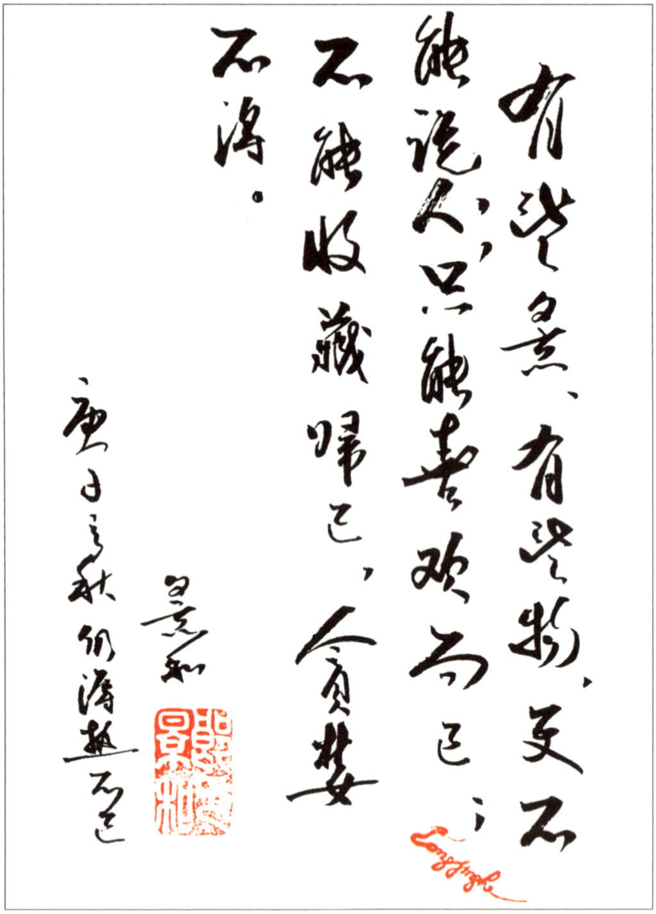

有些景，有些物，更不能说人，只能喜欢而已；不能收藏归己，贪婪不得。

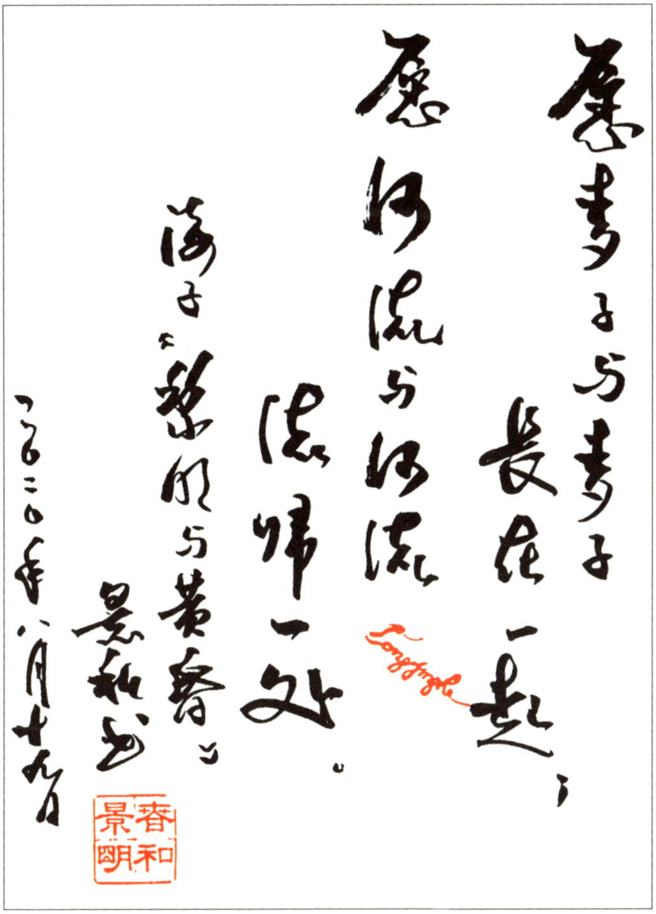

愿麦子与（和）麦子长在一起；
愿河流与河流流归一处。
——海子《黎明与黄昏》

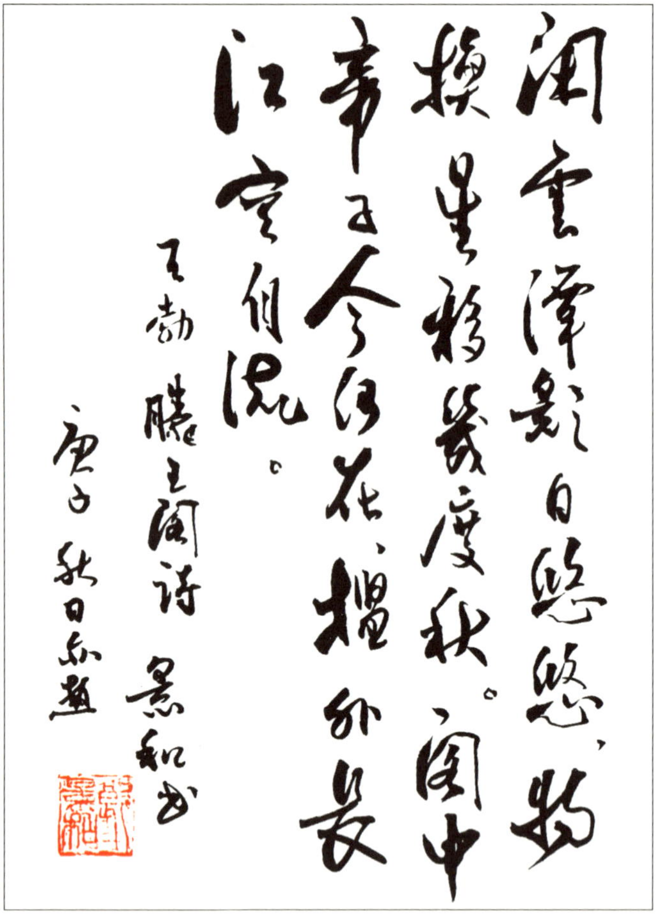

闲云潭影日悠悠，物换星移几度秋。
阁中帝子今何在？槛外长江空自流。
——王勃《滕王阁序》

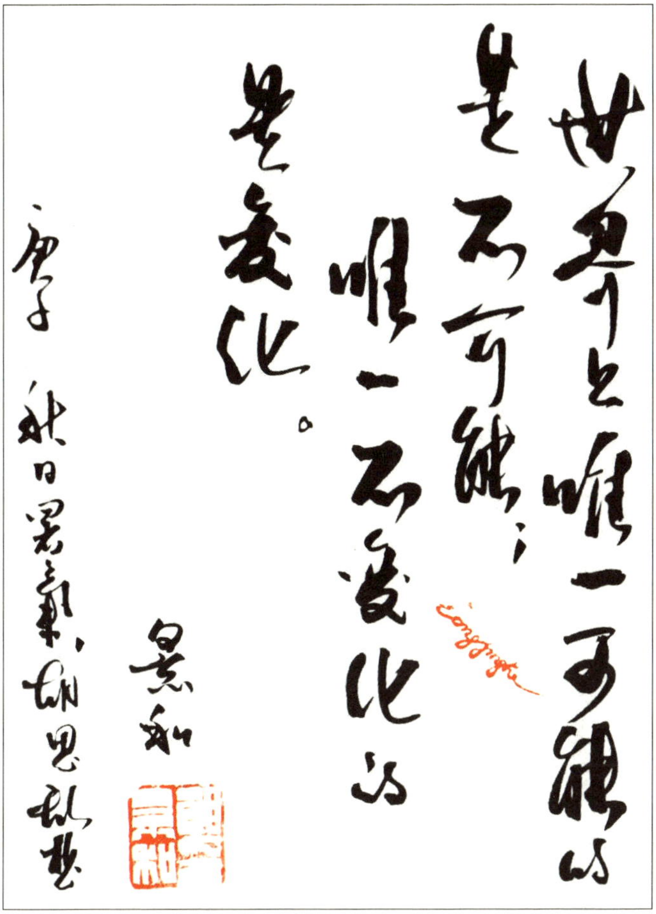

世界上唯一可能的是不可能；唯一不变化的是变化。

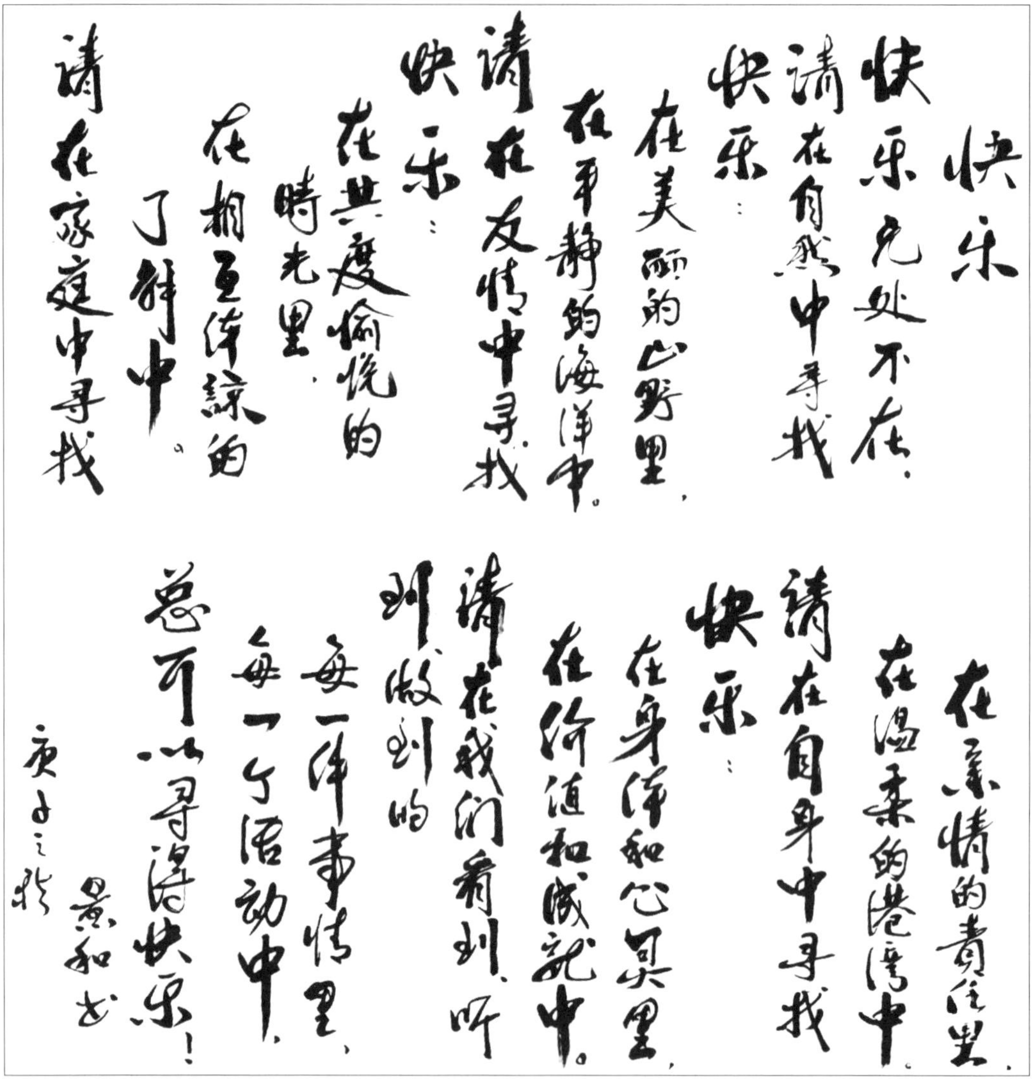
快乐
快乐无处不在，
请在自然中寻找
快乐：
在美丽的山野里，
在平静的海洋中。
请在友情中寻找
快乐：
在共度愉悦的
时光里，
在相互体谅的
了解中。
请在家庭中寻找
在亲情的责任里，
在温柔的港湾中。
请在自身中寻找
快乐：
在身体和心灵里，
在价值和成就中。
请在我们看到、听
到、做到的
每一件事情里，
每一个活动中，
总可以寻得快乐！
景和书
庚子之秋

【快乐】

快乐无处不在。

请在自然中寻找快乐：在美丽的山野里，在平静的海洋中。

请在友情中寻找快乐：在共度愉悦的时光里，在相互体谅的了解中。

请在家庭中寻找快乐：在亲情的责任里，在温柔的港湾中。

请在自身中寻找快乐：在身体和心灵里，在价值和成就中。

请在我们看到、听到、做到的每一件事情里，每一个活动中，总可以寻得快乐！

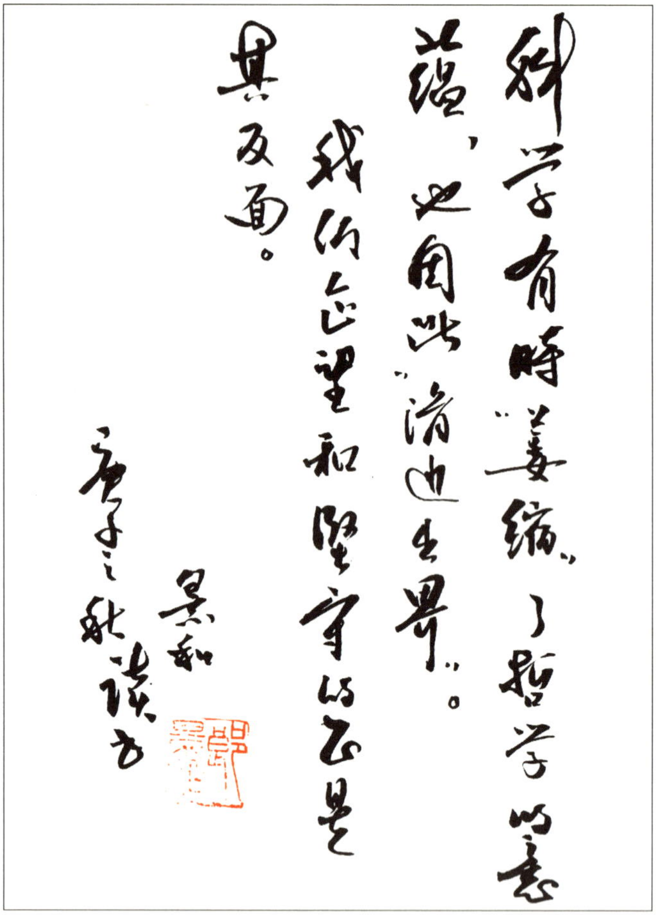

科学有时“萎缩”了哲学的意蕴，也因此“滑边出界”。
我们企望和坚守的正是其反面。

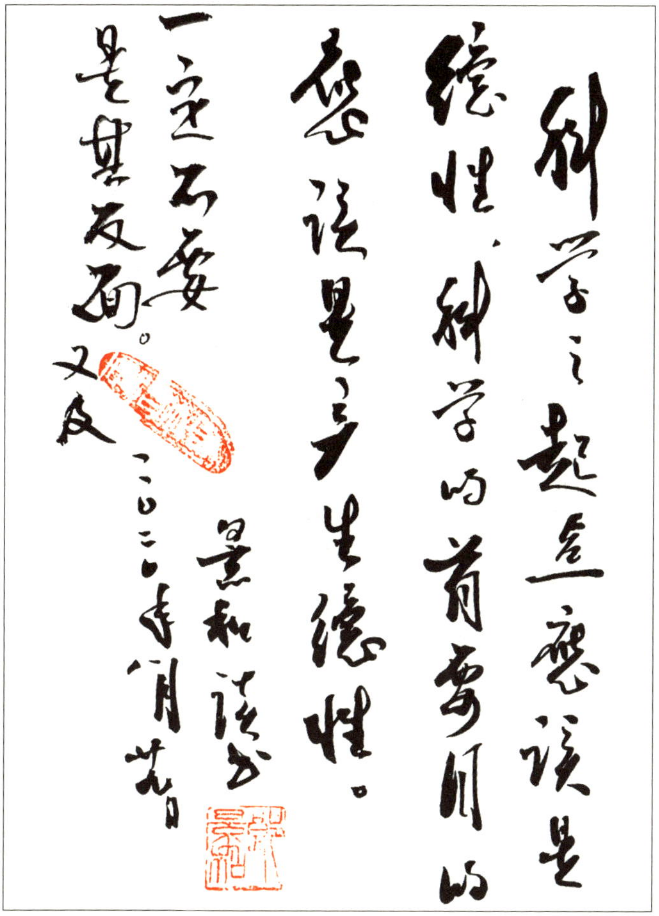
科学之起点应该是德性，科学的首要目的应该是产生德性。
一定不要是其反面。
又及
景和谨书

科学之起点应该是德性，科学的首要目的应该是产生德性。
一定不要是其反面。又及。

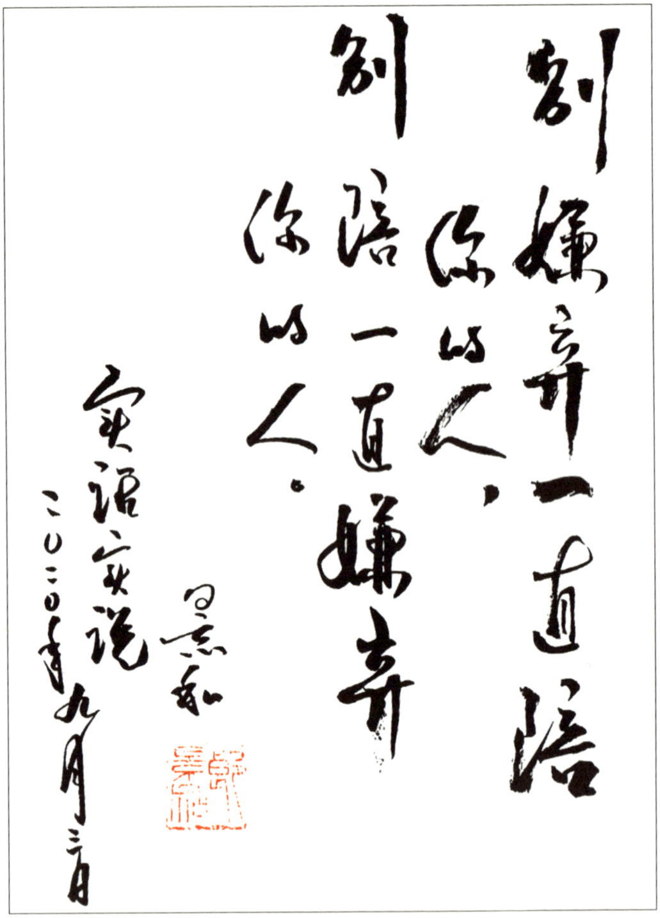
别嫌弃一直陪你的人，
别陪一直嫌弃你的人。
实话实说
二〇二〇年九月三日

别嫌弃一直陪你的人，别陪一直嫌弃你的人。

实话实说。

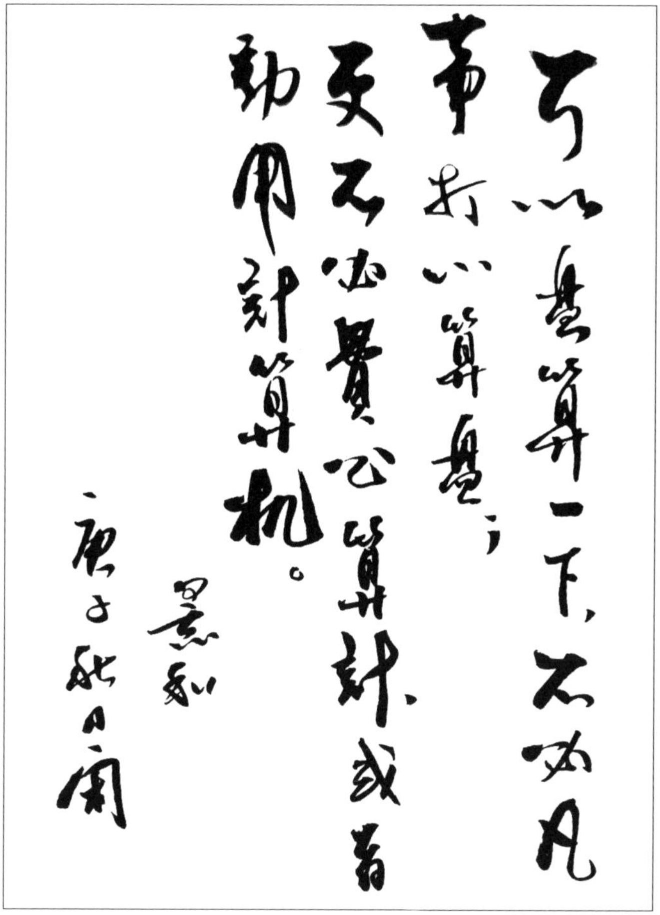

可以盘算一下，不必凡事打小算盘；更不必费心算计或者动用计算机。

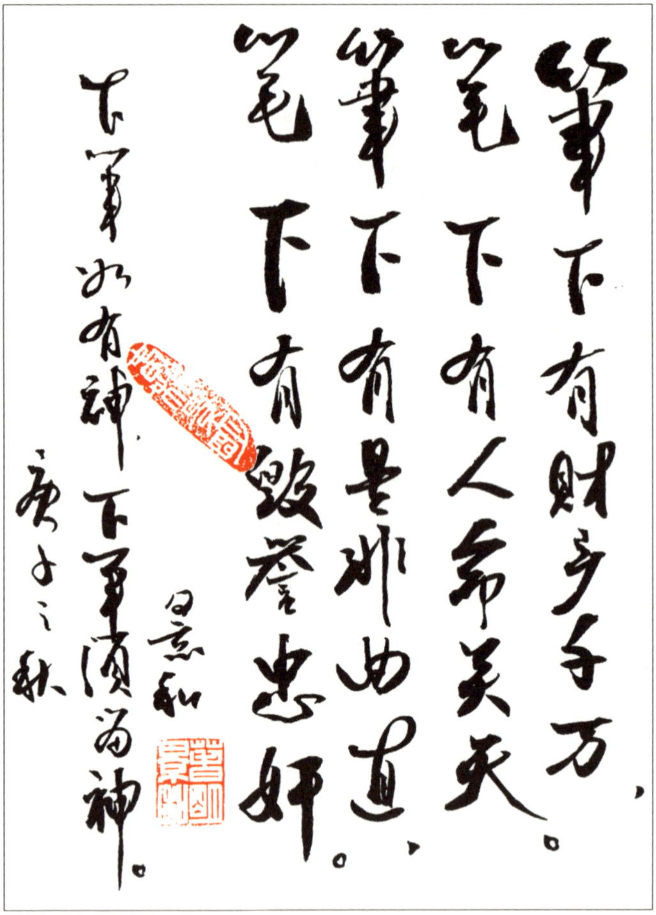

笔下有财产千万，笔下有人命关天。

笔下有是非曲直，笔下有毁誉忠奸。

下笔如有神，下笔须留神。

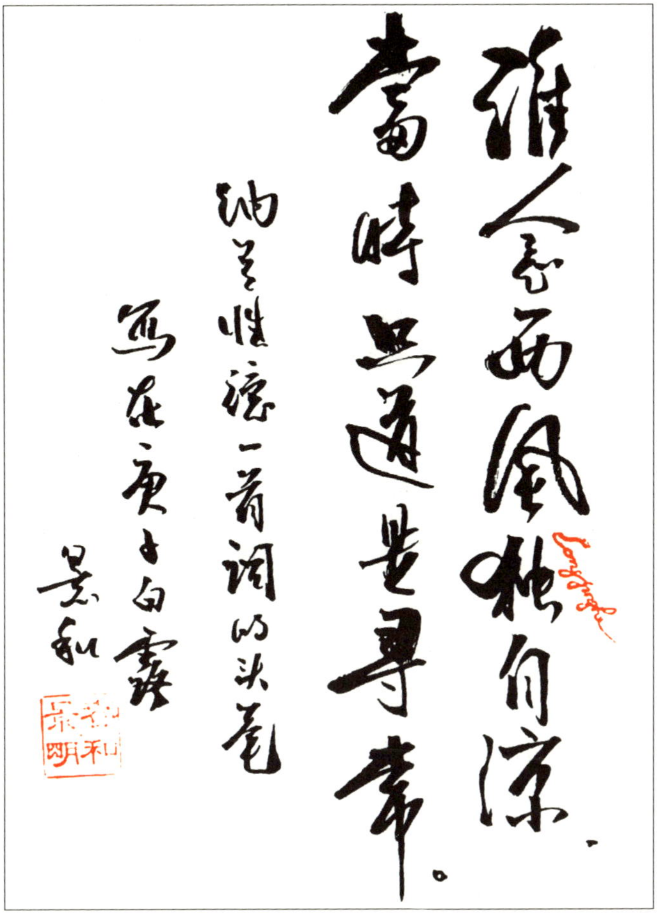
誰念西風獨自涼
當時只道是尋常。
納蘭性德一首詞的頭尾

谁念西风独自凉，
当时只道是寻常。
——纳兰性德一首词的头尾

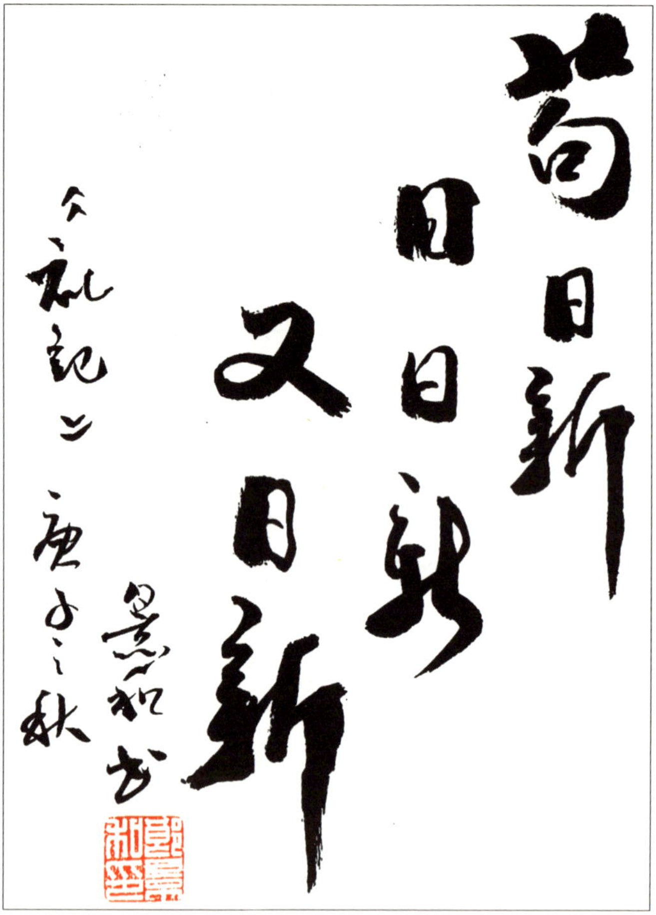

苟日新，
日日新，
又日新。
——《礼记》

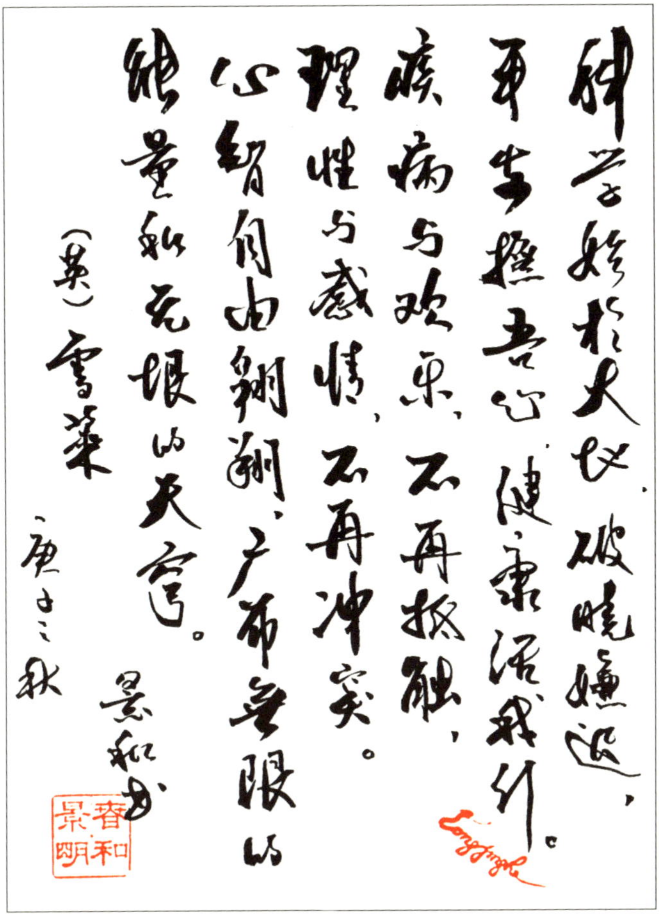

科学始于大地，破晓嫵迟，平生抚吾心，健康活我行。疾病与欢乐，不再抵触，理性与感性，不再冲突。心智自由翱翔，广布无限的能量和无垠的天穹。

——［英］雪莱

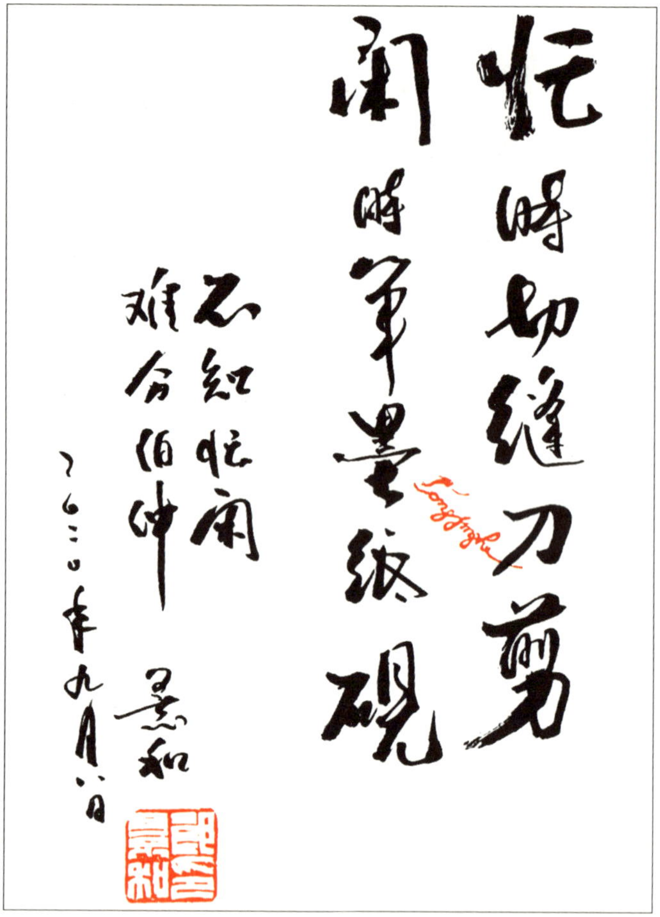

忙时切缝刀剪，
闲时笔墨纸砚。
不知忙闲，
难分伯仲。

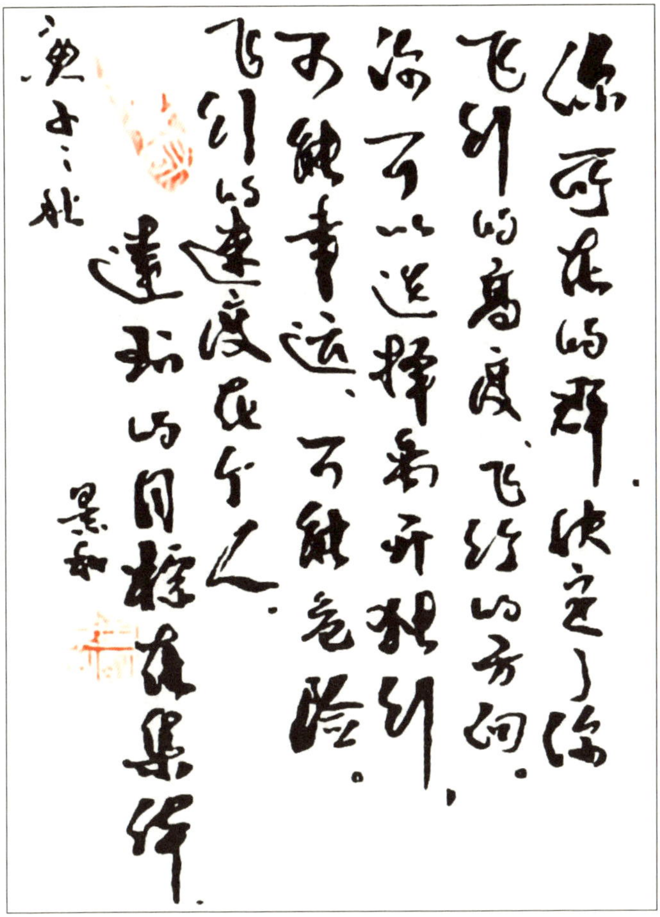

你所在的群，决定了你飞行的高度、飞行的方向。

你可以选择离开独行，可能幸运、可能危险。

飞行的速度在个人，达到的目标在集体。

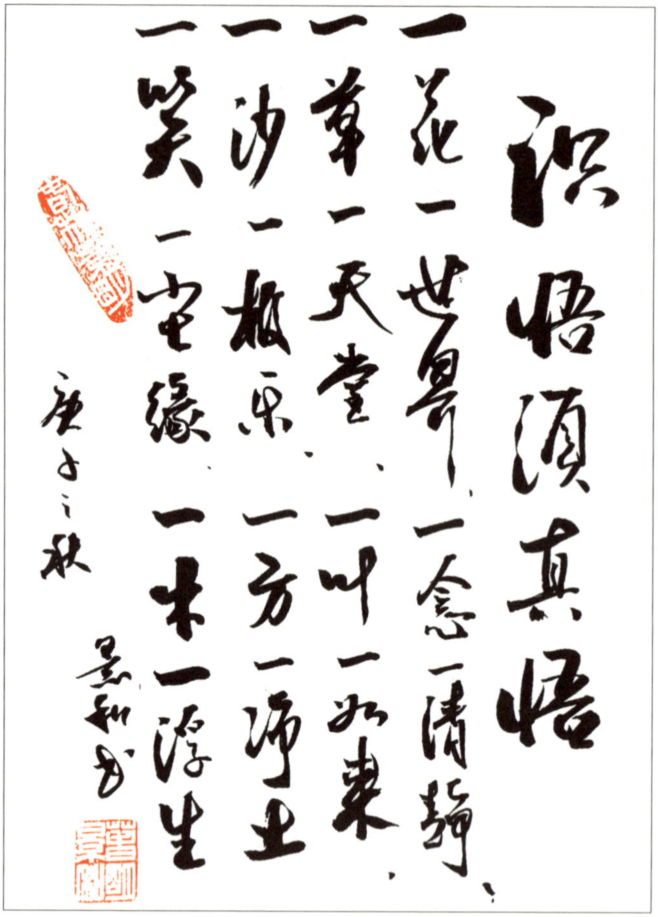
识悟須真悟
一花一世界、一念一清静、
一草一天堂、一叶一如来、
一沙一极乐、一方一净土、
一笑一尘缘、一木一浮生
庚子之秋

【识悟須真悟】

一花一世界，一念一清静；

一草一天堂，一叶一如来；

一沙一极乐，一方一净土；

一笑一尘缘，一木一浮生。

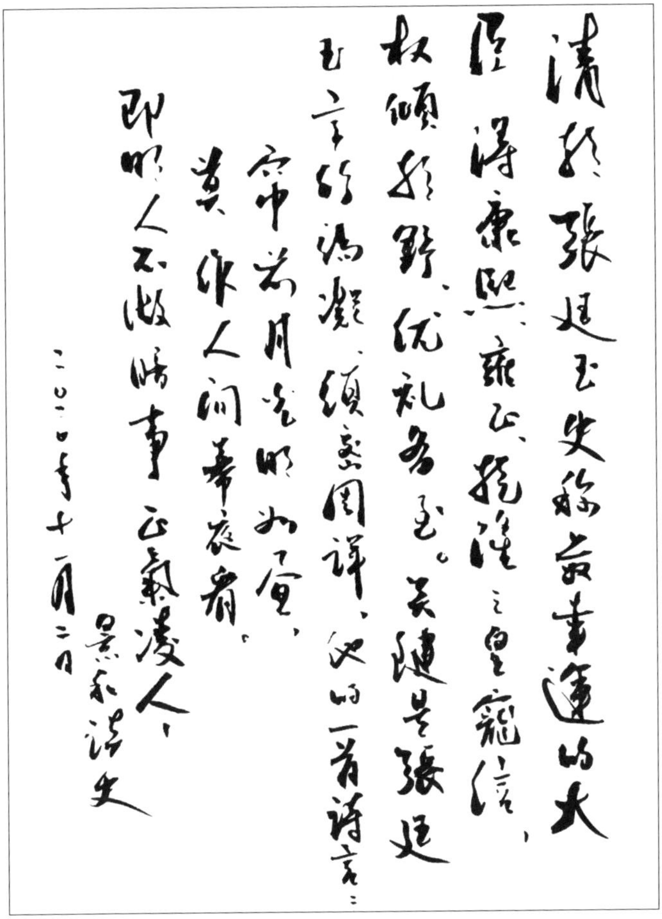
清朝张廷玉史称最幸运的大臣，得康熙、雍正、乾隆三皇宠信，权倾朝野、优礼备至。关键是张廷玉言行端凝、缜密周详，他的一首诗言：
帘前月色明如昼，
莫作人间暮夜看。
即明人不做暗事，正气凌人。

清朝张廷玉史称最幸运的大臣，得康熙、雍正、乾隆三皇宠信，权倾朝野、优礼备至。关键是张廷玉言行端凝、缜密周详，他的一首诗言：帘前月色明如昼，莫作人间暮夜看。即明人不做暗事，正气凌人。

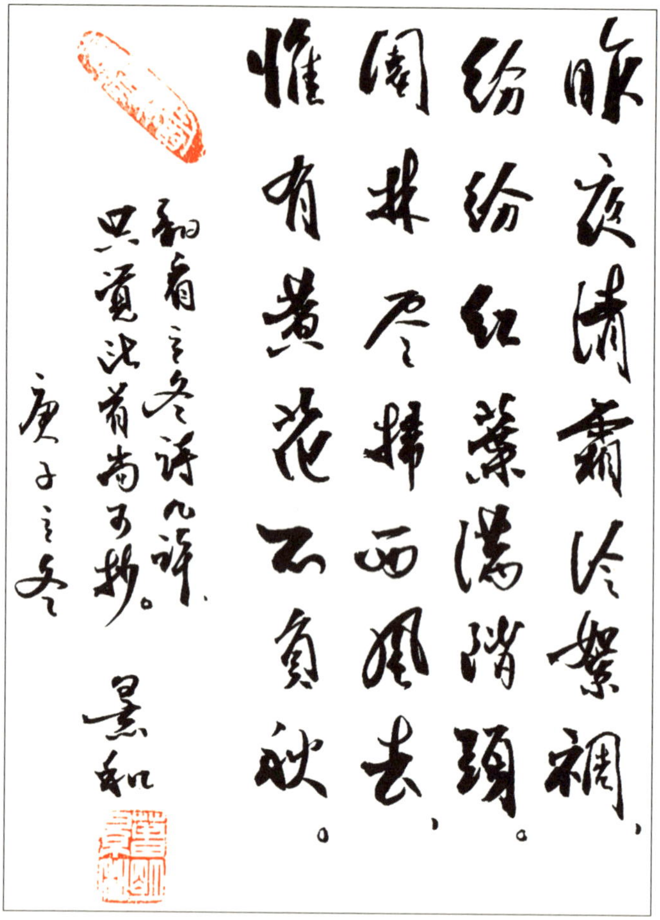
昨夜清霜冷絮裯，纷纷红叶满阶头。
园林尽扫西风去，惟有黄花不负秋。
翻看立冬诗几许，只觉此首尚可抄。
庚子立冬
景和

昨夜清霜冷絮裯，纷纷红叶满阶头。
园林尽扫西风去，惟有黄花不负秋。
翻看立冬诗几许，
只觉此首尚可抄。

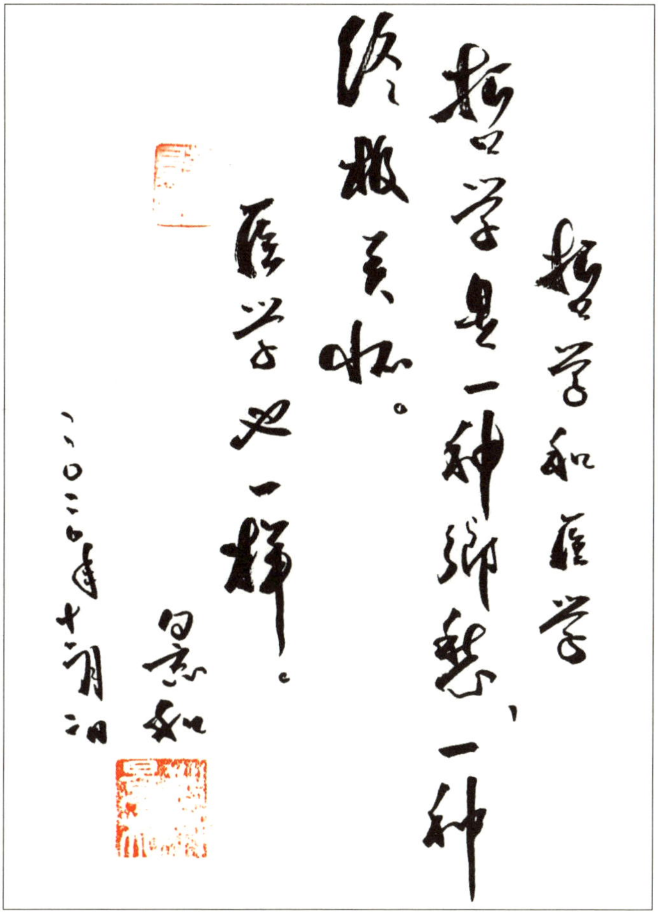
哲学和医学
哲学是一种乡愁，一种终极关怀。
医学也一样。

【哲学和医学】

哲学是一种乡愁，一种终极关怀。

医学也一样。

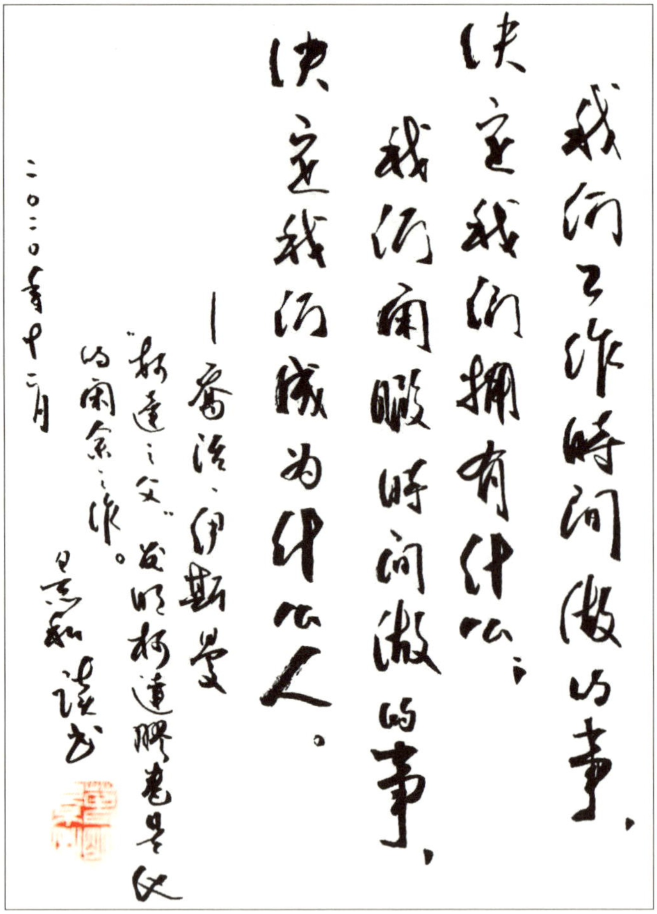
我们工作时间做的事，
决定我们拥有什么；
我们闲暇时间做的事，
决定我们成为什么人。
——乔治·伊斯曼
"柯达之父"发明柯达胶卷是他的闲余之作。
二〇二〇年十二月

我们工作时间做的事，决定我们拥有什么；
我们闲暇时间做的事，决定我们成为什么人。
——乔治·伊斯曼
（“柯达之父”，发明柯达胶卷是他的闲余之作。）

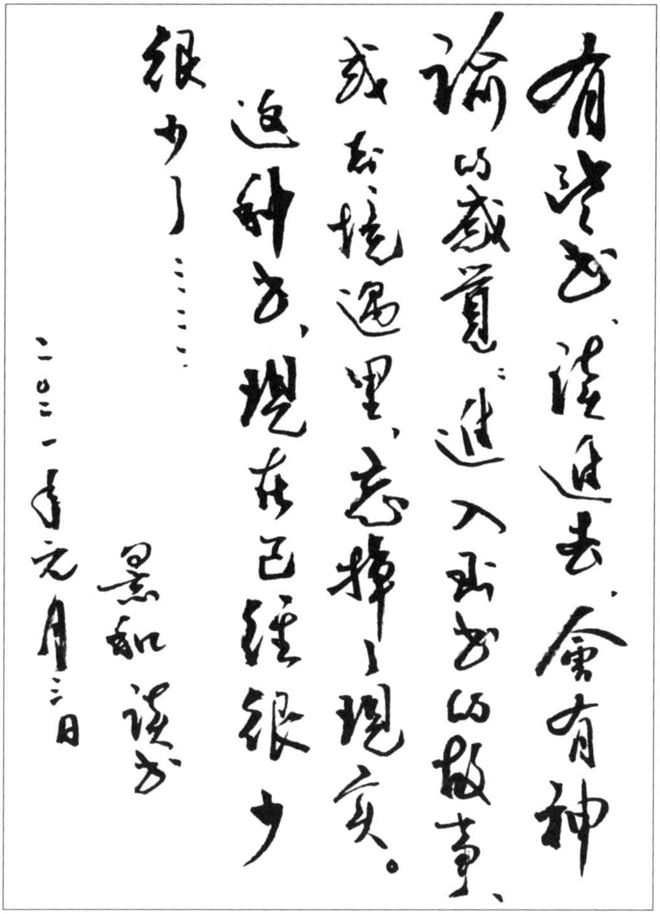
有些书、读进去、会有神谕的感觉：进入到书的故事、或者境遇里、忘掉了现实。
这种书、现在已经很少很少了……
二〇二一年元月二日

有些书，读进去，会有神谕的感觉：进入到书的故事，或者境遇里，忘掉了现实。

这种书，现在已经很少很少了……

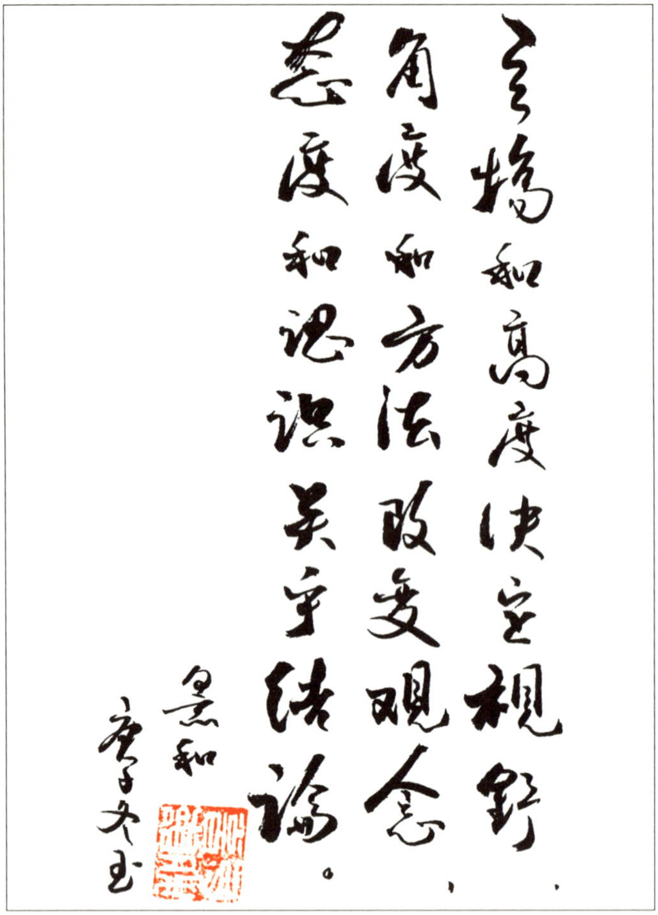
立场和高度决定视野，
角度和方法改变观念，
态度和认识关乎结论。

立场和高度决定视野，
角度和方法改变观念，
态度和认识关乎结论。

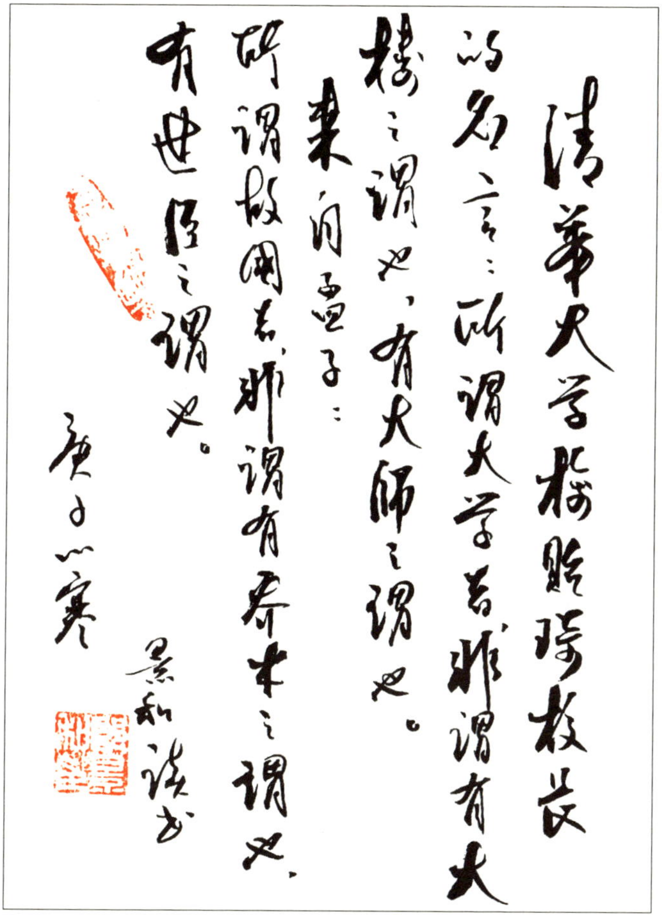

清华大学梅贻琦校长的明言：所谓大学者，非谓有大楼之谓也，有大师之谓也。

来自孟子：所谓故国者，非谓有乔木之谓也，有世臣之谓也。

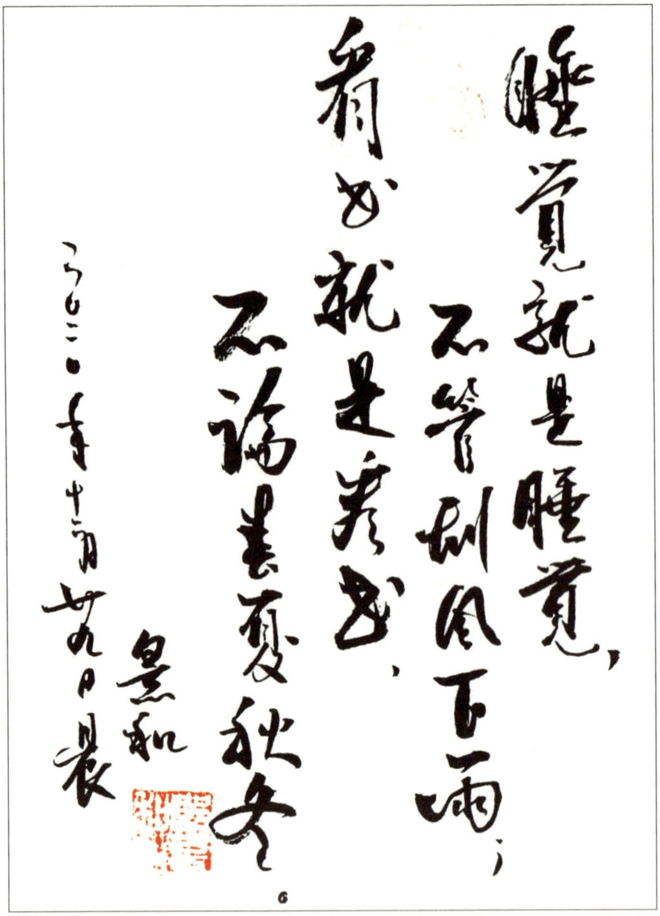

睡觉就是睡觉，不管刮风下雨；
看书就是看书，不论春夏秋冬。

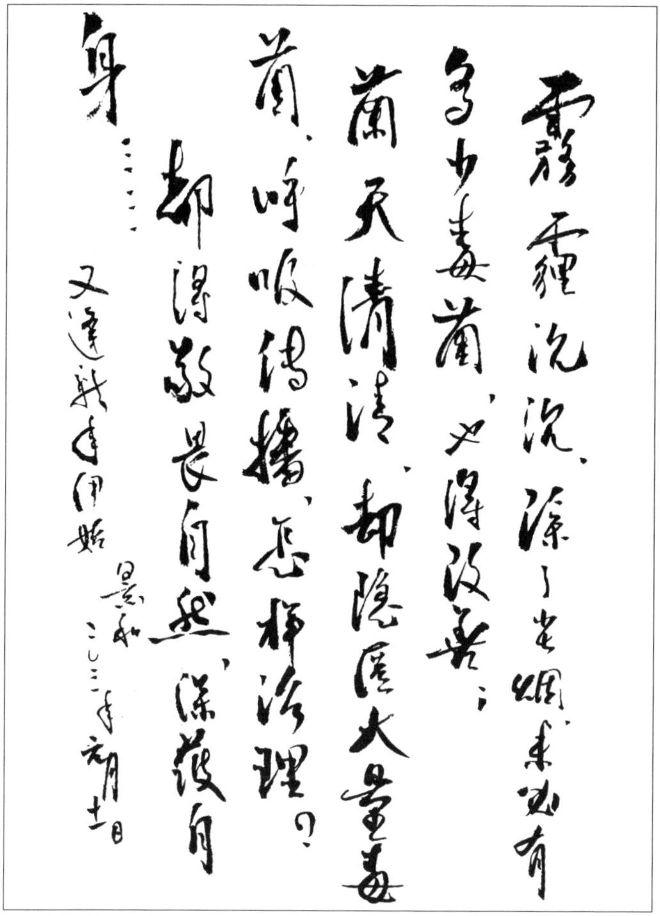

雾霾沉沉，除了尘烟，未必有多少毒菌，也得改善；
蓝天清清，却隐匿大量毒菌，呼吸传播，怎样治理？
都得敬畏自然，保护自身……
又逢新年伊始。

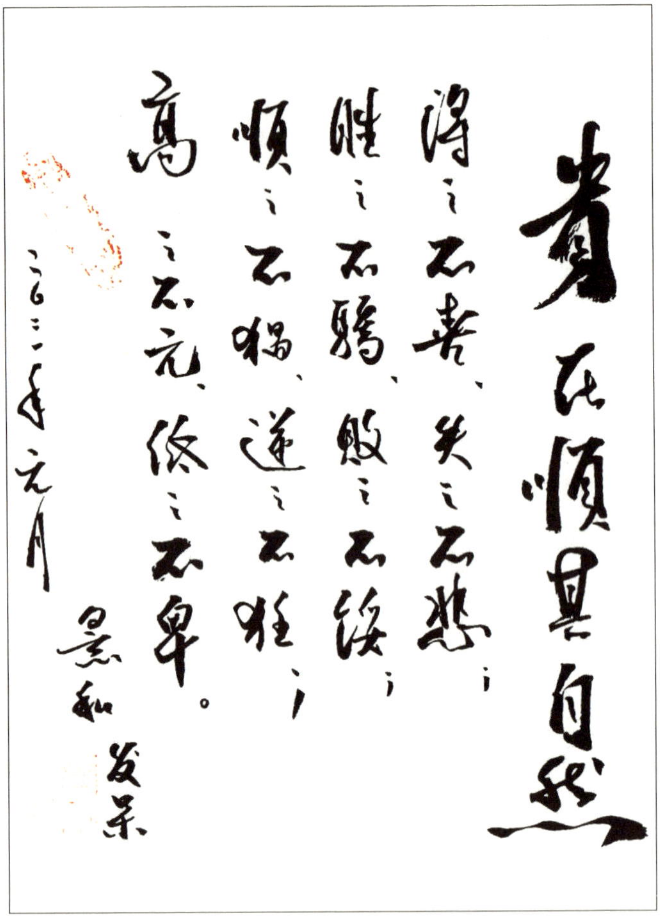

【贵在顺其自然】

得之不喜、失之不悲；
胜之不骄、败之不馁；
顺之不狷、逆之不狂；
高之不亢、低之不卑。

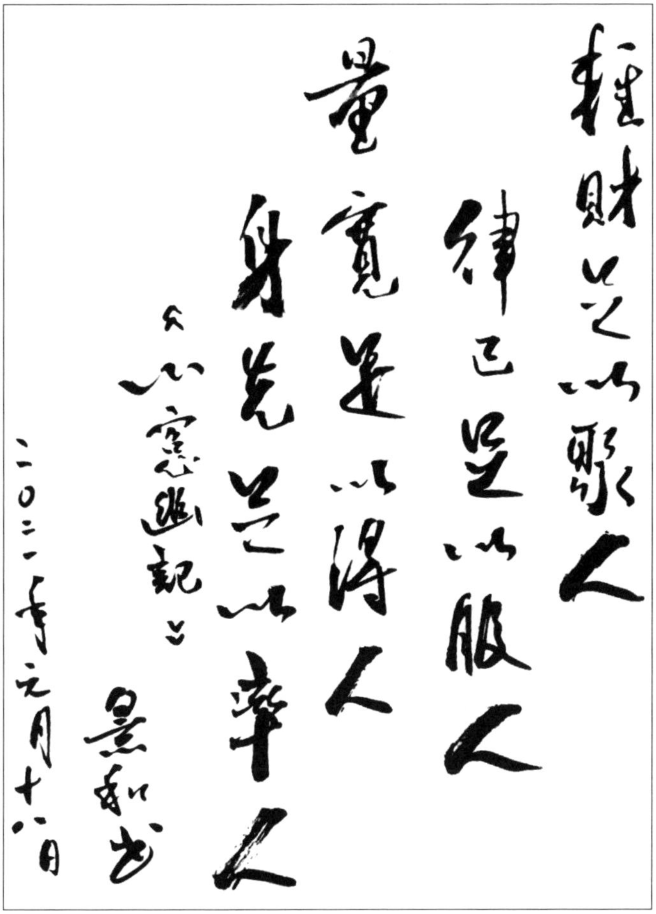

轻财足以聚人，
律己足以服人，
量宽足以得人，
身先足以率人。
——《小窗幽记》

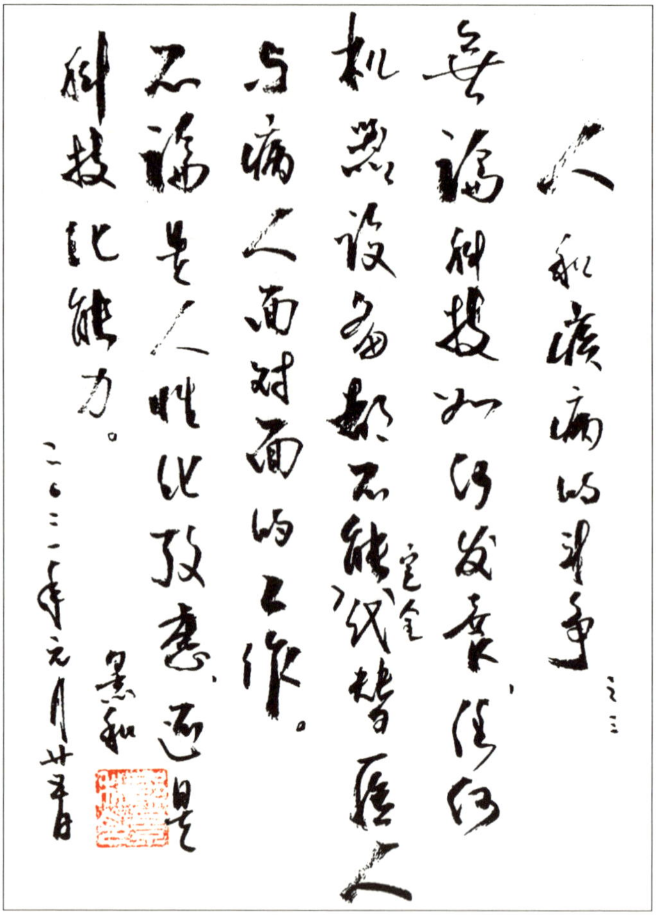
人和疾病的斗争
无论科技如何发展，任何机器设备都不能完全代替医生与病人面对面的工作。
不论是人性化考虑，还是科技化能力。

【人和疾病的斗争】

无论科技如何发展，任何机器设备都不能完全代替医生与病人面对面的工作。

不论是人性化考虑，还是科技化能力。

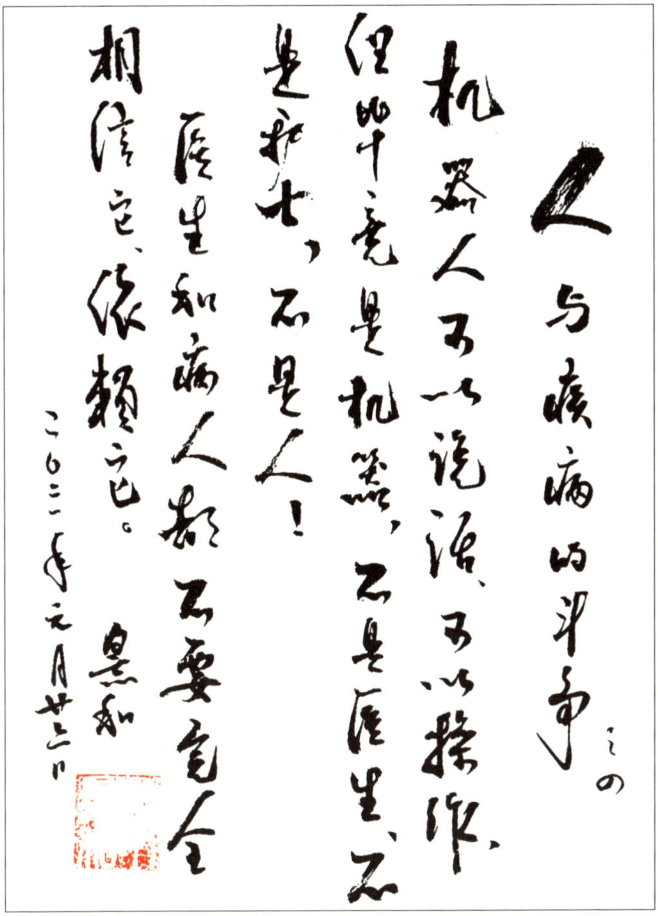
人与疾病的斗争之四
机器人可以说话、可以操作、但毕竟是机器，不是医生、不是护士，不是人！
医生和病人都不要完全相信它、依赖它。
惠和

【人与疾病的斗争】

机器人可以说话、可以操作，但毕竟是机器，不是医生、不是护士，不是人！

医生和病人都不要完全相信它、依赖它。

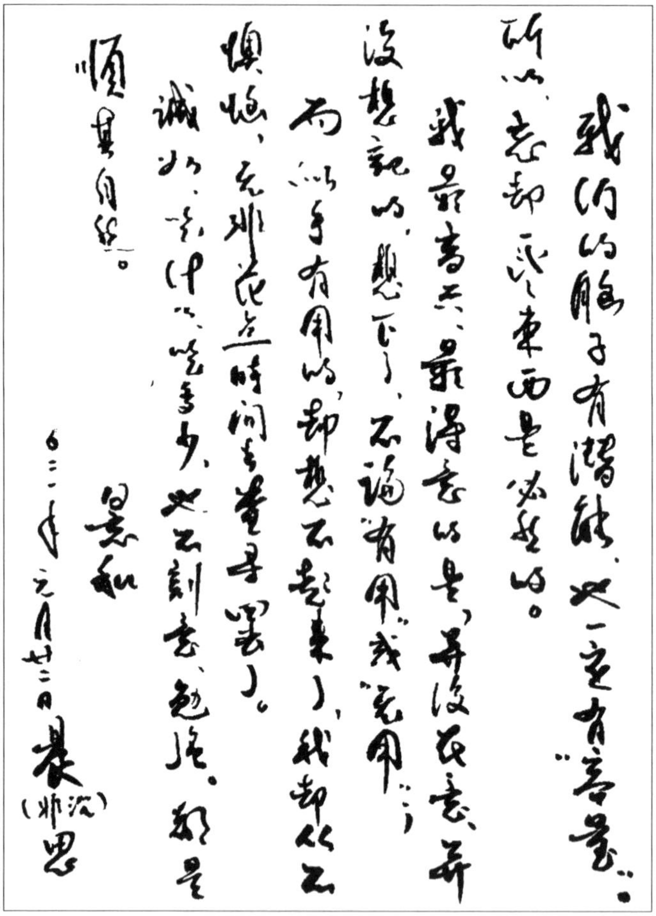

我们的脑子有潜能，也一定有“容量”。所以，忘却一些东西是必然的。

我最高兴、最得意的是，并没在意、并没想记的，想下了，不论“有用”或“无用”；

而似乎有用的，却想不起来了，我却从不懊恼，无非花点时间去查寻罢了。

诚如，吃什么、吃多少，也不刻意、勉强。都是顺其自然。

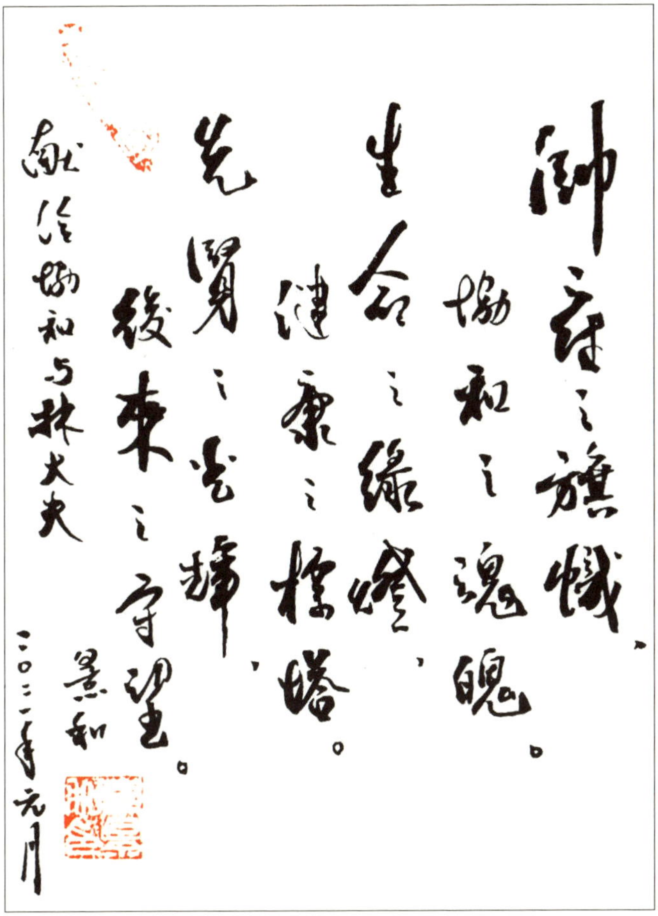

帅府之旗帜，协和之魂魄。
生命之绿灯，健康之标塔。
先贤之光辉，后来之守望。
——献给协和与林大夫

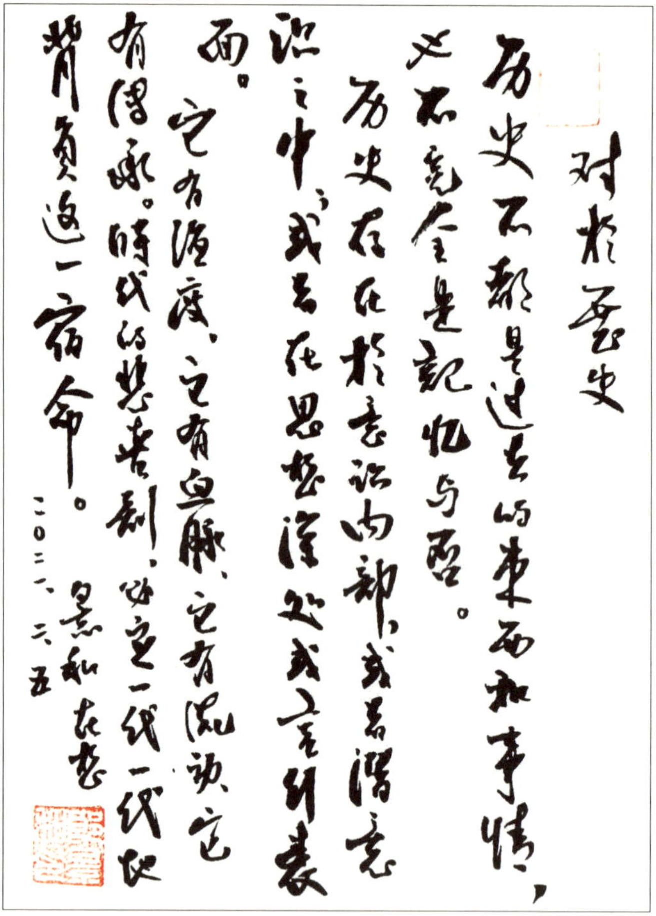

【对于历史】

历史不都是过去的东西和事情，也不完全是记忆与否。

历史存在于意识内部，或者潜意识之中，或者在思想深处或言行表面。

它有温度，它有血脉，它有流动，它有传承。时代的悲喜剧，必定一代一代地背负这一宿命。

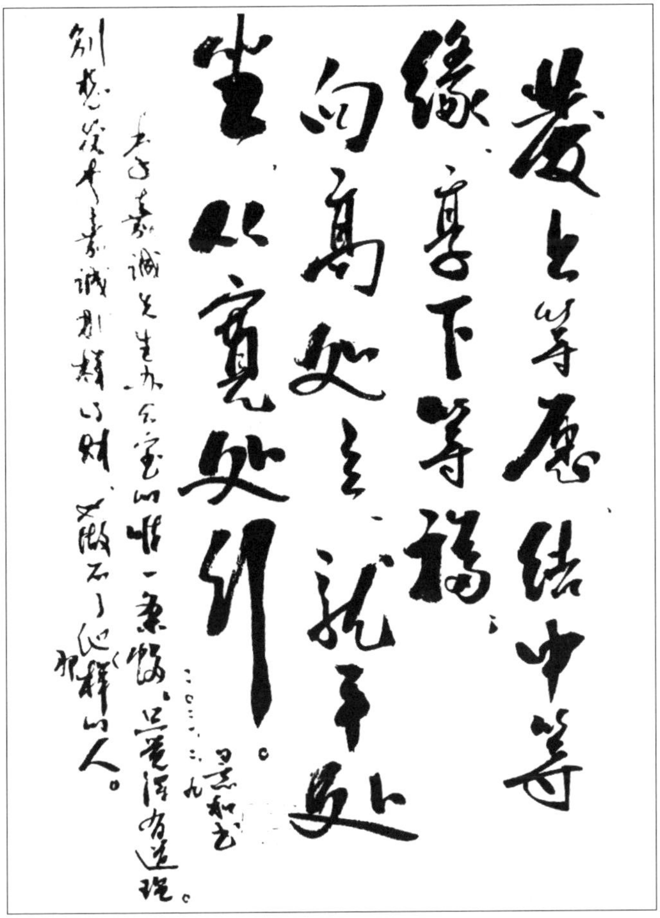
发上等愿，结中等缘，享下等福；向高处立，就平处坐，从宽处行。
李嘉诚先生办公室的唯一条幅，只觉得有道理。
别想发李嘉诚那样的财，也做不了他那样的人。

发上等愿，结中等缘，享下等福；向高处立，就平处坐，从宽处行。李嘉诚先生办公室的唯一条幅，只觉得有道理。别想发李嘉诚那样的财，也做不了他那样的人。

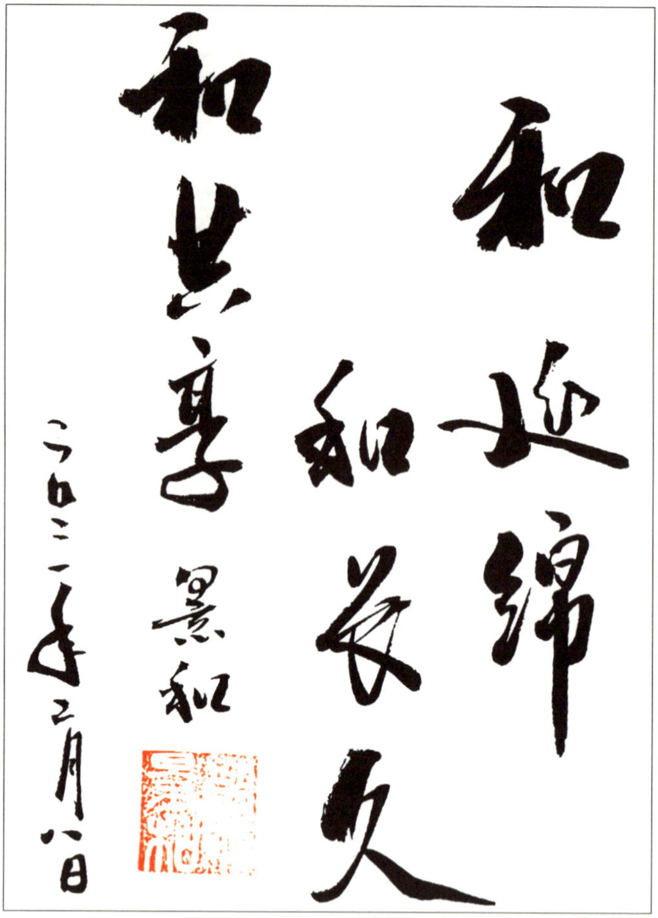

和延绵，
和长久，
和共享。

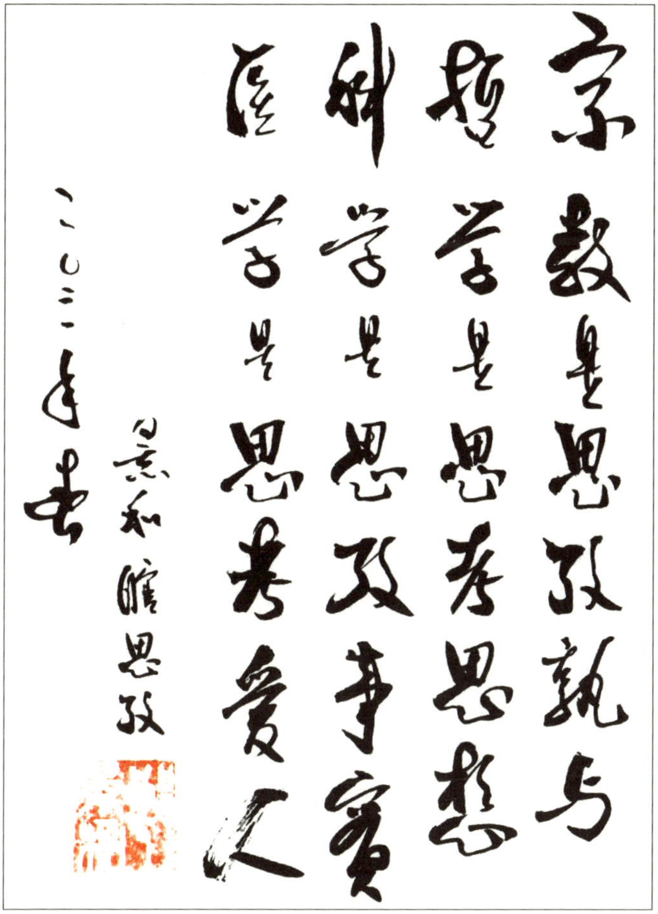

宗教是思考孰与，
哲学是思考思想，
科学是思考事实，
医学是思考爱人。

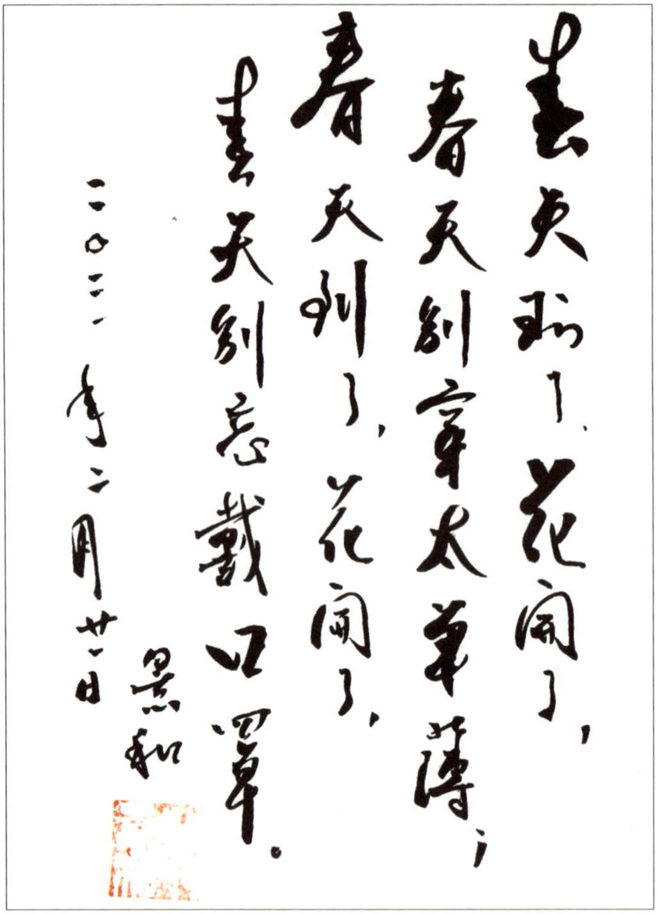
春天到了，花开了，春天别穿太单薄；
春天到了，花开了，春天别忘戴口罩。

春天到了，花开了，春天别穿太单薄；
春天到了，花开了，春天别忘戴口罩。

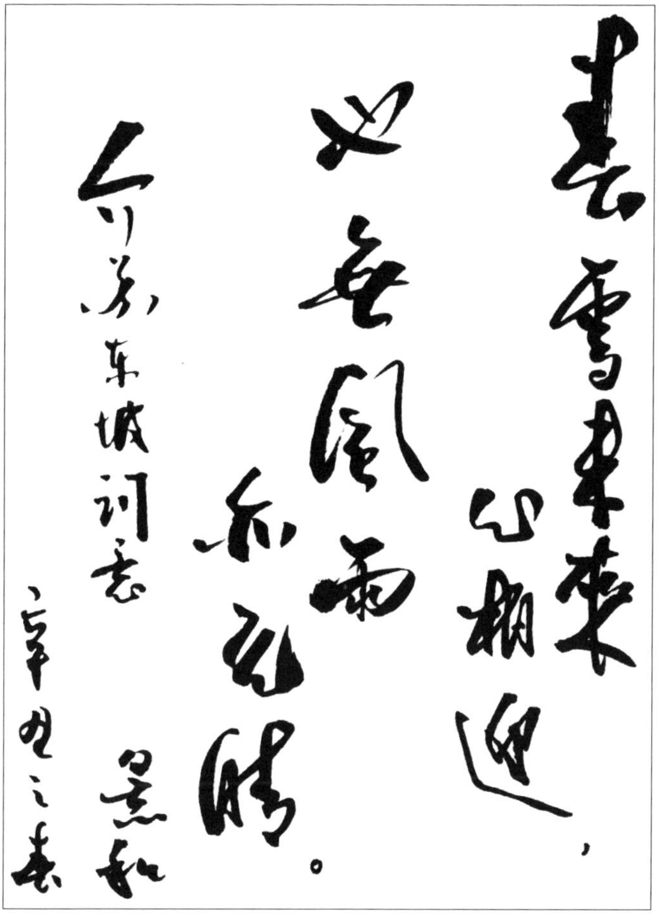

春雪未来心相迎，
也无风雨亦无晴。
——借苏东坡词意

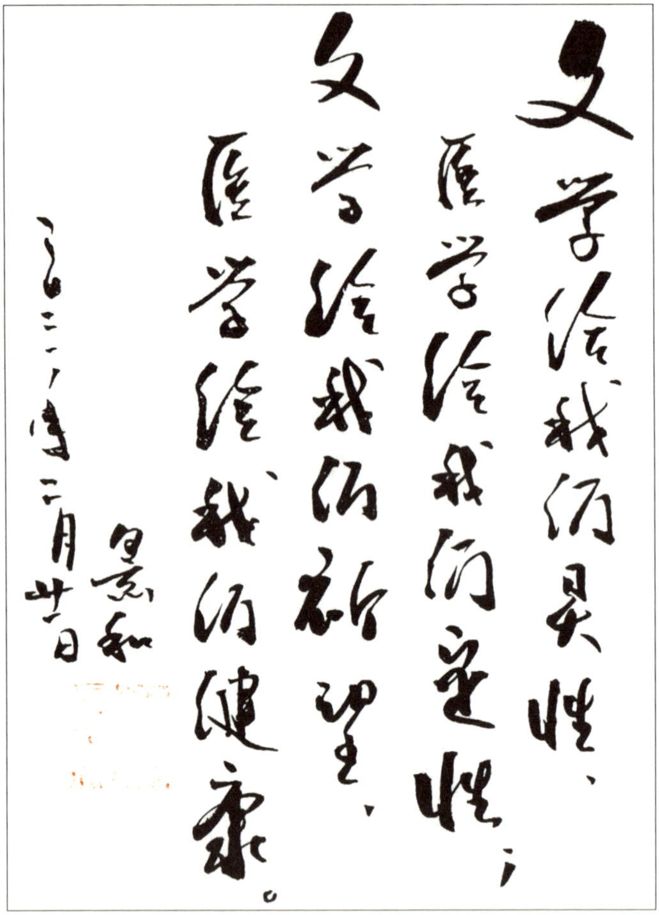
文学给我们灵性、
医学给我们定性；
文学给我们祈望、
医学给我们健康。

文学给我们灵性，
医学给我们定性；
文学给我们祈望，
医学给我们健康。

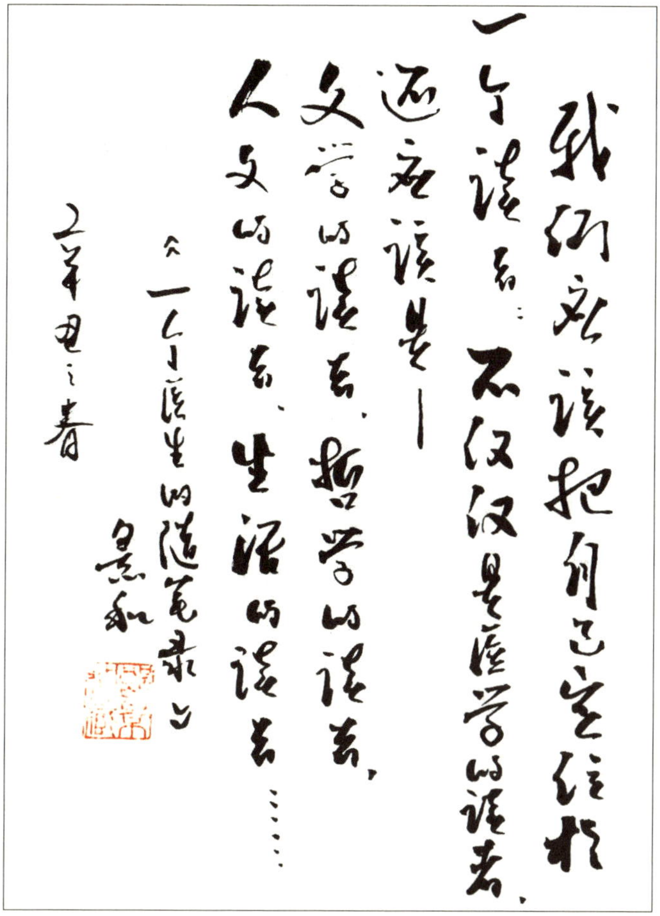

我们应该把自己定位于一个读者：不仅仅是医学的读者，还应该是——

文学的读者，哲学的读者，人文的读者，生活的读者……

——《一个医生的随笔录》

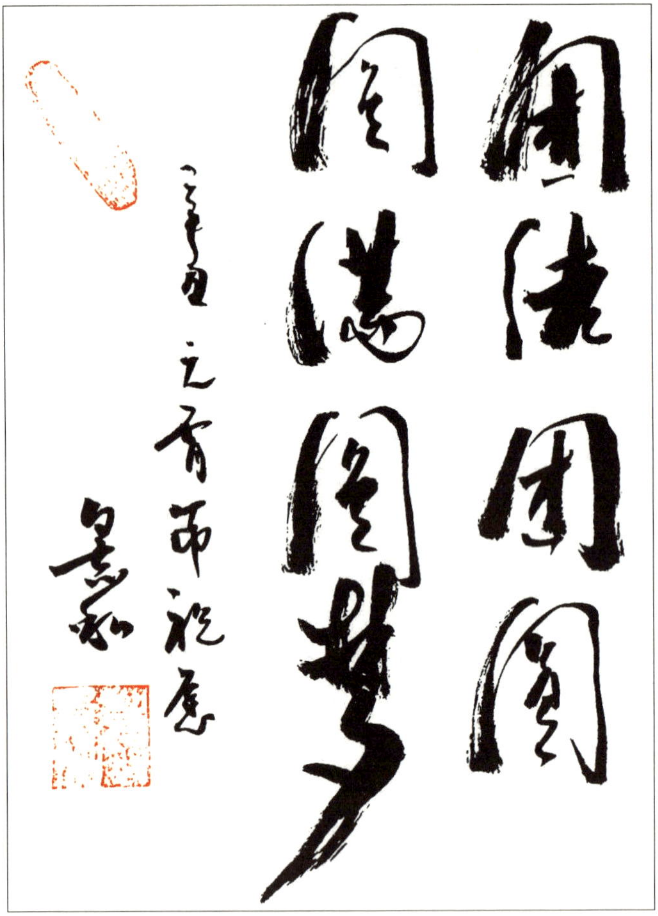

团结团圆，
圆满圆梦。

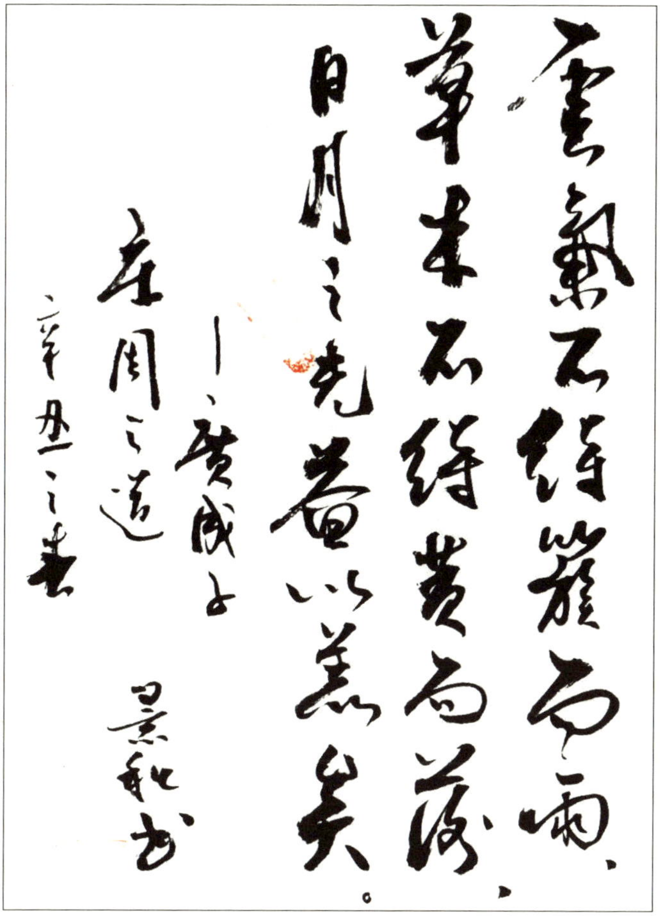

云气不待簇而雨，
草木不待黄而落，
日月之光益以荒矣。
——广成子
庄周之道。

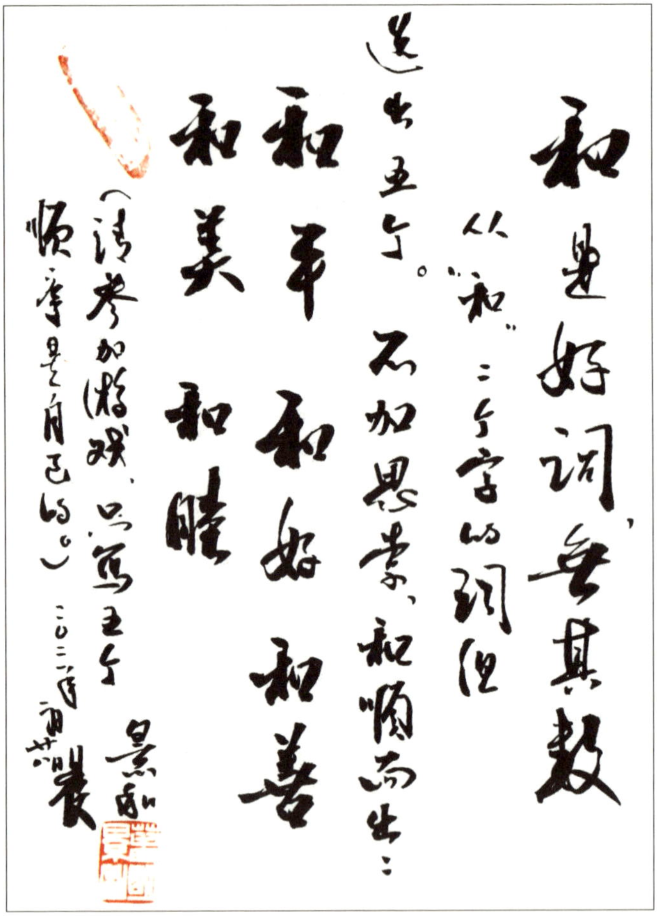

和是好词，无其数。

从“和”二个字的词组选出五个。不假思索、和顺而出：

和平、和好、和善、和美、和睦。

请参加游戏，只写五个。

顺序是自己的。

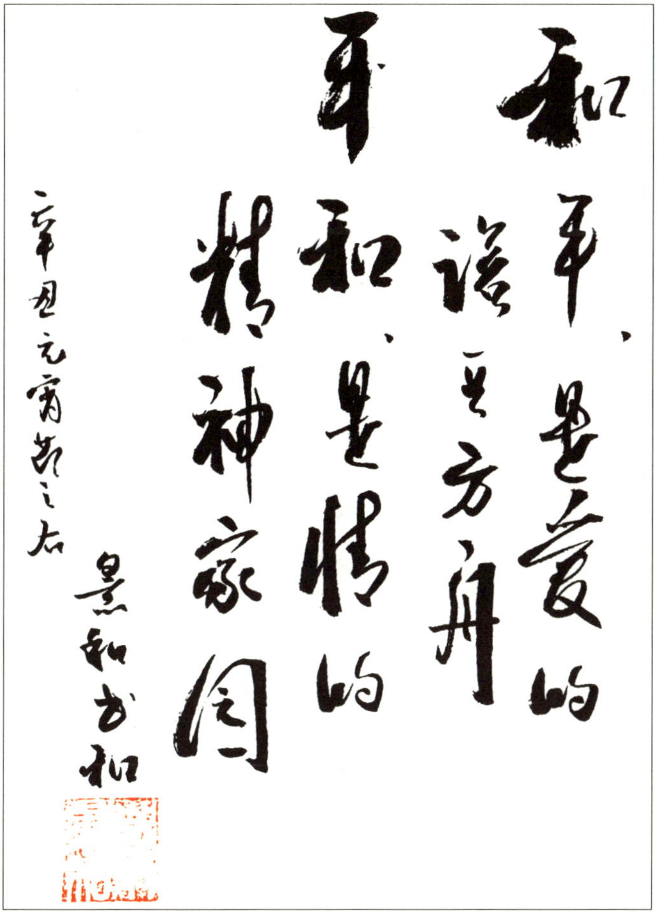

和平，是爱的诺亚方舟，
平和，是情的精神家园。

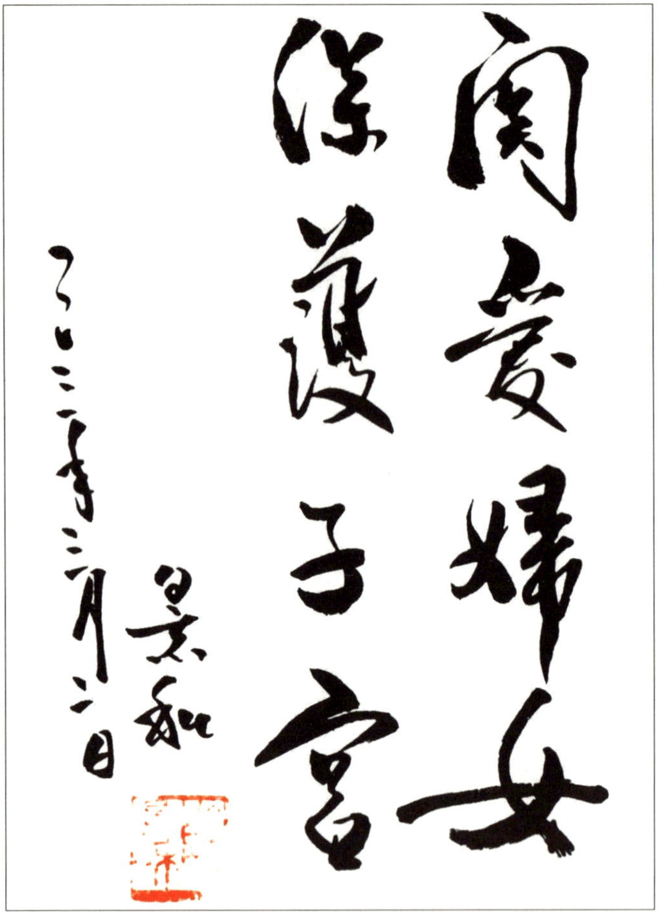

关爱妇女，
保护子宫。

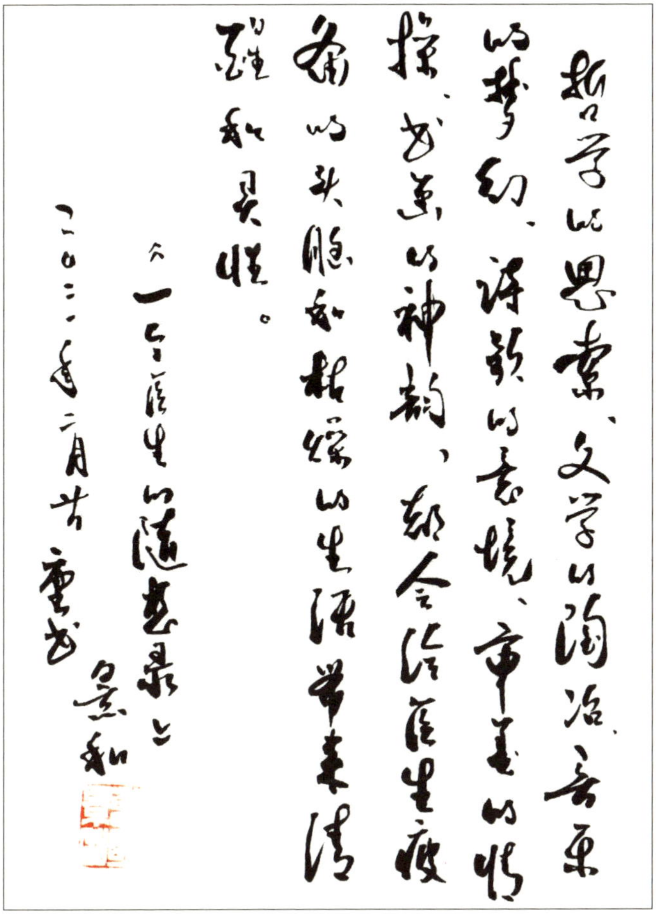

哲学的思索、文学的陶冶、音乐的梦幻、诗歌的意境、审美的情操、书画的神韵，都会给医生疲惫的头脑和枯燥的生活带来清醒和灵性。

——《一个医生的随想录》

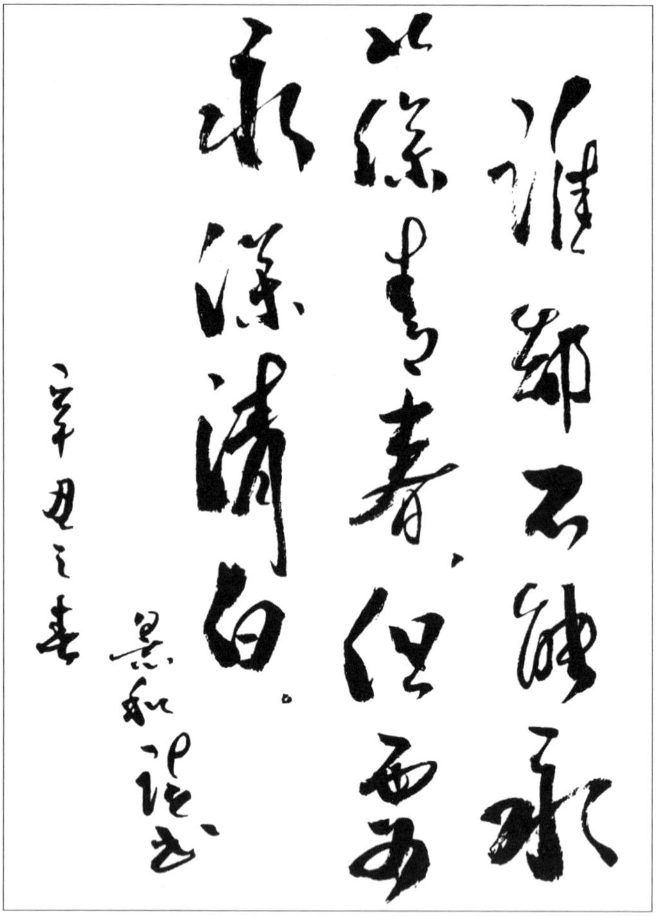

谁都不能永葆青春，
但要永保（葆）清白。

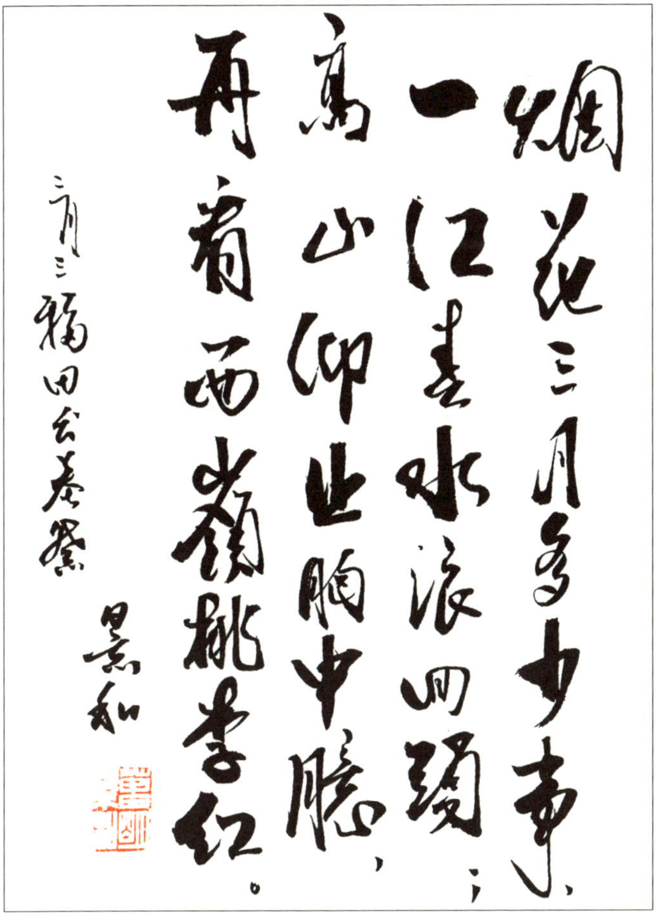
烟花三月多少事，
一江春水浪回头；
高山仰止胸中臆，
再看西岭桃李红。
景和

烟花三月多少事，一江春水浪回头；
高山仰止胸中臆，再看西岭桃李红。

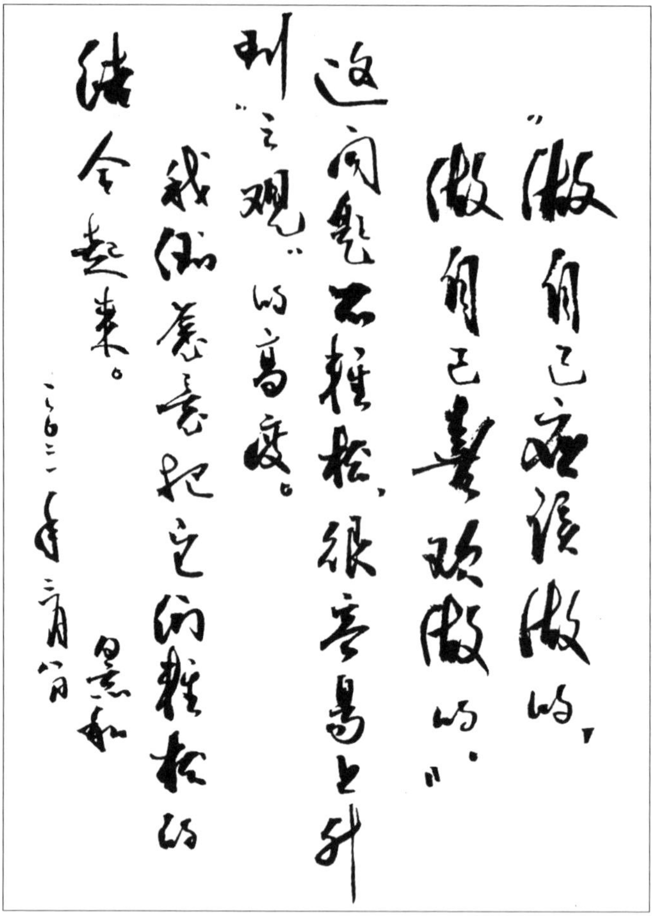

“做自己应该做的，做自己喜欢做的。”
这问题不轻松，很容易上升到“三观”的高度。
我倒愿意把它们轻松的（地）结合起来。

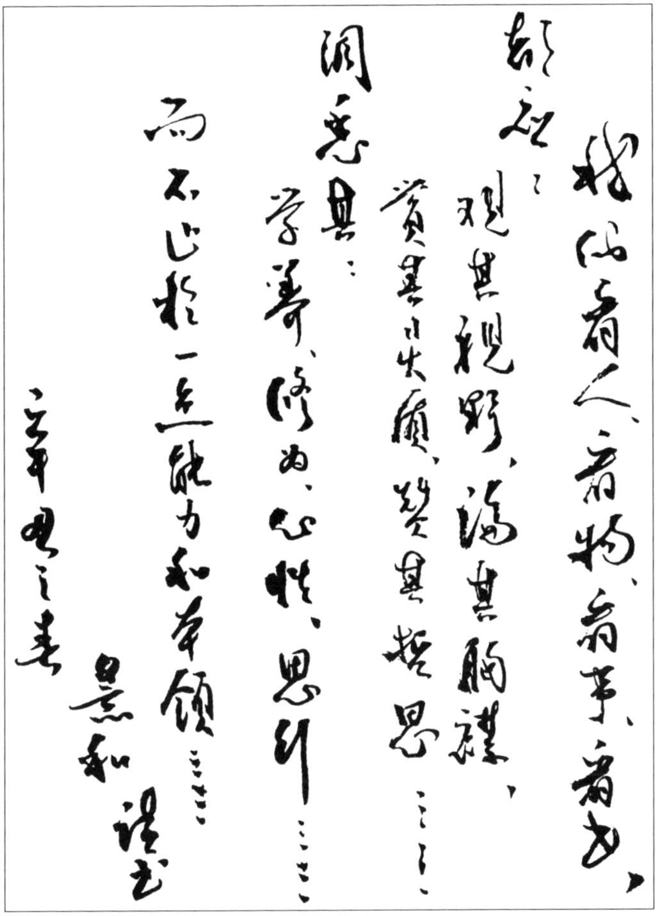

我们看人、看物、看事、看书，都应：

观其视野，论其胸襟，赏其灵质，赞其哲思……

洞悉其：

学养、修为、心性、思行……

而不止於一点能力和本领……

读书。

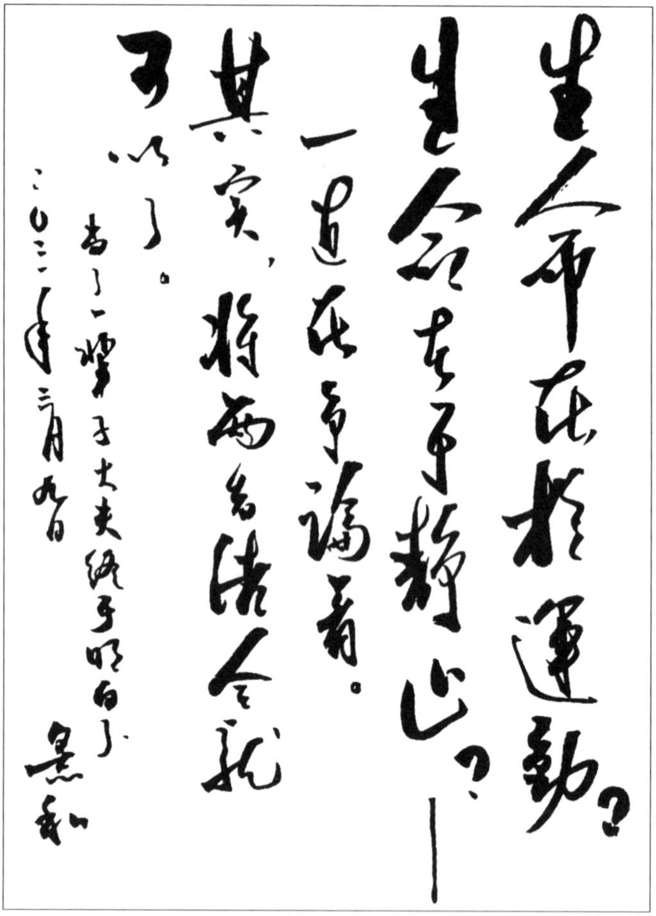

生命在于运动？生命在于静心？——

一直在争论着。

其实，将两者结合就可以了。

当了一辈子大夫终于明白了。

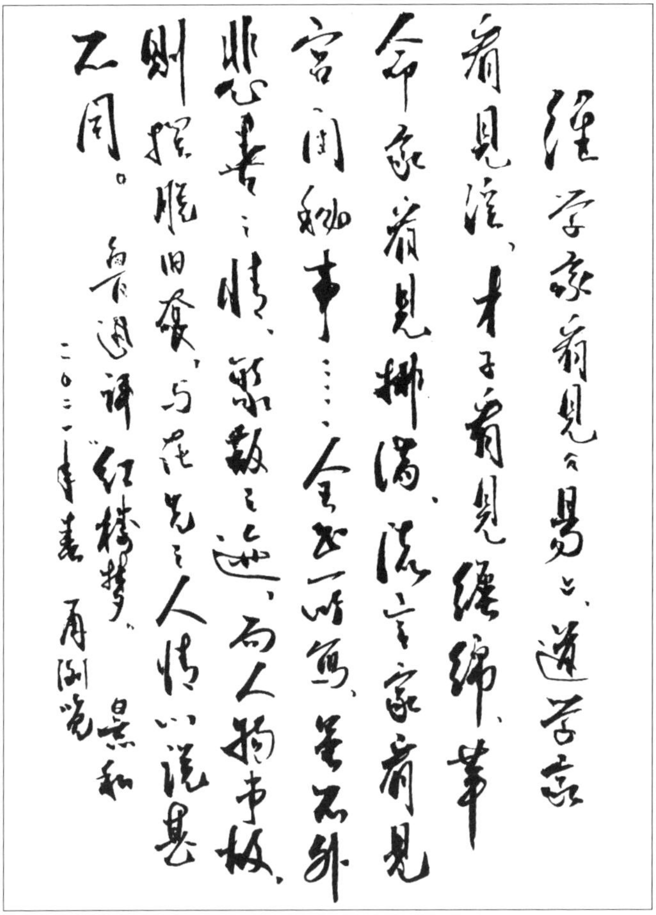
经学家看见易，道学家看见淫，才子看见缠绵，革命家看见排满，流言家看见宫闱秘事……全书所写，虽不外悲喜之情、聚散之迹，而人物事故，则摆脱旧套，与在先之人情小说甚不同。
鲁迅评红楼梦

经学家看见《易》，道学家看见淫，才子看见缠绵，革命家看见排满，流言家看见宫闱秘事……全书所写，虽不外悲喜之情、聚散之迹，而人物事故，则摆脱旧套，与在先之人情小说甚不同。

——鲁迅评《红楼梦》

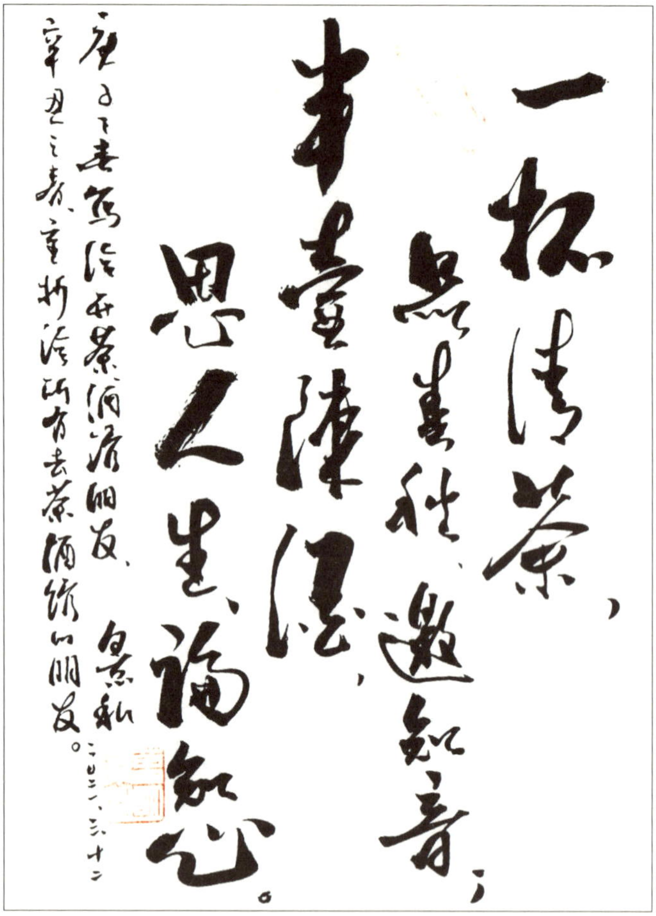

一杯清茶，品春秋、邀知音；

半壶陈酒，思人生、论知心。

庚子之春写给开茶、酒馆朋友，辛丑之春，重抄给所有去茶、酒馆的朋友。

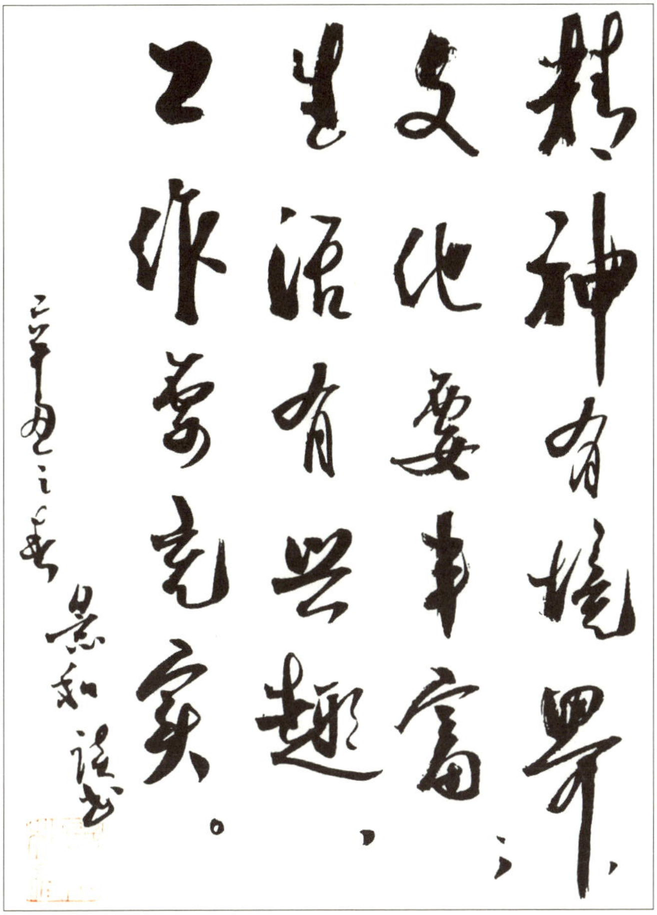
精神有境界，
文化要丰富；
生活有兴趣，
工作要充实。

精神有境界，文化要丰富；
生活有兴趣，工作要充实。

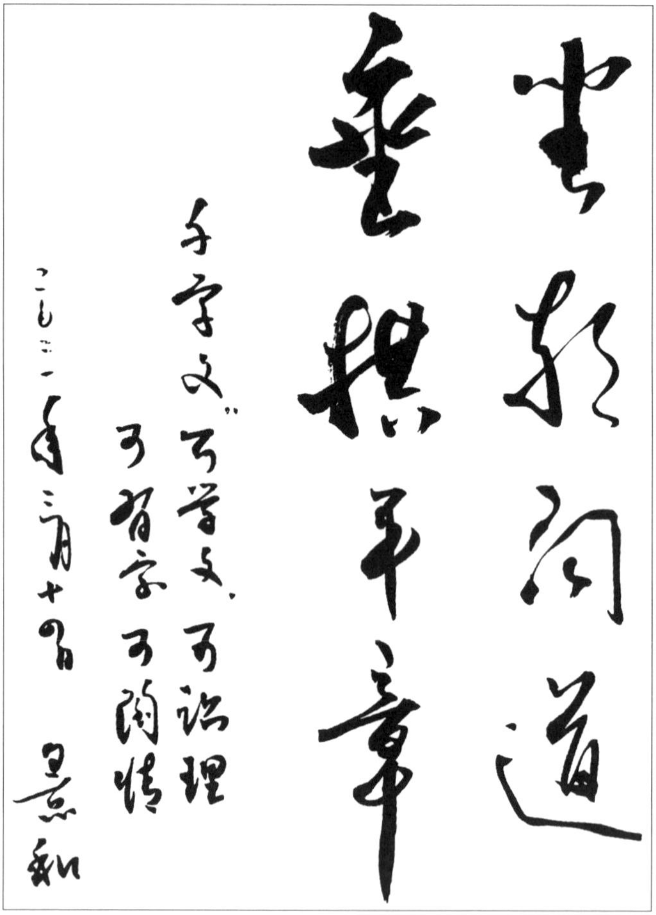

坐朝问道，

垂拱平章。

《千字文》可学文、可识理、可习字、可陶情。

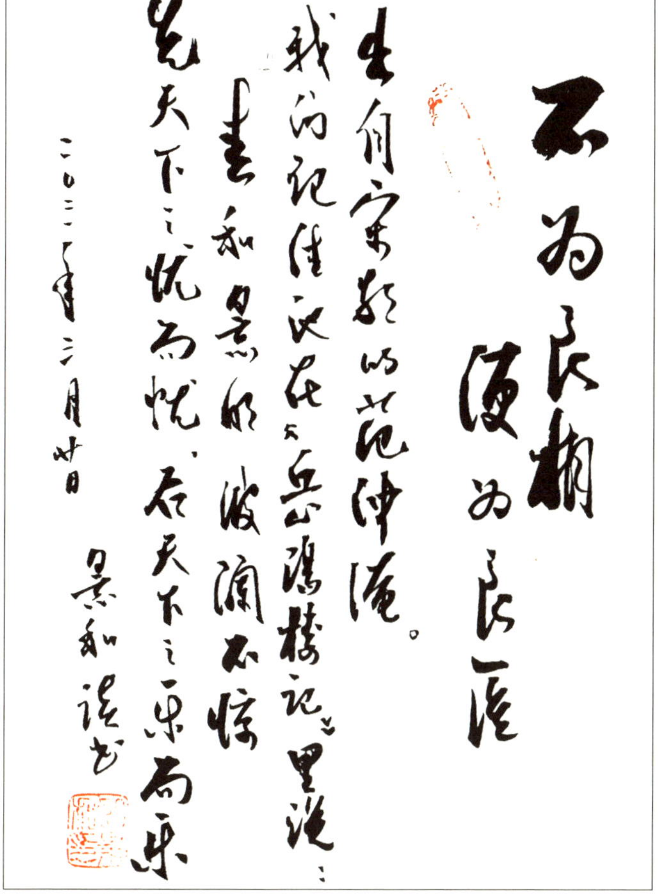

不为良相，便为良医。

出自宋朝的范仲淹。

我们记住他在《岳阳楼记》里说：

春和景明，波澜不惊。

先天下之忧而忧，后天下之乐而乐。

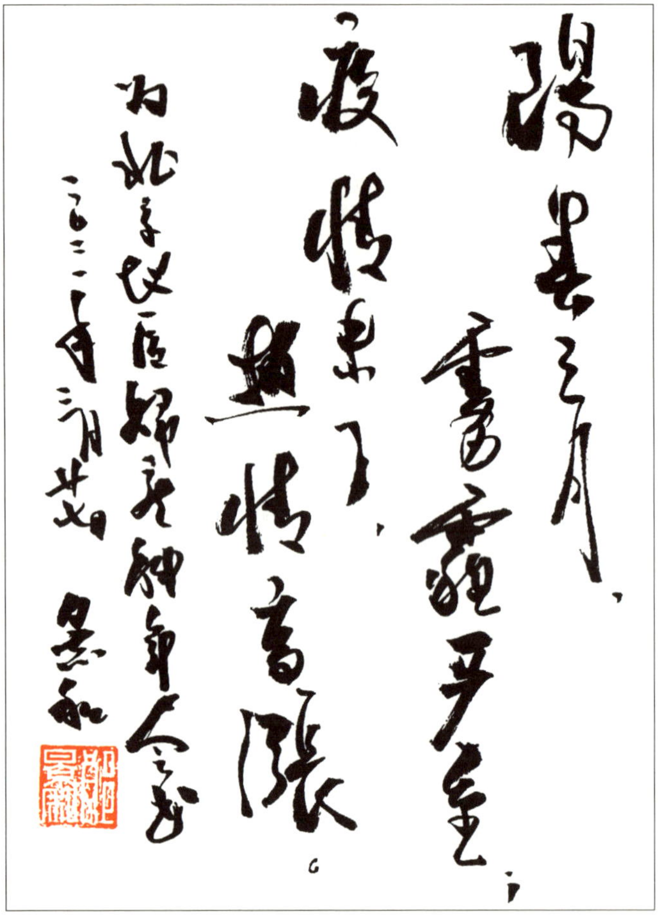

阳春三月，雾霾严重；
疫情未了，热情高涨。
——为北京地区妇产科年会书

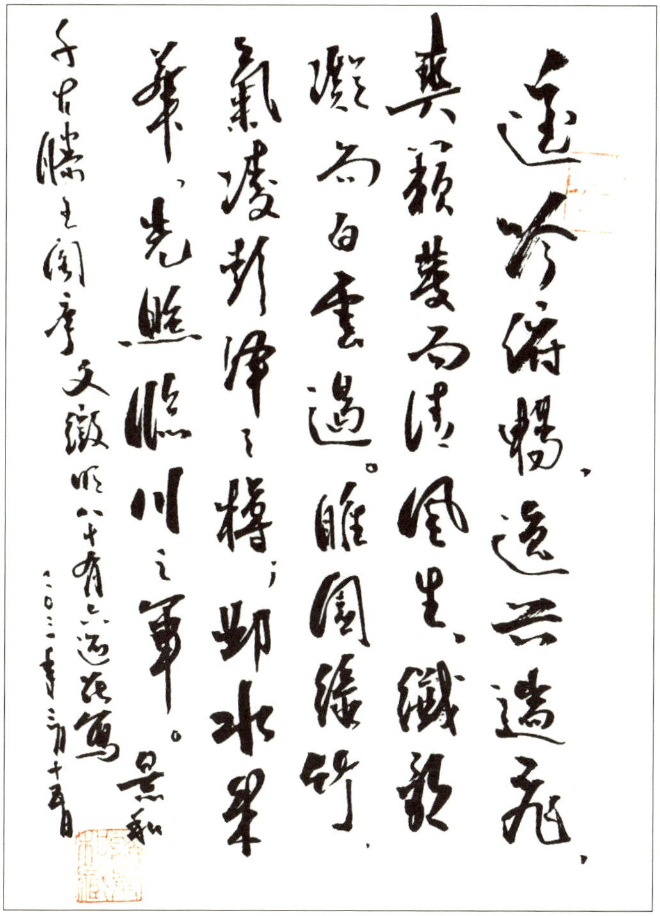

遥吟俯畅，逸兴遄飞，爽籁发而清风生，纤歌凝而白云遏。睢园绿竹，气凌彭泽之樽；邺水朱华，光照临川之笔。

千古滕王阁序，文徵明八十有六还在写。

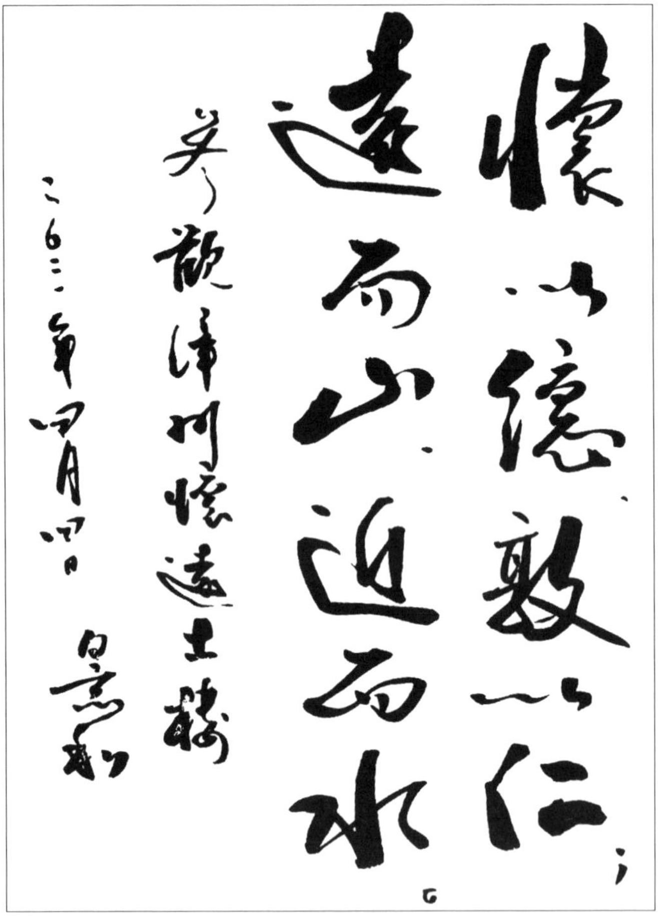

怀以德、敦以仁；
远而山、近而水。
——参观漳州怀远土楼

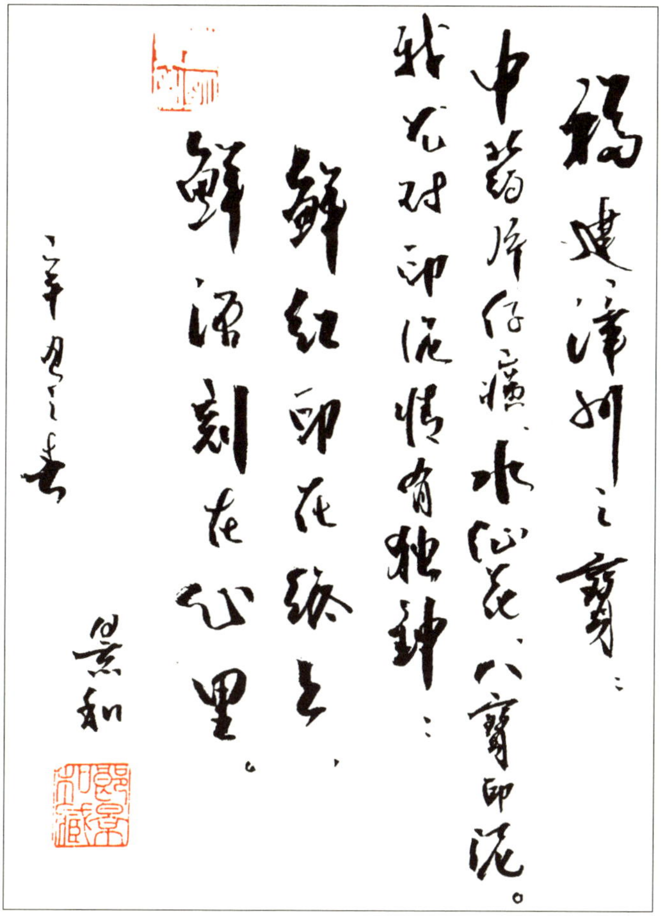
福建漳州之宝：
中药片仔癀、水仙花、八宝印泥。
我尤对印泥情有独钟：
鲜红印在纸上，
鲜活刻在心里。
景和

福建漳州之宝
中药片仔癀、水仙花、八宝印泥。
我尤对印泥情有独钟：
鲜红印在纸上，
鲜活刻在心里。

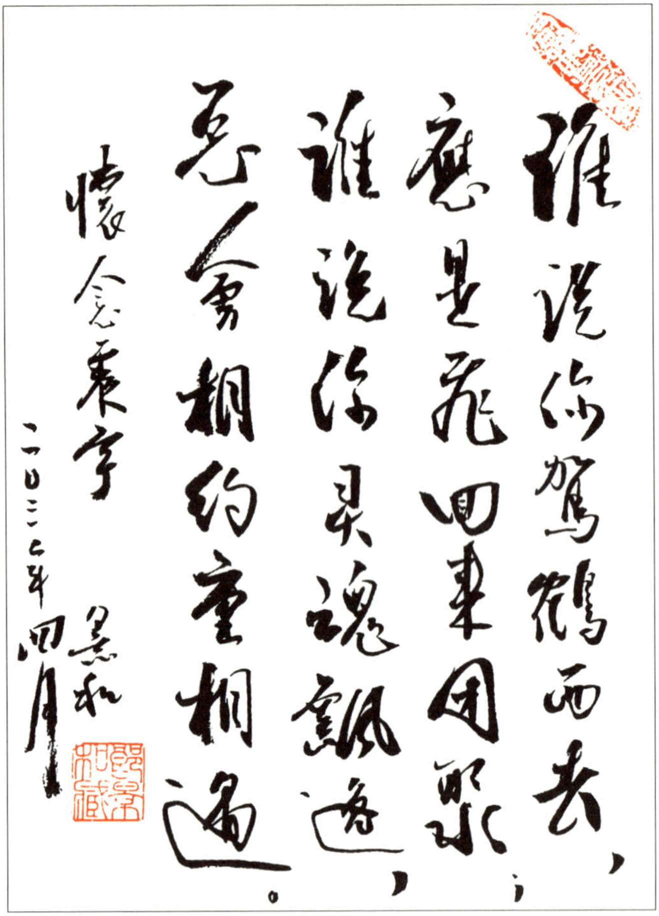
谁说你驾鹤西去，
应是飞回来团聚；
谁说你灵魂飘逸，
总会相约重相遇。
怀念震宇

谁说你驾鹤西去，
应是飞回来团聚；
谁说你灵魂飘逸，
总会相约重相遇。
——怀念震宇

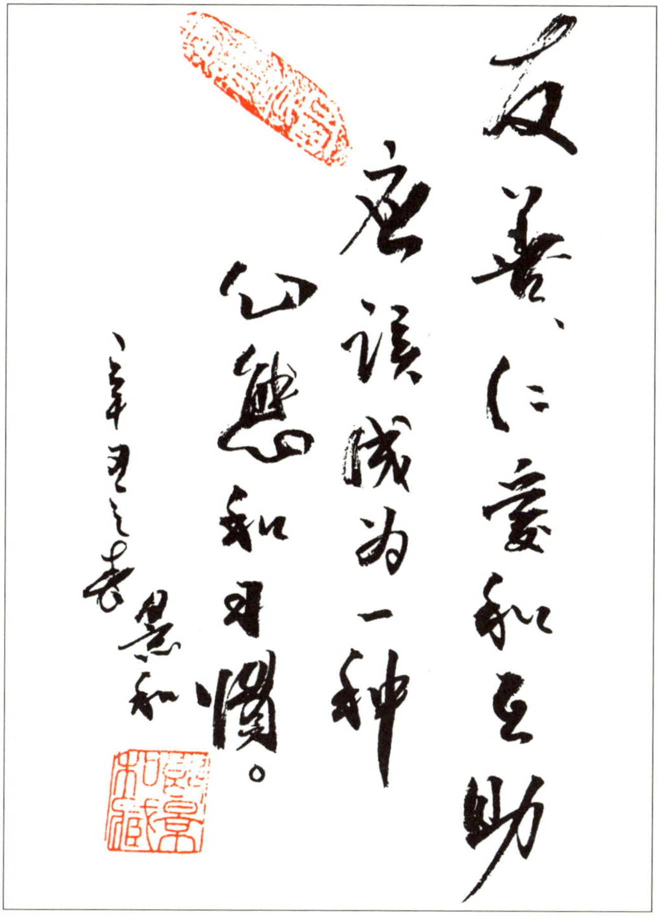
友善、仁爱和互助
应该成为一种
心态和习惯。

友善、仁爱和互助，
应该成为一种心态和习惯。

仲秋赏月月步迟，
秋风推来风渐寒。

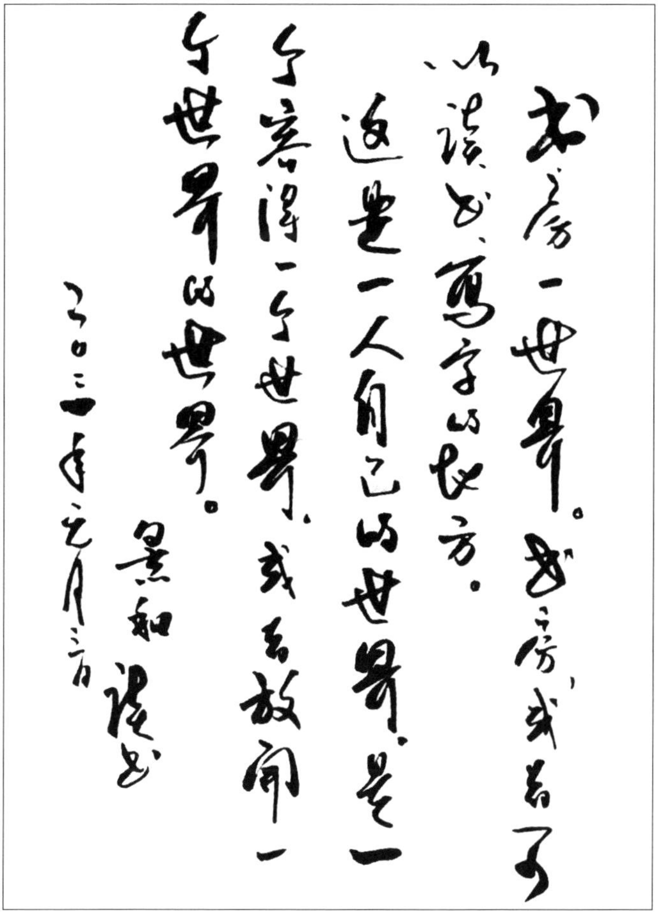

书房一世界。书房，或者可以读书、写字的地方。

这是一人自己的世界，是一个容得一个世界，或者放开一个世界的世界。

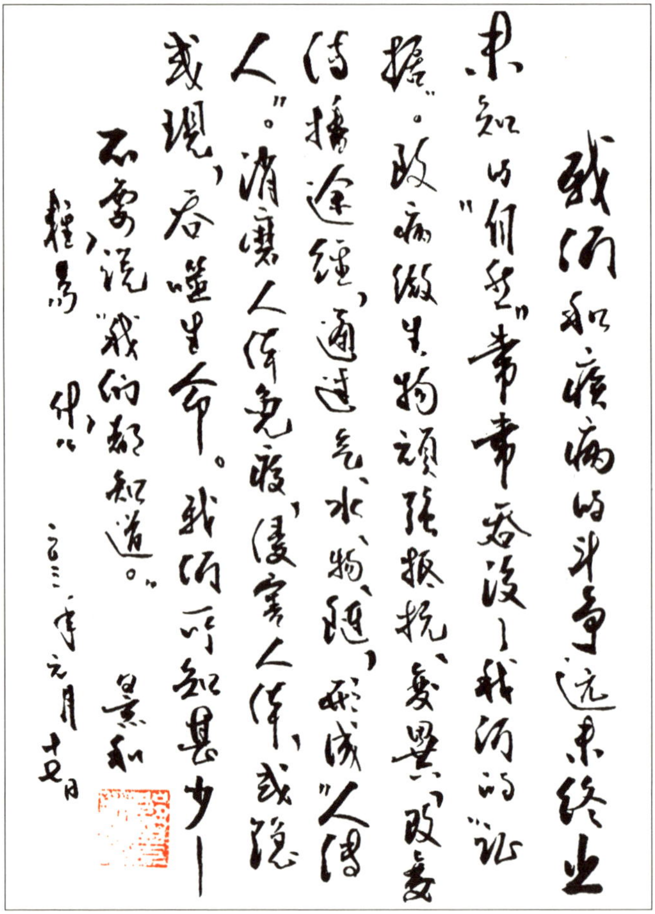

我们和疾病的斗争远未终止

未知的“自然”常常吞没了我们的“证据”。致病微生物顽强抵抗、变异、改变传播途径，通过气、水、物、链，形成“人传人”。消磨人体免疫，侵害人体，或隐或现，吞噬生命。我们所知甚少——不要轻易说“我们什么都知道”。

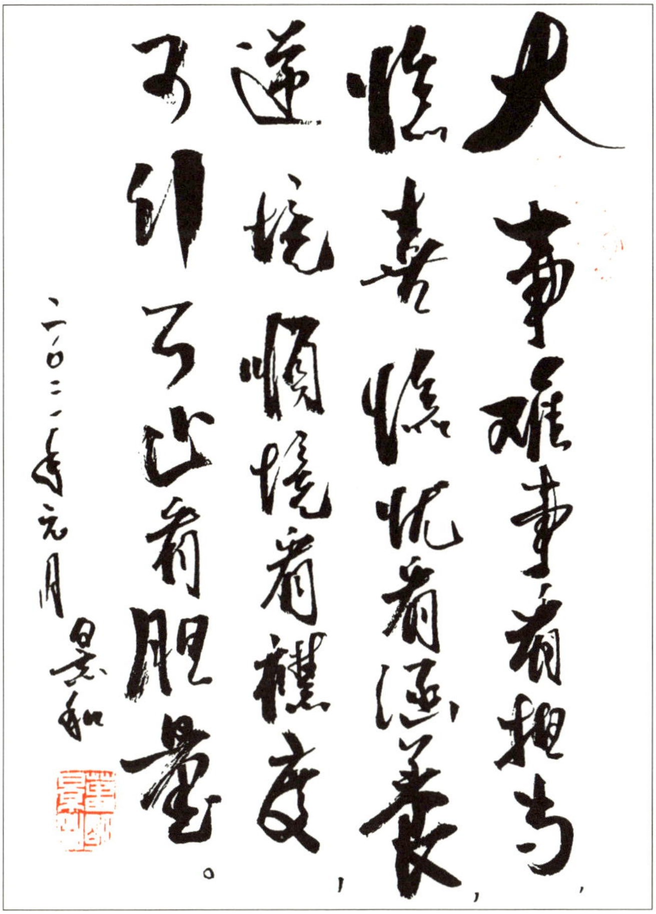
大事难事看担当，
临喜临忧看涵养，
逆境顺境看襟度，
可行可止看胆量。

大事难事看担当，
临喜临忧看涵养，
逆境顺境看襟度，
可行可止看胆量。

后 记

这是我近20多年来出版的第14部关于医学人文的书，我将其称为“一个医生”系列。

从1998年我发表了《一个医生的哲学》，差不多每一二年都会有一本书出版，我有点为自己所感动！一个医生的医疗、教学和科研非常忙，我常说“医生的时间不属于自己，属于病人”。因此，这些书的写作几乎都没有一个专门的时间，哪怕一两个小时专门来撰写。所以，“一个医生”系列的文章基本属于杂文小品之类，又都是业余之业余，即晚上做完专业工作之后再写点人文文章。我有一个笔名，就叫“叶维之”，乃业余而为之。不过是坚持不辍而已，可谓集腋成裘、积土成山。

《一个医生的随笔录》《一个医生的随想录》和这本《一个医生的对话》(以下简称《对话》)，则是另一种劳作和程序而完成的。即如我在前言里所写的，那是每天早晨给我的学生们的网群，叫“狼孩一族”发的条幅汇集而成的。这好像是一项作业、一种责任，甚至一个习惯——我每天早晨必须做的事情，是很有仪式感的。我是把它当成一件很庄重的事情来完成，像看门的老人早上准点去开门，像灯塔的守望者傍晚按时揿动电钮。

《对话》基本上是我在工作、学习和生活中的一些感想，可能没什么计划与条理，只是有感而发，情之所至、理之所达，甚至信马由韁。好像一条河，就是向前奔流，也许很顺畅，欢快地过去了；也许有阻隔，跃过去、绕过去就是了，都很有趣，总要不停地向前，向着大海。又像跃马在草原上奔跑，会有坎坷，却有诱人的风景，也要不停歇地向着太阳、向着东方。把这些经历、感悟与学生们切磋、分享，居然可以汇集成册！

至于我用毛笔书写，完全是一种兴趣。我打字很慢，思维容易中断。写毛笔字，可以一边想一边写，思想融入笔墨之中，轻盈流淌。坦诚地讲，我真没有把它当作书法，只是觉得写起来还蛮有意思的。不过，一个医生把字写好毕竟是一件好事、一桩快事！也许是我写作中的另一个收获吧。

关键在于写的东西还是应该有点思想，不管这个思想是正确或不正确的；不管是否有哲学意念，还是文学底蕴，都应该力求有哲学与文学的表达。经历也是一种文化，回头去看自己走过的路，无须去叹息，而应去珍惜，因为那是以后我们继续前进所积淀的力量，太阳在前方，影子留在后面。

我们要向一切人学习，对话就是一种学习。正像在这本《对话》里，向先哲们学习，向同事们学习，向学生们学习。

我曾经说，我会有两个恐惧：一是读书恐惧，二是实践恐惧。每次读书都会感到所知甚少；每当做事又会觉得能力不足。这两个恐惧对医者尤感深重，所以才有“如临深渊、如履薄冰”“戒、慎、恐、惧”的感触。

作文、写书也大半如此！

非常感谢我的学生们和读者们年复一年、日复一日看我的东西，予以鼓励。

李玲大夫每天都要把我的文字编辑在网上发表出去；李华军大夫、张雪芳大夫等会很认真地、准确地把毛笔行书注释出来；王姝大夫和她的丈夫王宁先生，我亲昵地称他们“二王”，做更细致的整理编辑工作，甚至形成一本我们自己编的“山寨版”书册，是很令人喜爱的，就像我们自已捏的泥娃娃比买的更有亲切感！所以，在这里我特别要感谢他们。当然更多的是学生们的支持，他们的建议、他们的意见、他们读后感，都给我巨大的力量！

最后，我要感谢中国协和医科大学出版社张凌社长以及孙雪娇、邱晓俐、张麓、张岱诸位给我的支持、帮助和辛勤劳动。

郎景和

二〇二三年春